Helmut Neuhold

Kriegsstrategien

Von der Antike bis heute

marixverlag

Inhalt

Das Nachdenken über den Krieg und wie man ihn gewinnt

»Wenn Du den Feind und Dich selbst kennst, brauchst Du den Ausgang von hundert Schlachten nicht zu fürchten.« (Sun Tzu)

In Europa wird gezwungenermaßen wieder über Kriege und militärische Strategien nachgedacht. Auch wenn es lange Zeit so schien, als würde Mitteleuropa dank der stabilen Nachkriegsordnung auf Dauer von Kriegen verschont bleiben und Kriege wenn überhaupt bloß an der europäischen Peripherie stattfinden (wie etwa im ehemaligen Jugoslawien), so lässt die heutige Entwicklung Kriege auch in Europa nicht mehr ausgeschlossen erscheinen. Damit kehrt auch das militärstrategische Denken ins öffentliche Bewusstsein zurück. Da erscheint es angebracht, eine Bestandsaufnahme durchzuführen. Wie war das in mehreren Jahrtausenden Menschheitsgeschichte mit der Kriegsstrategie, wie hat sich diese entwickelt und wer hat wann was darüber gedacht?

Auch wenn man den einstmals von den alten Griechen militärisch gebrauchten Begriff der Strategie heute auf viele Bereiche wie Gesellschaft, Politik und sogar Kultur anwendet, so geht es im vorliegenden Buch in erster Linie um den militärischen Bereich, die Kriegsstrategie. Diese wurde im europäischen Kulturkreis vor allem durch einen Mann geprägt, der vor etwa 200 Jahren seine Erkenntnisse über den Krieg und alles, was damit zusammenhängt, kundtat: den preußischen Offizier Carl von Clausewitz. Vor lauter Clausewitz-Verehrung wird vergessen, dass er nur ein, wenn auch sehr bedeutendes Glied in einer langen Kette von kriegstheoretisch-strategischen Betrachtern ist, die bis in die Antike zurückreicht. Wobei es natürlich auch außerhalb des europäischen Kontextes einige bedeutende – besonders asiatische – Autoren gab, die wesentlichen Einfluss auf die Entwicklung von Kriegführung und Strategie hatten.

Generell sollte man bei den großen Strategen zwischen zwei Gruppen unterscheiden. Einerseits die Männer der Tat, die ihre Strategien in die Praxis umsetzten und zumeist erst später darüber schrieben, um ihre Vorstellungen – oft als nachträgliche Rechtfertigung – darzulegen. Viele große Feldherren überließen es allerdings anderen, über ihre strategischen Konzepte zu berichten und sie zu beurteilen.

Und die Gruppe jener, die Bücher über mehr oder weniger große Strategie verfasst und auch gelehrt haben, ohne ihre Erkenntnisse jemals in größerem Maßstab selbst umsetzen zu können.

Über mehrere Jahrtausende hinweg schrieben Autoren über den Krieg, seine Geschichte, seine Wirkungen und über Strategie und Taktik. Es waren dies einerseits Militärs, die sich wie Clausewitz analytisch, belehrend oder (auto-)biografisch damit auseinandersetzten. Zivilisten haben sich über viele Jahrhunderte kaum mit militärischer Strategie beschäftigt, wobei antike Historiker und Philosophen frühe Ausnahmen darstellen. Friedrich Engels beispielsweise hielt sich womöglich selbst für einen verhinderten großen Kriegsstrategen; seine Analysen zeugten allerdings nicht von durchgehend tiefschürfender Expertise. Im außereuropäischen Bereich haben sich – besonders in China und Japan – Nichtmilitärs hingegen deutlich häufiger mit Kriegsstrategien befasst.

Militärakademien, an denen Menschen auf ihre zukünftige Rolle als Berufsoffiziere vorbereitet werden, sind eine Errungenschaft des 18. Jahrhunderts. Hier war das Studium der Strategie ein wichtiger Faktor, auch wenn die bloße Taktik für Subalternoffiziere Priorität hatte. Clausewitz und seine Epigonen bestimmen in puncto Strategie auch heute noch weitgehend den Ton. Strategie ist demnach der Einsatz aller verfügbaren Mittel, insbesondere des Mittels der bewaffneten Macht, zu politischen Zwecken, mit dem Ziel, dem Feind die eigene Politik und vor allem auch den eigenen Willen aufzuzwingen. Dazu kommt – das sollte man nicht vergessen – auch oft das strategische Konzept, den Gegner komplett zu vernichten und auszulöschen, wie viele Kriege von der Vorgeschichte bis in unser Zeitalter gezeigt haben.

Krieg hat immer mit Gewalt zu tun. Auch wenn die Büros des Generalstabs sauber und nur mit Karten versehen erscheinen, geht es am Ende immer darum, Menschen möglichst effizient zu töten oder zumindest unter physische Kontrolle zu bringen. Größere und kleinere Strategen, die weit weg von Gewalt, Blut und Tod ihre Planspiele machen, organisieren das Leiden und Sterben einer großen Masse von Menschen, die zumeist an strategische Konzepten keine Gedanken verschwenden können.

Meistens denkt man bei dem Begriff »Strategie« an den »großen Krieg«. Aber auch asymmetrische kriegerische Ereignisse, Guerillakriege und aufständische Gruppierungen folgen strategischen Mustern, die sich oft gar nicht so sehr vom »regulären« großen Krieg unterscheiden. Oft genug hat der kleine Krieg, der neben dem großen stattfand, wesentlich dazu beigetragen, diesen für eine Seite erfolgreich zu beenden. Man denke dabei nur an die Partisanen des Zweiten Weltkriegs oder die von Mao Zedong angeführten kommunistischen Kräfte im chinesischen Bürgerkrieg.

Es gab im Laufe der Geschichte in allen Nationen Europas Menschen, die über den Krieg, seine Regeln, Strategien und Taktiken geschrieben haben. Schon sehr früh gab es auch im asiatischen Raum bedeutende und sehr ausdifferenzierte kriegswissenschaftliche Schriften. Während man im Mittelalter lange an den Überresten des antiken Gedankenguts festhielt, wurde das Schreiben über den Krieg und seine Regeln in der Renaissance neu entwickelt. Später schrieben dann vornehmlich französische Autoren über Kriegsstrategie, bevor sich eine Reihe von Deutschen mit dem einschlägigen Ernst der Sache annahmen. Den Höhepunkt dieser Entwicklung stellt dann Clausewitz dar. Seit Mitte des 20. Jahrhunderts dominieren Autoren englischer Sprache das Themenfeld; der Zusammenhang zur globalen Dominanz amerikanischer Kriegsmacht ist naheliegend.

In der deutschsprachigen Literatur war die militärische Strategie über Jahrzehnte beinahe ein Tabu-Thema, Autoren riskierten viel, wenn sie sich diesem Thema widmeten. Doch auch die Bundeswehr wird in den letzten Jahren nolens volens von einer Art »Pazifistenarmee« zu einer Armee, deren militärischen Kapazitäten weltweit aktiv eingesetzt werden können sollen.

Militärstrategisches Denken ist ein weites Feld: Es gibt Dogmen, Kontroversen und Debatten. Oft scheiterten große Konzepte in den Niederungen der Praxis und militärische Befehlshaber, die exzellent über Strategien reflektieren konnten, verursachten bei deren versuchter Umsetzung militärische Katastrophen. Man darf nicht vergessen, dass das Kriegsgeschehen durch die Entstehung der Millionenheere, das Aufkommen der Luftwaffe und der immer stärker werdenden Technisierung des Krieges für den Einzelnen immer schwerer überschaubar wird und wohl auch große militärische Genies der Vergangenheit mit dem heutigen Kriegswesen überfordert wären. Man wird sehen, was in kommenden Jahrzehnten in Kriegen, die durch Roboter, Drohnen, Cyberaktivitäten und die Möglichkeit der totalen Überwachung des Raums bestimmt sein werden, von den Erkenntnissen von Clausewitz und Co. noch Bestand haben wird.

Die vom Ende der Antike bis in die Neuzeit bedeutendste der drei Waffengattungen zu Land – namentlich Kavallerie, Infanterie und Artillerie – existiert heute nicht mehr und wurde durch gepanzerte Fahrzeuge ersetzt. Während die Artillerie von ihren Anfängen, den ersten Wurfgeschützen, bis zu neuzeitlichen Riesenkanonen immer nur den dritten Rang in der Wertschätzung der Waffengattungen einnahm, so ist sie heute in der Lage – durch den Einsatz atomarer Munition und »intelligenter« Geschosse –, Massen an Infanterie und Panzern zu neutralisieren. Die Luftwaffe, die wenig mehr als 100 Jahre zählt, hat einen rasanten Aufstieg erlebt und wurde bereits im Zweiten Weltkrieg zur wichtigsten und kriegsentscheidenden Waffengattung. Ihr Einsatz, besonders im Pazifik, zeigte, dass Seestreitkräfte in Zukunft nur mehr bei intensiver Kooperation mit Kampfflugzeugen überleben konnten. Auch die Marine musste der Entwicklung laufend Tribut zollen. Große Seeschlachten wie einst zwischen Flotten von Kriegsgaleeren, Linienschiffen oder gepanzerten Schlachtschiffen scheinen durch die Entwicklung der Vernichtungskapazität durch Flugzeuge, U-Boote und Marschflugkörper heute nicht mehr möglich. Die Marine erfüllt heute eher die Funktion eines Transporteurs von Flugzeugen, Truppen und Material.

Einige Autoren, die sich mit militärischer Strategie beschäftigten, waren keine eindeutigen Befürworter des Krieges an sich und dachten auch, dass man diese »Errungenschaft« der Menschheit auch wieder loswerden bzw. zivilisieren könnte. Die Entwicklung hat gezeigt, dass alle diesbezüglichen Hoffnungen bisher vergeblich waren. Gerade das 20. Jahrhundert, das mit großen Hoffnungen und der internationalen Friedensbewegung (man denke nur an die Nobelpreisträgerin Bertha von Suttner) begann, wurde zum Jahrhundert der größten aller bisherigen Kriege. Und als der amerikanische Erfinder des Maschinengewehrs dachte, die von ihm entwickelte Waffe würde das Ende des Krieges herbeiführen, täuschte er sich.

Somit beschäftigen wir uns also in diesem Buch mit den Theoretikern und Praktikern der Strategie des Krieges – so neutral wie möglich, ohne den Krieg in irgendeiner Form verherrlichen zu wollen, doch auch in der Erkenntnis, dass dieses Übel auf absehbare Zeit Teil unserer Zivilisation sein wird.

Für die Arbeit wurde eine möglichst große Bandbreite an Quellen und Literatur herangezogen, wobei der Schwerpunkt im Gegensatz zu anderen in letzter Zeit erschienen Publikationen zu dem Thema nicht primär auf der Neuzeit und Moderne liegt. Strategisches Denken hat genauso wie der Krieg eine sehr lange Geschichte und diese soll dem Leser nahegebracht werden.

Was ist Strategie?

»Strategie ist eines jener Wörter, die wir gern auf eine bestimmte Weise definieren, jedoch auf eine andere Weise verwenden.«
(Henry Mintzberg)

Unter Strategie versteht man im Militärwesen den zielgerichteten Gewalteinsatz bzw. die Drohung damit, um politische Interessen und Forderungen durchzusetzen. Der eigentliche Stratege steht somit zwischen der ihm in der Regel übergeordneten politischen Ebene und jener der Operationsausführung. Das bedeutet, dass auf der Ebene der Strategie über eine aktive oder passive Vorgehensweise entschieden wird. Die aktive Vorgehensweise nennt man dann Taktik. Das strategische Planen umreißt einen prinzipiellen und am zu erreichenden Ziel orientierten Handlungsrahmen. Dabei wird in langen Zeiträumen gedacht, es werden möglichst viele Faktoren berücksichtigt und die Grenzen des Erreichbaren werden nie aus dem Auge verloren – im günstigsten Fall natürlich. Auch die Entscheidung zur militärischen Passivität kann eine Strategie darstellen, die zeitweise oder dauernd erfolgversprechend angewendet werden kann. Die Taktik geht immer aus den strategischen Vorgaben hervor. Dabei geht es in jedem Fall um militärische Aktivitäten. Die Strategie ist in der Regel auf ein übergeordnetes Ziel ausgerichtet und kann sich auch auf verschiedenste Kriegsschauplätze beziehen, an denen zur Erreichung des gewünschten Ergebnisses gekämpft werden kann bzw. muss. Dazu müssen die vorhandenen Kräfte aufgeboten und koordiniert werden. Der Stratege muss immer im Auge haben, was er mit den vorhandenen Kräften im besten Fall erreichen kann, sollte jedoch bei der Planung auf mögliche weniger günstige Umstände Rücksicht nehmen.

Es war und ist umstritten, ob man erfolgreiche militärische Strategie – wie die Taktik – wirklich einfach erlernen kann oder ob es der Ausdruck einer speziellen Begabung ist, ein bedeutender Stratege zu sein. Dass man für die Umsetzung strategischer Vorstellungen einiges an theoretischer und vor allem praktischer Erfahrung braucht, lässt sich kaum von der Hand weisen. Strategisches Denken ist jedenfalls immer auch zeitbestimmt, hängt also von philosophischen, kulturellen und wehrtechnischen Umständen ab. Auch Alexander der Große wäre wohl vom strategischen Denken des Kalten Krieges und des Atomzeitalters etwas irritiert und überfordert gewesen.

Die Umsetzung großer strategischer Vorhaben scheitert oft an nicht einberechneten Faktoren oder einfach der nötigen Prise Glück. Sun Tzu meinte: »Man kann wissen, wie man siegt, ohne fähig zu sein, es zu tun.« Mancher womöglich befähigte Schreibtischstratege scheiterte beispielsweise selbst an der Umsetzung seiner Pläne.

Strategen und Strategie der Antike

»Krieg ist aller Dinge Vater, aller Dinge König.
Die einen macht er zu Göttern, die anderen zu Menschen,
die einen zu Sklaven, die andern zu Freien.« (Heraklit von Ephesos)

Der Begriff »Strategos« der antiken Griechen, auf den unser »Stratege« zurückgeht, bezog sich auf ein militärisches Amt, einen Heerführer, der zumeist auf Zeit tätig war. Die bekanntesten griechischen Strategen sind jene, die von den zehn Phylen im demokratischen Athen gewählt wurden. Es gab in dem für heutige Verhältnisse recht kleinen Stadtstaat Athen also zehn Heerführer. Diese mussten der Kriegskunst kundig sein und über eine gewisse Erfahrung verfügen. Natürlich brauchten sie, um gewählt zu werden, auch das Vertrauen in ihre Person und ihre Fähigkeiten. Die Strategen wurden normalerweise für ein Jahr gewählt, waren aber oft länger tätig und konnten wiedergewählt werden.

Da Athen mehr Seemacht denn Landmacht war, waren einige Strategen für die Flotte und den Hafen zuständig, während andere sich um das Militärwesen zu Lande kümmerten. In der Regel verblieben fünf der Strategen ohne fixe Ämter, da sie als Führer für mögliche militärische Unternehmungen zur Verfügung stehen mussten. Den Strategen oblag auch die Aushebung von Truppen, die Aufsicht über unterworfene Kommunen, diplomatische Dienste und eventuelle Verhandlungen mit den Gegnern. Außerdem verkündeten sie als Militärrichter Urteile und brachten den Göttern des Krieges Opfer dar. Das Amt des Strategen war eines der beliebtesten Athener Ämter und man trachtete danach, wiedergewählt zu werden. Der große Perikles hatte dieses Amt immerhin sieben Jahre lang inne. Waren die zehn Strategen an sich gleichberechtigt – jeder hatte lediglich auf »seinem« Gebiet das letzte Wort –, so wurde in besonders kritischen Situationen eine Art von Oberbefehlshaber gewählt.

Nach der Unterwerfung Griechenlands durch die Makedonier und bis zum Ende der hellenistischen Zeit wurden die Generäle weiterhin Strategen genannt, auch wenn sie nun nicht mehr demokratisch gewählt wurden. Der Begriff wurde später auch für höhere Beamte in Ägypten angewendet und hielt schließlich sogar Einzug in die Titulatur der spätantiken römischen Kaiser.

Vornehmlich kennzeichnend für das Kriegswesen der alten Griechen war die Phalanx, welche von den Hopliten gebildet wurde. Der Name dieser Kämpfer leitete sich von dem großen Rundschild ab, das diese Kämpfer zu ihrem Schutz trugen, während sie eine Lanze als Hauptwaffe einsetzten. Helme, Brustpanzer und Beinschienen der Hopliten waren nicht einheitlich, da sie von den Kämpfern selbst bezahlt werden mussten. In der dicht gedrängten Schlachtreihe der Phalanx deckte jeweils ein Hoplit die weniger geschützte Seite des rechten Nebenmannes mit seinem Schild, sodass eine Art beweglicher Schildwall entstand, der auch sehr tief gestaffelt war, da der ersten Reihe weitere dicht folgten.

Im Prinzip entwickelte sich das System der Phalanx bei allen griechischen Stadtstaaten in ähnlicher Weise. Ein wesentliches Merkmal war dabei, dass die stärkeren Kämpfer meistens an einem Flügel aufgestellt wurden, wodurch sich die sogenannte »schiefe Schlachtordnung« entwickelte. Bei der schiefen Schlachtordnung setzte man dieses Ungleichgewicht gezielt ein, indem man den »schwächeren« Flügel massiv verstärkte. Als deren möglicher Urheber und erfolgreicher Anwender gilt der thebanische Feldherr Epaminondas, der diese 371 v. Chr. erfolgreich gegen die Spartaner in der Schlacht bei Leuktra einsetzte. Hier erlitten die als unüberwindbar geltenden Spartaner eine Niederlage, die ihren

Nimbus zerstörte. Epaminondas stellte seine Phalanx am Schlachtfeld so auf, dass der rechte Flügel schwächer war, der linke aber möglichst stark, und zwar 50 Reihen tief, dastand. Während sein Zentrum und der rechte Flügel nur ziemlich passiven Widerstand leisteten, brach der linke Flügel mit voller Wucht in die spartanische Front ein, was zu einem verheerenden Ergebnis führte und dem vorher wenig bedeutenden Theben für längere Zeit die Hegemonie über die griechischen Stadtstaaten verschaffte.

Später wurden die Hopliten mit sehr langen Lanzen bewaffnet und die Tiefe der Schlachtordnung wurde noch verstärkt, was dann wesentlich zu den Erfolgen von Philipp II. und Alexander von Makedonien beitrug. Es war durchaus üblich, dass die Führer der Truppen bei der Phalanx in der ersten Reihe kämpften. Damit gaben sie ein gutes Beispiel für die Truppe ab. Die griechische Phalanx in ihrer klassischen oder durch die Makedonen verfeinerten Variante war über einen sehr langen Zeitraum äußerst erfolgreich, ehe sie von der flexibleren Taktik der Römer verdrängt wurde. In späteren Zeiten sollten der Phalanx ähnliche Formen dann immer wieder zu neuem Leben erwachen, wenn man beispielweise an die Haufen von Spießträgern im ausgehenden Mittelalter und der frühen Neuzeit denkt.

Thukydides

»Bedenkt auch, wie unberechenbar der Verlauf eines Krieges ist, bevor ihr euch noch in denselben einlasset.« (Thukydides)

Einen Athener Strategen, der gleichzeitig auch ein bedeutender Historiker war, finden wir in der Person des Thukydides, der etwa zwischen 454 und 396 v. Chr. lebte. Sein bedeutendstes Werk ist jenes über den Peloponnesischen Krieg, das in vielfacher Hinsicht Maßstäbe setzte. Thukydides wuchs als Sohn einer wohlhabenden Familie in Athen auf, er hörte Vorträge von Herodot und einigen Philosophen seiner Zeit und war noch recht jung, als der Peloponnesische Krieg ausbrach. Mit Glück überlebte er die »Attische Seuche«, die im Jahre 430 v. Chr. viele Athener dahinraffte. Der fast 30 Jahre andauernde kriegerische Konflikt zwischen Sparta und Athen entwickelte sich immer mehr zu Ungunsten Athens. Thukydides wurde 424 v. Chr. zu einem der »zehn Strategen« gewählt. In dieser Funktion konnte er jedoch nicht verhindern, dass die Spartaner die Stadt Amphipolis, einer der wichtigsten Stützpunkte der Athener, unter ihre Kontrolle brachten. Thukydides wurde zur Strafe verbannt, lobte dennoch später in seinen Schriften seine spartanischen Gegner. 20 Jahre lang musste er Athen fernbleiben, beobachtete aber das weitere Kriegsgeschehen und zeichnete alles möglichst unparteiisch auf. Thukydides reiste viel und erwies sich als genauer Beobachter aller mit dem Krieg verbundenen Ereignisse. Nachdem der längste Krieg des alten Griechenlands 404 v. Chr. endlich endete, durfte Thukydides in seine Heimat zurückkehren. Er hatte nun einige Jahre Zeit, weiter an seinen Schriften zu arbeiten, und starb unter ungeklärten Umständen wohl 396 v. Chr. Sein Werk blieb unvollendet und bricht mitten im Satz ab.

»Mit vernünftiger Überlegung kommt man seinen Feinden gegenüber weiter als mit unverständigen Gewaltstreichen.« (Thukydides)

Das erhaltene Werk des Thukydides zeigt den Peloponnesischen Krieg plastisch und analytisch. Zudem erhebt der antike Autor immer den Anspruch der Objektivität, deckt Zusammenhänge auf und beleuchtet die Hintergründe. Thukydides versucht durch eine Vielzahl von Fakten das Wesentliche aufzuzeigen, wobei Ursache und Wirkung im Mittelpunkt stehen. Die Erkenntnisse, die er aus allem ableitet, sollen künftigen Verantwortungsträgern als Entscheidungshilfe dienen und sie zur kritischen Reflexion anleiten. Im irreversiblen Prozess der Geschichte soll man die Gunst des historischen Augenblicks nutzen. Versäumte Chancen kehren normalerweise nie zurück. Thukydides zeigt auch auf, dass bei langen militärischen Konflikten die Beteiligten zunehmend verrohen und bisherige Regeln nicht mehr achten. Das Leben des Einzelnen zähle immer weniger und Massenhinrichtungen und andere Kriegsgräuel würden zu einer Art pervertierter Normalität. Thukydides veranschaulicht diese Brutalisierung der Kriegsführung auch, z. B. bei der völlig sinnlosen, totalen Ausrottung der Bevölkerung inklusive der Kinder einer kleinen böotischen Stadt.

Er nahm vieles vorweg, mit dem die moderne Geschichtswissenschaft aufwartet, rekonstruierte die komplexe Vorgeschichte des Krieges, ging quellenkritisch vor, befragte Augenzeugen und Beteiligte und ließ natürlich auch Selbsterlebtes mit einfließen.

Wichtig erschienen Thukydides auch die Topografie bei militärischen Ereignissen und auch psychologische Prozesse. So schrieb er zum Beispiel: »Den wahrsten Grund freilich, zugleich den meistbeschwiegenen, sehe ich im Wachstum Athens, das die erschreckten Spartaner zum Krieg zwang.« Die jeweilige Propaganda interessierte ihn nicht, es ging Thukydides um die wahren Motive.

Das Werk von Thukydides wurde in hellenistischer Zeit in acht Bücher unterteilt, was sicher nicht seiner ursprünglichen Intention entsprach. In der Einführung betont Thukydides, dass es kriegsauslösende Faktoren und eigentliche tiefer liegende Ursachen für den Krieg zwischen Sparta und Athen gab – was eigentlich auf alle Kriege zutrifft. Er untersuchte auch die Spannungsverhältnisse zwischen beiden Stadtstaaten in den Jahrzehnten vor Kriegsausbruch. Thukydides schilderte die wechselnden Phasen der Auseinandersetzung mit Waffenstillständen und Friedensvereinbarungen, die letztlich nicht eingehalten wurden. Beide Kontrahenten trachteten weiter danach, sich dem Gegner gegenüber Vorteile zu verschaffen. Thukydides zeigte auch, wie Athen durch seine Hybris im Zusammenhang mit dem katastrophalen Angriff auf Sizilien an den Rand des Untergangs geriet. Im letzten Teil des Werkes von Thukydides werden die inneren Konflikte in Athen beschrieben, die sich durch die militärischen Niederlagen ergaben. Allerdings konnte der Autor diese Betrachtungen nicht mehr fertigstellen. Später versuchte der Militär und Historiker Xenophon die Entwicklung bis zum Ende des Peloponnesischen Krieges zu beschreiben, doch er konnte dem großen Autor Thukydides nicht das Wasser reichen.

Der wurde von späteren Autoren als nüchtern und direkt, herb und musenfeindlich beschrieben, was ihn völlig außerhalb der sonstigen griechischen Literatur stellte. Kurz und prägnant beschrieb Thukydides das Geschehen, ohne Emotion und belehrende Ausführungen. Akribisch und sorgfältig werden die Ereignisse beschrieben und analysiert. Kein Pathos strömt durch seine Ausführungen. Als Quelle sind sie dadurch bis heute einzigartig, auch wenn es später durchaus einige Kritik daran gab (beispielsweise durch den Militärhistoriker Delbrück).

Thukydides konnte fesselnd schildern und legte politischen und militärischen Akteuren Reden in den Mund, von denen er selbst zugab, dass sie nicht wortgetreu waren. Aber sie sollten die jeweilige politische Gedankenwelt der »Redner« darstellen, ihre Entscheidungen reflektieren und den Leser über die allgemeine Situation informieren. Thukydides stand immer im Gegensatz zu dem sehr populären Herodot, dessen Ansatz ganz anders war. Thukydides betonte gegen Ende seines Werkes besonders den erbitterten Dualismus von Athen und Sparta, den beiden Großmächten, die nicht in Frieden miteinander leben konnten, auch wenn es nicht permanent einen »heißen« Krieg gab. Ähnliche Gegensätze, die letztlich nur im Sieg der einen über die andere Macht »gelöst« werden, finden wir oft in der Geschichte, so zum Beispiel in dem Antagonismus zwischen Preußen und Österreich. Wie auch bei anderen, späteren militärgeschichtlichen Werken geht es bei Thukydides zwar um einen längeren Zeitraum mit vielen Akteuren, aber eine Person wird dabei besonders herausgestellt und »verklärt«. Bei ihm ist es der Führer Athens, Perikles. Thukydides unterstellt ihm, ein großer Stratege gewesen zu sein, der durch seinen genialen Kriegsplan siegreich hätte sein können. Aber es kam alles ganz anders. Manche Interpreten meinten, der Historiker Thukydides habe sich in Perikles als Staatsmann gespiegelt.

Andere Autoren, die sich später mit Krieg und Strategie beschäftigten, nahmen sich Thukydides als Vorbild, insbesondere Xenophon und Polybios. Auch Plutarch war stark von Thukydides beeinflusst und ließ zahlreiche Zitate in sein eigenes Werk einfließen. Thukydides blieb während der gesamten Zeit des römischen Weltreiches ein vielgelesener und -zitierter Autor. Im europäischen Mittelalter mit der Ausnahme von Byzanz ziemlich vergessen, weckte er in der Renaissance wieder größeres Interesse. Später zog sich ein Bogen der Rezipienten des »Vaters der Geschichtsschreibung« von Machiavelli über Hegel bis Nietzsche. Da Thukydides auch heute noch für einige bedeutende geschichtliche Vorgänge die einzige brauchbare Quelle darstellt, kommt man nicht um ihn herum.

»So viele Jahre auch vergehen mögen, die Natur des Menschen ändert sich nicht.« (Thukydides)

Xenophon

Der griechische Politiker, Feldherr und Schriftsteller Xenophon (ca. 430/425– ca. 355 v. Chr.) zählt zu den wenigen Autoren der Antike, von denen ein Großteil ihres Werkes erhalten blieb. Er war gebürtiger Athener und entstammte dem Adel. Schon recht früh wurde er Anhänger von Sokrates, der ihn stark beeinflusste. Als im Jahr 402 v. Chr. die Perser griechische Söldner, die als die besten der Welt galten, suchten, trat auch Xenophon in ihre Dienste. Das war natürlich in Athen nicht gerne gesehen, aber immerhin waren die großen Perserkriege schon 80 Jahre vorüber und fast alle Griechen sonnten sich im Bewusstsein der großen Siege über die Heere und die Flotte des Großkönigs, die bei ihnen ein starkes Gefühl der militärischen Überlegenheit hinterlassen hatten. Die griechischen Hopliten wurden in einem innerpersischen Konflikt eingesetzt und dafür gut bezahlt. In der Schlacht bei Kunaxa im Jahre 401 v. Chr. fiel Kyros, der Anführer des »Zuges der Zehntausend«, und seine angeheuerte Armee löste sich auf. Die griechischen Söldner waren plötzlich nun auf sich allein gestellt – und das in einem feindlichen Großreich. Man beschloss, sich bis zum Meer durchzukämpfen. Doch der Anführer der Griechen, Proxenos von Theben, wurde auch bald getötet. Nun wählte man Xenophon, der vorher keine besondere Position bekleidet hatte, zum Befehlshaber, was dieser aber angeblich ablehnte.

Xenophons Bericht über das Abenteuer der griechischen Söldner in Persien gilt auch als eines der spannendsten erhalten gebliebenen Werke der Antike. Man betrachtet es weitgehend als Tatsachenbericht. Der Marsch der Hopliten, die lange Zeit führerlos waren, über keine Kavallerie verfügten und auch kaum Vorräte hatten, schien anfangs hoffnungslos, zumal sie auch immer wieder angegriffen wurden. Doch sie hatten ein Ziel vor Augen – das rettende Meer, wo Schiffe warteten, zu dem es von Mesopotamien aus allerdings ein extrem weiter Weg war. Die vor allem von Xenophon improvisierte Strategie musste zu allererst damit klarkommen, dass man immer wieder große Flüsse ohne Boote oder dergleichen zu überqueren hatte. Auf die dauernden Angriffe gab es im Wesentlichen nur die klassische griechische Antwort der geschlossenen Phalanx. Glühende Hitze und extreme Kälte am langen Weg mussten durchgestanden und die Männer zu immer neuen Anstrengungen motoviert werden. Hohe Gebirge, meterhoher

Schnee und ständige Nahrungsmittelknappheit waren zusätzlich erschwerende Faktoren. Zudem führten die Zehntausend einen immer größer werdenden Tross aus Personal aller Art – geraubte Sklaven und Prostituierte – mit sich, wie das für Heere von der Antike bis in die Neuzeit nicht unüblich war.

Xenophon stellte in seinem Werk die Dynamik einer sich ständig neuen Herausforderungen stellenden praktischen Strategie in den Vordergrund, nach dem Motto: »Wenn wir denn kämpfen müssen, lasst uns überlegen, wie wir am besten kämpfen.« Trotz aller negativen Umstände wurde es letztlich ein Erfolg der klügeren und besonneneren Köpfe. Die gut organisiert und diszipliniert kämpfenden griechischen Hopliten konnten sich schließlich auf einem langen Marsch bis nach Trapezunt am Schwarzen Meer durchschlagen, von wo sie nach Byzanz gelangten. Angeblich nahm sich später Mao dieses Ereignis zum Vorbild für seinen »Langen Marsch«.

Xenophon geriet in der Folge in Athen in Ungnade und schloss sich den Spartanern und deren Heer an. Zum Dank dafür erhielt er ein Landgut, wo er fortan mit seiner Familie lebte. Hier schrieb er seine bedeutendsten Werke wie die »Anabasis«, in der es um den »Zug der Zehntausend« geht. Später von dort vertrieben, kam Xenophon mit seiner Familie nach Korinth, wo er schließlich auch starb, nachdem Athen die Verbannung gegen ihn aufgehoben hatte. Er hinterließ eine größere Anzahl von Werken über militärische, politische, philosophische und ökonomische Themen sowie über die Reitkunst. Besonders die »Anabasis« wurde in der Antike viel gelesen und gilt noch heute als wichtige Quelle.

In der Antike wurde, zumeist in der Nachfolge des Thukydides und auch Xenophons, sowohl von griechischen als auch römischen Autoren viel über Strategie und die Militärwissenschaften geschrieben. Doch wie in so vielen anderen Bereichen ist auch hier das meiste verloren gegangen.

Zu den wenigen erhaltenen Werken zählt beispielsweise ein Ratgeber für Offiziere des Feldherrn Sextus Julianus Frontinus und eine Strategemsammlung des griechischen Rhetors Polyänus. Ersterer entstand in der Zeit Domitians, während das Werk von Polyänus in die Zeit der römischen Adoptivkaiser datiert. Frontinus berichtet über Kriegslisten aus der Geschichte und beschreibt in vier Büchern die Vorbereitung des Kampfes, den Kampf, die Belagerung von Städten und die Tugenden von Feldherren. Viele Anekdoten prägen dieses Werk. Frontinus erwähnt zahlreiche verlorene Werke antiker militärischer Geschichtsschreibung als Quellen, was uns heute immerhin zeigt, wie reichhaltig das damalige Schrifttum war. Bedauerlicherweise ist ein weiteres Werk von Frontinus (De re militari) verloren gegangen.

Der Grieche Polyänus war wohl die meiste Zeit seiner Laufbahn in Rom tätig, ehe er sein Werk »Strategika« veröffentlichte. Er dürfte viele der gleichen Quellen wie Frontinus benutzt haben. Die Veröffentlichung des ersten Bandes von Polyänus' Werk fiel mit dem Beginn des Partherkrieges im Jahre 161 n. Chr. zusammen. Danach erschienen in rascher Folge sieben weitere Bände. Der Autor wollte Kaiser Marc Aurel und dessen wenig fähigem Adoptivbruder und Mitkaiser Lucius Verus anhand von etwa 900 Strategemen aus der antiken Militärgeschichte das geistige Rüstzeug für ihre kriegerischen Unternehmungen liefern. Es ging dabei vor allem um die erfolgreiche Führung von Truppenverbänden. Polyänus kümmerte sich dabei nicht um historische Exaktheit und schreckte auch vor mythologischen Beispielen nicht zurück. Ob der »Philosophenkaiser« Marc Aurel der Weisheiten des Polyänus bedurfte und diese nutzte, ist nicht bekannt.

Einige antike Denker beschäftigten sich mit dem grundsätzlichen Wesen des Krieges in philosophischer Hinsicht. Heraklit von Ephesos kam unter anderem zu der Erkenntnis: »Krieg ist aller Dinge Vater, aller Dinge König. Die einen erweist er als Götter, die anderen als Menschen – die einen lässt er Sklaven werden, die anderen Freie.« Dabei stand deutlich erkennbar Homer Pate. Für Denker wie Platon war die eigentliche Grundlage der griechischen Polis dadurch gegeben, dass sie fähig war, Krieg zu führen.

Für den Römer Cicero war es auch im Sinne der Ethik durchaus vertretbar, Krieg zu führen. Es finden sich ohnehin nur wenige ausdrücklich kriegsfeindliche Betrachtungen in der antiken Philosophie. Platon befand: »… damit scheint es mir denn über die große Mehrzahl der Menschen das Verdammungsurteil als über Toren ausgesprochen zu haben, indem sie nicht wussten, dass in der Welt immerfort ein unaufhörlicher Krieg aller Staaten gegen alle sei … Denn was die meisten Menschen Frieden nennen, das sei nur ein leerer Name, in der Tat aber lebten alle Staaten gegen alle von Natur ohne Kriegserklärung beständig in Fehde.«

Den wenigen erhaltenen Theoretikern der antiken Strategie stehen einige bedeutende Praktiker gegenüber, deren Ruhm sich bis heute erhalten hat. Zwei davon sollen im nächsten Kapitel dargestellt werden. Für diese könnte folgender Wahlspruch gelten:

»Wer einen Krieg recht führen will,
muss nicht den Ereignissen nachgehen,
sondern den Ereignissen vorauseilen.« (Demosthenes)

Strategie und Praxis: Alexander und Hannibal

»Ich habe keine Angst vor einem Heer von Löwen, das von einem Schaf angeführt wird. Ich habe aber Angst vor einem Heer von Schafen, das von einem Löwen angeführt wird.«
(Alexander der Große)

»Entweder man findet einen Weg, oder man schafft einen Weg.«
(Hannibal Barkas)

Alexander der Grosse

»Knapp 1,60 Meter maß der König, er hielt den Kopf etwas schief. Sein Gesicht war rötlich, das Haar gelockt. Bei offiziellen Anlässen trug er einen weißen Mantel und das erbeutete Diadem des persischen Großkönigs.« (Matthias Schulz)

Im folgenden sollen die militärisch-strategischen Fähigkeiten und Erfolge Alexanders des Großen (356 v. Chr.–323 v. Chr.) beleuchtet werden.

Auf sicherlich allen Listen der größten Feldherren der Geschichte wird Alexander III. von Makedonien geführt. Er beeindruckte durch seine in wenigen Jahren vollbrachten Eroberungen und sein konsequentes Handeln nicht nur seine Zeitgenossen, sondern auch viele Generationen nach ihm – bis heute. Auch wenn schon in der Antike Kritik an seinen Handlungen und seinem Charakter geübt wurde – Seneca nannte ihn einen »wahnsinnigen Burschen, einen Räuber und Plage der Völker« –, so konnte sich kaum jemand dem Mythos Alexanders entziehen. Doch gab es auch die

Auffassung unter den lange selbst militärisch erfolgverwöhnten Römern, der Makedone habe seine Triumphe in erster Linie der Untüchtigkeit seiner Gegner verdankt (Livius) und mehr Glück als Fähigkeiten besessen (Curtius Rufus). Es war überhaupt eine beliebte Praxis der Römer, sich vorzustellen, was passiert wäre, wenn Alexander militärisch gegen Rom angetreten wäre.

Während man Alexander den Großen im Mittelalter und in der Neuzeit weitgehend glorifizierte, so setzte sich seit dem 19. Jahrhundert in Europa wieder eine kritischere Betrachtung seiner Persönlichkeit und seiner Taten durch. Viele sehen in ihm einen Zerstörer alter Reiche und Strukturen, dessen Fähigkeiten rein militärisch waren. Man wirft ihm vor, er sei sehr irrational und impulsiv gewesen und habe auch brutal gegen seine eigenen Offiziere und Vertrauten gewütet. Da sein Reich politisch auf tönernen Füßen gestanden sei, habe es auch keinen Bestand gehabt.

Der am 20. Juli 356 v. Chr. geborene Alexander hat – wie später Friedrich der Große – nach einer schwierigen Jugend von seinem Vater Philipp II. die modernste und am besten trainierte Armee ihrer Zeit übernommen. Auch die Planungen für einen großen Feldzug gegen die Perser hatte bereits Philipp II. vorgenommen. Um einen Marsch bis nach Indien war es in den Planungen sicherlich nicht gegangen. Alexander hatte bereits zu Lebzeiten seines Vaters an Feldzügen teilgenommen und war auch schon selbst als Kommandant aktiv geworden. Er kannte die makedonische Armee und war auch mit allen militärischen Führern vertraut. Das erleichterte seine künftigen Unternehmungen.

Ein entscheidendes Erfolgsrezept Alexanders war der Einsatz der schiefen Schlachtordnung. Diese wurde zwar bereits einige Zeit vor seiner Geburt entwickelt und bei innergriechischen Auseinandersetzungen einige Male erfolgreich angewendet, doch Alexander perfektionierte sie, indem er nicht nur seine gut gedrillte Phalanx, sondern auch die makedonische Reiterei darin einband. Später sollten große Feldherren wie Hannibal, Cäsar und Friedrich der Große seinem Beispiel folgen. Die schiefe Schlachtordnung ermöglichte es auch zahlenmäßig unterlegenen Truppen, in der Schlacht einen großen taktischen Vorteil zu erlangen, indem der Kern des Geschehens vom Zentrum auf die beiden Flügel verlagert wurde. In der Regel wurde der rechte Flügel möglichst stark gemacht, während man den linken relativ schwach erscheinen ließ. Dadurch wurde dem Gegner die scheinbare Gelegenheit geboten, durch den Angriff auf den schwachen Flügel die Oberhand zu gewinnen. Dem schwachen linken Flügel fiel nun die Aufgabe zu, das feindliche Vordringen möglichst zu verzögern und langsam zurückzuweichen, während der rechte Flügel zum Schlag gegen den Feind ausholte: diesen also von der Seite her aufrollte und dabei auch noch dessen Zentrum weitgehend neutralisierte. Diese Taktik von griechisch-makedonischer Seite erwies sich als besonders erfolgreich gegen die bunt gemischten persischen Massenheere, die schwer zu führen waren und nicht flexibel auf eine neue Situation reagieren konnten.

Alexander scheint zudem auf dem Schlachtfeld trotz eigenen persönlichen Einsatzes immer einen besseren Überblick behalten zu haben als sein jeweiliger Gegner. Außerdem konnte er sich auf einige sehr fähige Generäle verlassen, die sein Konzept genau kannten – und meistens auch enge persönlichen Vertraute waren. Der gegnerische Perserkönig dagegen war meist eingekeilt in sein riesiges inhomogenes Massenheer, konnte kaum flexibel reagieren und hatte in der Regel auch keine fähigen Unterführer, die gegebenenfalls eigenständig handeln konnten.

Leider sind Alexanders eigene strategische Überlegungen weitgehend unbekannt und wurden nur ansatzweise von seinen Zeitgenossen und Biografen überliefert, wobei auch noch vieles hineininterpretiert wurde. Die Laufbahn des großen Makedonen verlief ohne größere militärische Katastrophen, wenn man vielleicht vom extrem verlustreichen Rückmarsch aus Indien absieht. Alexander war sicherlich geprägt von dem Werken Homers, was er auch immer wieder zum Ausdruck brachte. Ilias und Odyssee waren zentrales und wesentliches Bildungsgut der klassischen Griechen, denen die Makedonen nacheiferten. Der Prinzenerzieher Aristoteles wird wohl auch einiges dazu beigetragen haben, den Geist des Makedonenprinzen Alexander entsprechend zu beeinflussen. Eines der Prinzipien, welche die Ilias vermittelte, war: »Immer der Beste sein und die anderen übertreffen.« Genau das wurde auch zum Credo des jungen Alexander und er bestimmte auch das grundlegende Konkurrenzdenken der vorklassischen und klassischen Griechen. Als Beispiel dafür kann auch der Geist der damaligen Olympischen Spiele herangezogen werden. Nur der Sieg zählte, nicht das »Dabeisein«. Es gab auch keine Ehrungen für den zweiten und dritten Rang. Über den Wettbewerb wurden Ehre und Rang, Einfluss und Macht erworben und bestätigt. Diesbezüglich war Alexander von Makedonien sicher voll und ganz Kind seiner Zeit.

Die große Bedeutung (freiwilliger und unfreiwilliger) Bundesgenossen für die Kriegsführung hatte Alexander bereits von seinem Vater Philipp II. erfahren, der aus den unterworfenen griechischen Stadtstaaten den Korinthischen Bund formte, welcher in erster Linie dazu bestimmt war, die Makedonen bei ihrem geplanten Krieg gegen die Perser zu unterstützen. Das Heer, mit dem Alexander zur Eroberung des Großreiches im Osten aufbrach, war in gewisser Weise auch eine wissenschaftliche Expedition. Denn es wurde von Künstlern, Philosophen, Naturwissenschaftlern und Literaten begleitet. Geschichtsschreiber sollten gleich vor Ort die großen Tagen Alexanders festhalten, um sie später verkünden zu können. Die zurückgelegten Distanzen wurden vermessen und aufgezeichnet, unbekannte Tiere und Pflanzen gesammelt. Kaum andere früheren und späteren Eroberer gingen derartig strukturiert vor.

Das bedeutete natürlich nicht, dass man auf die »gewohnte« antike Kriegsführung verzichtete oder ihr einen »humanen« Anstrich gab. Es wurde niedergemetzelt, in Massen gekreuzigt, tausendfach versklavt, und Besiegte durften in der Regel kaum auf Gnade hoffen. Über Alexander den Großen gibt es auffallend viele Berichte, die seine Grausamkeit beschreiben. Diese war sicher auch Teil seiner Strategie der Einschüchterung und hing wohl auch mit seinen oft wechselnden Launen und seinem enormen Alkoholkonsum zusammen.

Alexander legte großen Wert auf Aufklärung und Erkundung des Terrains, wenngleich ihm dabei manchmal Missgeschicke unterliefen. Auf dieser Aufklärung fußten seine Planungen. Danach war er meistens bereit, durch den Bruch von Regeln traditioneller Strategie und Taktik ein gewisses Risiko einzugehen, dabei aber den Feind zu verwirren und operativ zu überfordern. Damit legte der Makedonenkönig so gut wie immer die Grundlage für einen Sieg. Ein weiterer bedeutender Aspekt war sicher, dass Alexander immer »vorne« führte und somit ein großes Risiko einging, was ihm einige Male beinahe das Leben kostete, aber seinen Soldaten damit ein glänzendes Vorbild gab, dem sie nachzueifern trachteten.

Psychologie war in mehrfacher Weise ein Teil von Alexanders Kriegsführung. So tat er alles, um sich den kleinasiatischen Griechen und auch anderen Völkern als Befreier vom persischen Joch zu präsentieren. Alexanders Feldzüge waren ausschließlich offensiv angelegt und er kümmerte sich dabei wenig um rückwärtige Verbindungen oder Nachschublinien. Andere große Feldherren, wie z. B. Hannibal und auch Napoleon, haben ähnlich gehandelt. Das brachte natürlich die Gefahr mit sich, durch eine einzige schwere Niederlage militärisch völlig unterzugehen. Aber Alexander war so sehr von seinen Fähigkeiten und seiner Bestimmung überzeugt, dass er diese Möglichkeit wohl nicht ernsthaft in seine Überlegungen einbezog.

Wie sehr Mut und Entschlossenheit eines militärischen Führers gegen einen Gegner, der diese Eigenschaften in geringerem Ausmaß sein Eigen nennt, wesentliche Erfolgsfaktoren sein können, sah man in der Schlacht bei Issos. Nachdem der Makedone ohne Rücksicht auf Verluste das persische Zentrum und damit scheinbar den Großkönig selbst angegriffen hatte, verlor dieser die Nerven und ergriff die Flucht. Dabei ließ er nicht nur sein Heer im Stich sondern auch seine Verwandtschaft und seinen Hofstaat, die sich im persischen Lager befanden. Bei Gaugamela wiederholte sich das Geschehen weitgehend, obwohl der Großkönig eineinhalb Jahre Zeit gehabt hatte, sich auf diese neue Entscheidungsschlacht vorzubereiten. Der Energie und der Todesverachtung des Makedonenherrschers war er aber wieder nicht gewachsen. Danach konnte Alexander das ganze persische Kernland unter seine Kontrolle bringen.

Als der glücklose Dareios III. schließlich von seinen eigenen Leuten ermordet wurde, nutzte Alexander die Gelegenheit, um unter dem Motto »Rache für Dareios« seinen Feldzug fortzusetzen und bis ins heutige Usbekistan und Afghanistan weiterzumarschieren. Zu jener Zeit wollte er durch Verschmelzung der griechisch-makedonischen und persischen Eliten eine neue Oberschicht für sein Reich schaffen und führte immer mehr orientalische Sitten ein – was jedoch nach und nach für immer mehr Unmut bei seinen alten Kampfgefährten sorgte. Alexander begegnete diesem Widerstand äußerst brutal und schreckte selbst vor der Hinrichtung einiger seiner engsten Gefährten nicht zurück.

Die Kämpfe in den Gebirgsregionen Asiens erforderten eine neue Strategie, aber der Makedone konnte sich den veränderten Gegebenheiten anpassen. So ließ er seine Truppen nun auch in kleineren selbstständigen Verbänden agieren und kümmerte sich mehr um den Nachschub als zuvor. 329 v. Chr. schließlich überwand Alexander mit seiner Armee auch den schneebedeckten Hindukusch. In einigen bereits unterworfene Provinzen kam es nach Alexanders Weiterzug zu Aufständen, die dieser durch rasche und brutal-konsequente militärische Maßnahmen jedes Mal wieder unter Kontrolle brachte. Keiner seiner Gegner konnte dabei mit der Schnelligkeit und Entschlossenheit Alexanders mithalten. Er gründete in den unterworfenen Gebieten, wie beispielsweise in Afghanistan, Städte, die neben der Verbreitung griechischer Kultur auch seine Herrschaft stabilisieren sollten. Am äußersten Rand des vormals persischen Einflussbereiches besiegte Alexander in erbitterten Kämpfen auch nomadische Reiterstämme, die aus der zentralasiatischen Steppe kamen. Selbst dabei konnte er flexibel und energisch auf die ungewohnte Kampfweise dieser Reiterkrieger reagieren.

Mit immer neuen Aufständen konfrontiert, war Alexander aber gezwungen, sich zunehmend mit einer Art Guerillakrieg auseinanderzusetzen, was zu schweren Verlusten führte und vorerst keinen Erfolg brachte. Doch am Ende erlahmten die Aufstände, nachdem Alexanders Hauptgegner Spitamenes getötet worden war. Die Makedonen konnten in der Folge eine Anzahl angeblich uneinnehmbarer Felsenburgen des örtlichen Adels erobern, und Alexander heiratete die sogdische Prinzessin Roxane, was die Situation insgesamt beruhigen konnte.

Ab dem Sommer 327 v. Chr. krönte Alexander der Große seine militärische Laufbahn durch den Indienfeldzug. Dieser war mit großem Aufwand vorbereitet worden, und so zog das größte und am besten ausgerüstete Heer, über das der Makedone jemals geboten hat, in ein Gebiet, das die griechischen Geografen nur ansatzweise kannten. Alexander wollte mit der Eroberung Indiens bis ans Ende der Welt gelangen und alle Gebiete unterwerfen, die bis dorthin auf seinem Weg lagen. Beim Vormarsch des Heeres stellten sich einige Bergvölker in seinen Weg, die Alexander mit einer selbst für seine Verhältnisse ausufernden Brutalität mehr oder weniger auslöschte. Nach dem Überschreiten des Indus kam es 326 v. Chr. zur Schlacht gegen den indischen König Poros, Herrscher über das Fürstentum Pauravas (im Punjab). Alexander demoralisierte dessen Armee mit Scheinangriffen und konnte mit einer geschickten Umgehungsaktion die indische Armee ausmanövrieren. In der darauffolgenden Schlacht nutzten König Poros auch seine

Elefanten weit weniger als befürchtet und Alexander errang erneut einen großen Sieg.

Nach der Unterwerfung des Poros marschierte Alexander weiter. Als die Armee nach mühevollen Märschen im Monsunregen am Fluss Hyphasis (heute Beas) ankam, begann es in Alexanders Armee unruhig zu werden. Die Männer hatten inzwischen erfahren, dass Indien viel größer war als jemals gedacht und dass noch eine Vielzahl großer Reiche im Weg lag, bevor das »Ende der Welt« erreicht wäre. Die Soldaten revoltierten und Alexander gab unerwartet nach. Es wurde aber kein einfacher Rückmarsch. Alexander ließ Teile der Armee auf dem Indus einschiffen, andere mussten am Fluss entlang marschieren. Unterwegs kam es zu unzähligen Kämpfen, um sich den Weg zurück in die Heimat freizukämpfen. Alexander ließ den Großteil seiner Armee schließlich durch die gefürchtete Gedrosische Wüste (heute Belutschistan) marschieren, während ein Teil seiner Truppen mit dem Schiff die Küste entlangfuhr. Der Gewaltmarsch durch als undurchdringlich erachtete Wüstengebiete kostete dem Großteil von Alexanders Soldaten das Leben und man nimmt an, dass dies eine späte Bestrafung für die Meuterei der Truppe war. Es war auf jeden Fall das verlustreichste Unternehmen Alexanders des Großen.

Alexander sollte seine Rückkehr aus Indien nicht lange überleben. Nachdem sein geliebter Freund Hephaistion gestorben war, ging es mit ihm rasch zu Ende. Dabei war er auch in seinem letzten Lebensabschnitt noch mit den Planungen weiterer Kriegszüge beschäftigt. Die weiteren Ziele waren die Eroberung der Arabischen Halbinsel, des westlichen Mittelmeers … und wahrscheinlich Roms. Nach Alexanders Tod am 10. Juni 323 v. Chr. in Babylon begann sein Reich alsbald zu zerfallen. Zahlreiche erbitterte Diadochenkriege brachen aus, neue große Herrschaftsgebilde entstanden, die allerdings nicht an die Größe von Alexanders Reich heranreichten.

Der große Makedonenkönig versetzt die Menschen durch seine militärischen Erfolge bis heute in Erstaunen. Aufbauend auf das Erbe seines Vaters konnte er über eine überaus schlagkräftige Armee und über einige erfahrene und fähige Generäle verfügen, die er mit einer Mischung aus Energie, Konsequenz und Selbstvertrauen für seine Ziele einsetzen konnte. Seinem strategischen und taktischen Geschick – verbunden mit persönlicher Furchtlosigkeit – war kein damaliger Gegner gewachsen. Durch die Ausnutzung aller militärischen Möglichkeiten und der gleichzeitigen Missachtung bisheriger taktischer und strategischer Konventionen konnte er bis dahin nie gesehene Erfolge erzielen. Dabei setzte er auch auf Psychologie und Propaganda. Alexanders Erfolge sind ziemlich einzigartig in der Geschichte und man könnte bedauern, dass er der Nachwelt kein Werk über seine strategischen Überlegungen hinterlassen hat. Womit Alexander letztlich am erfolgreichsten sein sollte, war die Ausbreitung des Hellenismus, der noch viele Jahrhunderte fortwirken sollte.

»In einem kurzen Zeitraum hat dieser König große Taten verrichtet und durch Klugheit und Tapferkeit mehr vollbracht als alle Könige von Anfang an, welche die Geschichte kennt.« (Diodor)

Hannibal Barkas

»Nie hat ein und derselbe Charakter diese beiden gegensätzlichen Eigenschaften, Gehorchen und Befehlen, besser in sich vereint.« (Titus Livius)

Der Karthager Hannibal brachte es fertig, den Römern einige sehr schwere Niederlagen beizubringen und sie fast in den Untergang zu treiben. Allerdings nur fast. Doch beinahe alles, was wir über Hannibal wissen, erfuhren wir von seinen Feinden. Während die Werke prokarthagischer Autoren verloren gegangen sind, ist von römischen Schriftstellern einiges erhalten geblieben.

Hannibal wurde mehr als einhundert Jahre nach Alexander dem Großen geboren – wahrscheinlich etwa 247 v. Chr. Er war der Sohn des karthagischen Feldherrn Hamilkar Barkas, der sich im Ersten Punischen Krieg ausgezeichnet hatte. Karthago hatte in dieser Auseinandersetzung eine schwere Niederlage gegen die Römer erlitten und sann auf Rache. Der junge Hannibal wurde von einem Spartaner erzogen und es war klar, dass er wie seine beiden Brüder ein militärischer Führer werden würde. Bereits mit neun Jahren begleitete er seinen Vater nach Spanien, wo dieser große Gebiete eroberte. Die Karthager setzten sich in Spanien fest, um ihre großen Gebietsverluste im Ersten Punischen Krieg zu kompensieren. Ein Vertrag mit Rom regelte vorerst die Grenzen der jeweiligen Machtbereiche. Hannibal, der sich inzwischen als Reiterführer im Kampf gegen Aufständische bewährt hatte, wurde 221 v. Chr. Befehlshaber des karthagischen Heeres. In dieser Funktion unterwarf er die noch nicht abhängigen iberischen Stämme. Dabei siegte er auch am Tajo in einer Feldschlacht gegen einen zahlenmäßig weit überlegenen Gegner.

Schon bald geriet Hannibal mit der römischen Republik in Konflikt. Auslösendes Ereignis war die Belagerung der Stadt Sagunt durch die Karthager, in die sich die Römer einmischten. Nachdem Hannibal nach langer Belagerung die Stadt erobert und die Bevölkerung massakriert hatte, brach der Zweite Punische Krieg aus. Der karthagische Feldherr entwickelte nun einen gewagten strategischen Plan und setzte diesen um. Hannibal wusste, dass die Römer die karthagischen Besitzungen in Spanien angreifen würden. Deshalb ergriff er die Initiative und brachte den Krieg nach Italien, mit dem Ziel, Rom direkt anzugreifen. Dazu musste er, wegen der Unterlegenheit der Karthager gegenüber den Römern zur See, auf dem Landweg die Alpen, die zu jener Zeit kaum kartografisch erforscht waren, überqueren.

Bei dem eigentlich nur mit Alexanders Überquerung des Hindukusch vergleichbaren Unternehmen zog Hannibal mit über 50 000 Soldaten, etwa 9 000 Reitern und angeblich 37 Elefanten über unwegsames alpines Terrain nach Italien. Dabei erlitt seine Armee herbe Verluste, doch das Wagnis gelang. Als Hannibals Armee die Poebene erreichte, schlossen sich ihr viele keltische Krieger an. Das Eindringen der Karthager in ihr Kernland bedeutete für die Römer einen großen Schock. Es begann eine für Rom traumatisierende Phase, in der die Karthager unter Hannibal einen gewaltigen Sieg nach dem anderen errangen.

Einige der bis heute am meisten bewunderten Schlachtsiege gehen auf Hannibals Konto. Er schlug römische Armeen, die ihm zahlenmäßig immer überlegen waren, 218 v. Chr. am Ticinus und an der Trebia sowie 217 v. Chr. am Trasimenischen See. Bei letzterer Schlacht bereitete Hannibal, der nach Etrurien marschiert war, einem römischen Heer einen klug durchdachten Hinterhalt. Der römische Konsul Flaminius tat ihm den Gefallen, seine Truppen genau in die Falle hineinzuführen. Die Römer erlitten zwischen den auf Hügeln postierten Karthagern und dem See eine vernichtende Niederlage. Wie sehr der karthagische Feldherr bereit war, ungewöhnliche Kampftaktiken anzuwenden, zeigte er während seiner Laufbahn immer wieder.

Wie schon bei den Kämpfen zuvor sandte Hannibal alle Gefangenen, die nicht römischer Herkunft waren, wieder zu ihren Stämmen zurück. Er betonte dabei jedes Mal, dass er als Befreier nach Italien gekommen sei. Da sich jedoch nicht allzu viele der römischen Bundesgenossen bereitfanden, zu den Karthagern überzulaufen, hatte diese Strategie Hannibals nicht die gewünschte Wirkung. Die Römer setzten in der Folge auch auf eine neue Strategie, um den Abfall der Bundesgenossen zu verhindern. Der zum Diktator ernannte Fabius Maximus vermied offene Feldschlachten, marschierte aber in einer gewissen Entfernung mit seinen Legionen parallel zu Hannibal. Dadurch wurden die Bundesgenossen eingeschüchtert und schlossen sich nicht den Karthagern an.

Einmal konnte Hannibal sich bei Fabius Maximus revanchieren. Als der römische Feldherr ihm das weitere Vordringen über einen Pass versperrte, ließ der Karthager einer Horde Ochsen Fackeln auf die Hörner binden. Diese schickte er in der Nacht los, was bei den Römern für Verwirrung sorgte, wobei die meisten ihre Posten verließen. Hannibal nutzte die Gelegenheit und brach mit seinen Truppen durch den Pass. Er scheute auch nicht davor zurück, während seines Vormarsches »sengend und brennend« sowie plündernd durch die reichen italienischen Provinzen zu marschieren, während ihm sein römischer Gegner dabei nur zusah. Das führte natürlich bei vielen Römern und ihren Verbündeten zu großem Unmut und Fabius Maximus, den man »Cunctator« (Zögerer) nannte, wurde heftig kritisiert.

Schließlich setzten sich in Rom die Gegner des »Cunctators« durch und die beiden neu gewählten Konsuln setzten auf eine offensive Strategie und planten eine große Entscheidungsschlacht gegen Hannibal. Die Gelegenheit dafür sollte sich am 2. August 216 v. Chr. bei Cannae am rechten Ufer des Aufidus (Apulien) ergeben. Hannibal nahm die Schlacht trotz der zahlenmäßigen Überlegenheit der Römer an. Er vertraute seinen lang gedienten Infanteristen, welche »die Afrikaner« genannt wurden und eigentlich eine Söldnertruppe waren. Auch schätzte er seine bereits in mehreren Schlachten erfolgreiche Kavallerie höher als jene der Römer ein. Es war allgemein bekannt, dass die Römer keine großen Reiterkrieger waren, sondern ihre Stärke in der disziplinierten Infanterie lag. Das sollte sich über viele Jahrhunderte bis in die letzte Phase des Römischen Imperiums eigentlich kaum ändern.

Bei Cannae hatte Hannibal etwa 50 000 Mann zur Verfügung, denen mindestens 80 000 Römer gegenüberstanden. Die beiden römischen Konsuln vertrauten auf ihre zahlenmäßige Überlegenheit, denn immerhin kommandierten sie das größte Heer, das Rom bisher ins Feld geschickt hatte. Während die Römer eine sehr konventionelle Aufstellung nahmen und dabei der Masse ihrer Infanterie vertrauten, stellte Hannibal seine Armee halbkreisförmig auf, wobei er die schwächere Infanterie in der Mitte positionierte, während sich die Reiterei und die besseren Fußtruppen an den beiden Flügeln befanden. Wie erwartet gab nach dem massierten Vorgehen der Römer das karthagische Zentrum nach, während Hannibals Kavallerie die römische, die ohne wirkliche Aufgabe an den Flügeln aufgestellt war, ausschaltete bzw. vertrieb. Nach der Rückkehr seiner Reiterei umfasste Hannibal mit seinen starken Flügeln die römische Infanteriemasse an beiden Seiten, während die Kavallerie diese im Rücken attackierte. Es entwickelte sich eine Kesselschlacht, die in ein Massaker mündete. Letztlich konnten nur 14 000 Römer entkommen, während die meisten tot auf dem Feld blieben und einige Tausend gefangen genommen wurden.

Das Umfassungsmanöver, das der Karthager anwandte, hat die Fantasie vieler späterer Strategen bis hin zu den Preußen Moltke und Schlieffen beflügelt. Selbst bei den Kesselschlachten des Zweiten Weltkrieges dachten deutsche Generäle an Cannae. Man wollte dem genialen Strategen und Taktiker Hannibal nacheifern, auch wenn die militärische Taktik des Gegners nicht mehr jener der Römer des Zweiten Punischen Krieges entsprach.

Den meisten Beobachtern schien es nun klar, dass Hannibal gegen das 400 Kilometer entfernte Rom marschieren würde, zumal dieses keine weitere nennenswerte Armee mehr ins Feld stellen konnte. Doch genau das tat der siegreiche Karthager nicht. Er schenkte wieder allen nicht-römischen Gefangenen die Freiheit und verkündete den römischen, dass er Rom nicht zerstören wolle. Hannibal rechnete offensichtlich damit, dass nun mehr Bundesgenossen von den Römern abfallen und der Senat ihm ein Friedensangebot machen würde. Doch nichts dergleichen geschah. Der große Militärtaktiker und Stratege hatte sich in der Psychologie seiner Gegner getäuscht.

Hannibal schloss nach Cannae auch ein Bündnis mit Philipp V., dem König der Makedonen, in dem er das Existenzrecht Roms anerkannte. Er wollte also den Gegner nicht vernichten (wie es die

Römer ja dann im Dritten Punischen Krieg ohne Skrupel taten), sondern einen Frieden erreichen, der zum Vorteil der Karthager gereichte. Dabei verkannte er völlig die Mentalität der Römer, die bereit waren, bis zum bitteren Ende zu kämpfen, um sich nicht zu unterwerfen. Nach Cannae konnte Hannibal immerhin einige italienische Städte und Stämme auf seine Seite ziehen, doch der große Erfolg blieb aus.

Hannibal war großartig darin, die Schwächen des römischen Militärsystems konsequent auszunutzen und lange Zeit in der Offensive zu bleiben. Doch er setzte zu sehr darauf, das römische Bundesgenossensystem zu schwächen. Die Ablösung der italienischen Bundesgenossen sollte Rom isolieren und dessen Macht zerstören. Außerdem fehlte es ihm wohl an Belagerungsgeräten, die er für nötig erachtete, um die Stadt Rom anzugreifen. Doch war es in der Antike durchaus üblich, diese Geräte vor Ort herzustellen. Hannibal sah sich wegen seiner Entscheidung der Kritik seiner Unterfeldherren ausgesetzt, wobei der Reiterführer Maharbal angeblich sagte: »Du verstehst zu siegen, Hannibal. Den Sieg zu nutzen aber verstehst du nicht.«

Da sich der Krieg über eine Anzahl von Jahren hinzog, konnten die Römer erneut ihre Strategie ändern. Sie griffen z. B. karthagische Einheiten nur mehr an, wenn Hannibal nicht anwesend war. Auch wenn im Laufe der Zeit einige italische Bundesgenossen von Rom abfielen, so konnte es Hannibals Plan letztlich doch vereiteln. Dieser unternahm schließlich nur einen Scheinangriff auf die Stadt, was als »Hannibal ante portas!« in die Annalen einging. Die Römer mobilisierten alles, was sie hatten, sie bewaffneten auch Sklaven und Nichtbürger. Hannibal dagegen konnte in Italien nicht genügend neue Krieger mobilisieren.

Auf den anderen Kriegsschauplätzen lief es in der Zwischenzeit für Karthago in der Regel schlecht. Auch wenn sie eine nach Spanien eingedrungene römische Armee vernichten konnten, so konnten die karthagischen Feldherren nicht zu Hannibal nach Italien durchstoßen und waren über die weitere Strategie uneins. Hannibals Bruder Hasdrubal wurde von den Römern bei einem versuchten Durchbruch nach Gallien schwer geschlagen. In der Folge erschien eine weitere römische Armee unter Scipio, später »der Ältere« genannt, in Spanien. Dieser entpuppte sich rasch als der begabteste Feldherr, den Rom in diesem Krieg aufbieten konnte. Scipio ging sehr offensiv vor und machte große Eroberungen. Hasdrubal stellte die Römer in der Schlacht bei Baecula, wurde aber erneut geschlagen. Allerdings konnte er mit dem Rest seines Heeres über die Pyrenäen in Richtung Italien durchbrechen. Er zog wie sein Bruder über die Alpen und fand wie Hannibal Verbündete unter den Kelten der Poebene. Hasdrubal wollte sich mit seinem Bruder Hannibal in Umbrien treffen, doch die Römer waren bereits durch eine abgefangene Nachricht im Bilde. Die beiden römischen Konsuln fingen das karthagische Heer bei dessen Vormarsch am Metaurus ab und vernichteten es. Hasdrubal wurde dabei getötet, und die Römer schickten Hannibal den Kopf seines Bruders. Der setzte jedoch seinen Kampf unermüdlich fort.

Hannibal wurde von seinen Soldaten fast vergöttert. Er schien in allem Vorbild und unerschütterlich. Sogar die Römer zollten Hannibal oft genug Anerkennung: »Hitze und Kälte ertrug er gleichermaßen; Essen und Trinken wurden durch Naturbedürfnis, nicht durch Verlangen begrenzt.« (Titus Livius)

Hannibal war selbst sehr anspruchslos und er teilte die karge Kost mit seinen Soldaten. In erster Linie ging es ihm um die Sache – den Sieg über Rom. Hannibal führte weiter seinen permanenten Krieg in Italien, der zunehmend die Form eines Guerilla-Krieges annahm. Aber er konnte mit seiner Strategie, sosehr sie sich in vielen Bereichen bewährte, die Römer einfach nicht in die Knie zwingen. Da half es auch nichts, dass Hannibals jüngster Bruder Mago 205 v. Chr. mit einer karthagischen Truppe in Ligurien landete, denn auch er blieb ziemlich isoliert. Die Römer, die auch die karthagische Hoffnung Sizilien mittlerweile voll unter ihre Kontrolle gebracht hatten, schätzten ihre strategische Situation als so gut ein, dass sie trotz der Anwesenheit Hannibals in Italien den Entschluss fassten, Karthago direkt anzugreifen und in Afrika zu landen.

Scipio landete im karthagischen Kernland und errang gleich einen ersten Sieg. Die Karthager schickten daraufhin Gesandte zum siegreichen römischen Befehlshaber, um einen Waffenstillstand anzubieten. Gleichzeitig wurden Hannibal und sein Bruder Mago aus Italien zurückberufen. Hannibal muss nach 15 Jahren in Italien wohl mit gemischten Gefühlen abgesegelt sein. Er hatte gewaltige Siege errungen und die römische Macht ins Wanken gebracht – ohne allerdings den finalen Sieg zu erringen. Ob er darüber nachdachte, dass seine Strategie bezüglich der römischen Bundesgenossen nicht richtig gewesen war und er besser offensiv gegen die Stadt Rom vorgehen hätte sollen, muss dahingestellt bleiben.

Die große römische Hoffnung – der Feldherr Scipio, später »Africanus« genannt – hatte die gefürchteten numidischen Reiterkrieger unter dem Fürsten Massinissa zu Verbündeten machen können. Da die Karthager militärisch auf deren Unterstützung gesetzt hatten, bedeutete das eine Katastrophe für sie. Als der Senat Karthagos einen ausgehandelten Waffenstillstand mit den Römern brach, nahm die Katastrophe ihren Lauf.

Hannibal musste nach seiner Rückkehr militärisch rasch handeln und sich den Römern stellen. Denn die Stadt Karthago war nun selbst in Gefahr. Am 19. Oktober 202 v. Chr. kam es bei Zama zur Schlacht. Hannibal verfügte über 40 Kriegselefanten, die allerdings kaum ausgebildet waren. Er hatte einen Teil seiner Veteranen aus Italien mitnehmen können und hoffte, mit diesen die Entscheidung herbeiführen zu können. Doch im Wesentlichen waren die ihm nun zur Verfügung stehenden Truppen weniger gut gedrillt und diszipliniert als jene der Römer. Zudem verfügte Scipio durch die erfahrenen Reiter Massinissas über eine Überlegenheit in der Kavallerie. In Zama konnte Hannibal nicht mehr sein Genie bei der Führung geübter militärischer Verbände ausspielen und letztlich entwickelte sich sowohl der Einsatz der Elefanten ebenso zum Fiasko wie jener der Kavallerie. Auch die Infanterie konnte die Situation nicht mehr retten und somit erlitt der erfolgsverwöhnte Hannibal seine erste und entscheidende Niederlage.

Karthago musste schließlich seine Niederlage eingestehen und einen erniedrigenden Frieden akzeptieren. Hannibal verlor auf römischen Druck hin seine militärischen Ämter und begann eine Karriere als reformorientierter Politiker. Dabei machte er sich wegen der für ihn typischen Konsequenz viele Feinde in der Aristokratie Karthagos und musste schließlich ins Exil gehen. Später wirkte er im östlichen Mittelmeerraum für Antiochos III. von Syrien, doch dieser folgte seinen groß angelegten militärischen Plänen nicht. Nachdem Rom seinen Einfluss immer mehr ausdehnte, musste Hannibal einige Male fliehen, konnte aber noch einige erfolgreiche militärische Unternehmungen durchführen. Der große Feldherr wurde aber schließlich von den Römern in die Enge getrieben. Im Jahr 183 v. Chr. blieb ihm schließlich nichts anderes als der Selbstmord übrig, um nicht den Römern in die Hände zu fallen. Angeblich soll er dabei gesagt haben: »Lasst uns jetzt die Römer von ihrer ständigen Sorge befreien, da ihnen das Warten auf den Tod eines alten Mannes lange vorkommt.« (Titus Livius)

Der antiken Nachwelt blieb Hannibal als einer der größten Feldherren der bisherigen Geschichte in Erinnerung. Wie bereits erwähnt, haben spätere militärische Führer und Generalstäbler bis hin zu Schlieffen und dessen Planungen versucht, die umfassende Vernichtungsschlacht nach dem Vorbild von Cannae in die Tat umzusetzen. Kaum einer ist dabei an das Vorbild des großen Hannibal herangekommen. Der geniale Preuße Helmuth von Moltke scheiterte 1866 auch beim Versuch der Umsetzung des Cannae-Konzepts bei Königgrätz. Die großen Kesselschlachten des Zweiten Weltkrieges eröffneten durch den Fortschritt der Militärtechnik diesbezüglich neue Möglichkeiten. Panzerarmeen und mobilisierte Truppen schienen für die Einkesselung großer feindlicher Verbände sehr gut geeignet. An eigentlich allen Militärakademien der Welt wird Hannibals Taktik bei Cannae bis heute gelehrt, und vielleicht wird die Zukunft der Kriegsgeschichte noch einige »Cannaes« hinzufügen. Eine Vielzahl von Historikern hat sich auch immer wieder mit der Persönlichkeit Hannibals befasst. Während heute kaum jemand noch über seinen Überwinder Scipio Africanus spricht, ist der Karthager Hannibal unvergessen.

»Ihr müsst tapfere Männer sein, alle Auswege zwischen Sieg und Tod sind versperrt.« (Hannibal zu seinen Soldaten, laut Titus Livius)

Julius Cäsar und die Strategie

»Der Krieg ist der Beruf des Menschen.« (Römisches Sprichwort)

Es gab in der römischen Geschichte vor Julius Cäsar einige bedeutende Heerführer, von denen die meisten heute weniger bekannt sind: Scipio Africanus, Marius, Sulla, Pompeius sind einige von ihnen. Cäsar jedoch wurde der bis heute bekannteste römische Feldherr und Politiker. Aus seinem Namen entwickelte sich schließlich auch die Bezeichnung für den höchsten Herrschertitel, der im Abendland vergeben wurde: Kaiser.

Gaius Julius Cäsar (100–44 v. Chr.) entstammte einem alten römischen Geschlecht, das sich auf den sagenhaften Aeneas als Ahnherrn berief. Wegen seiner verwandtschaftlichen Beziehungen zum römischen Feldherrn und Armee-Reformer Marius geriet Cäsar ins Visier von dessen siegreichen Gegner, dem Diktator Sulla.

Wohl auch, um ihn aus der Gefahrenlinie zu bringen, wurde er nach Asien in den Krieg geschickt. Hier unterhielt der damals 19-Jährige eine enge Beziehung zu König Nikomedes von Bithynien, der die Belagerung Mytilenes durch die Römer unterstützte. Nach der Eroberung der Stadt erhielt Cäsar eine hohe Auszeichnung. Anschließend war er am Kampf gegen die kilikischen Piraten beteiligt, kehrte aber nach dem Tod Sullas nach Rom zurück, um dort eine politische Karriere zu beginnen. In seinem ersten Amt als öffentlicher Ankläger erregte er bereits großes Aufsehen. Danach reiste er nach Griechenland, wo er seine klassische Bildung verbessern wollte. Er geriet auf der Fahrt nach Rhodos in die Gewalt von Piraten, wurde freigekauft und rächte sich anschließend durch eine Militäraktion, bei der alle Piraten gekreuzigt wurden.

Cäsar wurde nach seiner Rückkehr nach Rom zum Pontifex und Quästor gewählt und somit Senatsmitglied. Nach dieser Amtszeit machte er Dienst in Spanien, schloss nach seiner Rückkehr eine lukrative Ehe und setzte das Geld gezielt für seinen weiteren Aufstieg ein. 63 v. Chr. wurde er Pontifex Maximus und erfreute sich der Unterstützung des reichsten Römers, Marcus Licinius Crassus. 62 v. Chr. bekleidete Cäsar das Amt eines Prätors und war damit schon ziemlich nahe an die Spitze des Staates gelangt. Die folgende Statthalterschaft absolvierte er in Spanien, wo er auch gegen die Iberer im nördlichen Bereich der Provinz in den Krieg zog. Dabei zeigte er großes strategisches Talent, ging jedoch äußerst brutal vor. Er strebte nun das Konsulat an, stieß aber auf Widerstand im Senat. Deshalb gründete er eine Partnerschaft zur gegenseitigen Unterstützung mit dem Feldherrn Gnaeus Pompeius Magnus und dem erwähnten Crassus – das »Erste Triumvirat«. Crassus steuerte das Geld bei, Pompeius die Armee und Cäsar die nötige Popularität und Energie. Er erlangte das Amt des Konsuls, wurde aber als »Feind der Freiheit« heftig bekämpft. Cäsar setzte einige neuartige Gesetze durch, bei denen beispielsweise auch die Veteranen großzügig bedacht wurden. Das brachte ihm viele Anhänger ein, aber auch den Zorn seiner Gegner, da er oft geltendes Recht gebrochen hatte. Da man ihm deswegen nach seiner Amtszeit den Prozess machen wollte, ging er mit Unterstützung von Pompeius und Crassus als Prokonsul nach Illyrien und Gallien. Cäsar sah die Gelegenheit, durch militärische Erfolge in Gallien den Groll des Senats zu dämpfen. Er beschloss, den Einflussbereich Roms und damit seine Macht durch einen großen Krieg jenseits der bisherigen Grenzen zu erweitern. Die untereinander uneinigen Stämme der Gallier schienen dabei die idealen Opfer für seine Bestrebungen. Konkreten Anlass gaben ihm jedoch die Helvetier, die Roms Grenze bedrohten. Cäsar ging zum Angriff über und besiegte die Helvetier 58 v. Chr. in der Schlacht bei Bibracte. Anschließend vertrieb er die Sueben über den Rhein und unterwarf die als besonders tapfer geltenden Belger. Durch die Verlängerung des Triumvirats und ein weiteres Prokonsulat konnte Cäsar schließlich zusätzliche fünf Jahre in Gallien bleiben, was ihm Gelegenheit gab, das ganze Land der Kelten unter seine Kontrolle zu bringen, mit teils äußerst brutalen Mitteln: Als die germanischen Stämme der Usipeter und Tenkterer mit ihm verhandeln wollten, nahm er deren Anführer gefangen und massakrierte einen großen Teil der der Stämme. Manche Historiker sehen darin einen frühen Völkermord. Sogar der römische Senat protestierte gegen diese Gräueltat, die angeblich Hunderttausende Opfer gefordert hatte. Cäsar unternahm auch zwei nicht sonderlich erfolgreiche Feldzüge gegen Britannien. Durch die Überquerung des Rheins und Feldzüge im für die Römer bis dahin so gut wie unbekannten Germanien konnte er in Rom großes Aufsehen erregen, auch wenn er sich wieder zurückzog.

Bald kam es im besetzten Gallien zu erneuten Aufständen, nachdem ein Legat Cäsars eine Niederlage in der Schlacht von Aduatuca erlitten hatte. Mühsam konnten die Aufständischen bezwungen werden. Kritisch für Cäsar wurde es, als sich im Jahre 52 v. Chr. der Arvernerfürst Vercingetorix gegen ihn erhob. Er erwies sich als guter Stratege und bislang gefährlichster Gegner Cäsars. Vercingetorix blockierte den römischen Nachschub und bediente sich der »Taktik der verbrannten Erde«. Nachdem er bei Gergovia gegen ein römisches Heer gesiegt hatte, ging der Gallier in die Offensive. Doch in der Folge zeigte sich die taktische Überlegenheit der Römer und Vercingetorix musste sich in die Festungsstadt Alesia zurückziehen. Während Cäsar die Stadt von einem ca. 35 Kilometer langen Befestigungsring umschließen ließ, bereitete er sich auf den Angriff eines ihm – nach Cäsars eigenen Angaben – zahlenmäßig weit überlegenen Entsatzheeres vor. In der großen Schlacht, die nun folgte, konnten die Römer sowohl die Ausbruchsversuche der Belagerten zurückschlagen als auch das schlecht organisierte Entsatzheer, über dessen Größe es wohl viele übertriebenen Darstellungen gibt, besiegen. Vercingetorix ergab sich schließlich auf Gedeih und Verderb seinem Bezwinger, und

Cäsar hatte damit Gallien endgültig unter seine Kontrolle gebracht. Es gab zwar noch kleinere Aufstände, aber diese konnten die römische Gesamtherrschaft nicht ernsthaft gefährden. Cäsar ging bei der Niederschlagung mit grausamer Brutalität vor und ließ z. B. in der Stadt Uxellodumum den Gefangenen ihre Hände abschneiden. Die reiche Beute aus den Gallischen Kriegen konnte er für die Finanzierung und Vergrößerung seiner Truppen nutzen. Laut Plutarch wurden im Gallischen Krieg etwa eine Million Gallier getötet. In seiner eigenen Schrift über den Gallischen Krieg beschrieb Cäsar das Geschehen aus seiner Sicht und machte ebenfalls wenig Hehl aus seinen Grausamkeiten.

Nachdem das Triumvirat durch den Tod von Crassus in einem Krieg gegen die Parther zerfallen war, wandte sich Pompeius immer mehr von Cäsar ab, da er diesen nun fürchtete. Ein Bürgerkrieg drohte. Große Teile des Senats wollten Cäsar nicht erneut als Konsul haben. Vor allem sollte er seine zehn Legionen entlassen, Pompeius seine Legionen aber behalten. Cäsar sah seine Basis in Rom schwinden und wusste, dass man ihm den Prozess machen wollte. Deshalb setzte er alles auf eine Karte. Nachdem er mit seinen Truppen überraschend den Grenzfluss Rubikon überquert hatte, brach unter seinen Gegnern, die nicht mit einem so schnellen Angriff gerechnet hatten, Panik aus. Cäsar drang in Eilmärschen vor, konnte aber bei seiner Ankunft in Rom Pompeius und die ihm feindlich gesinnten Senatoren nicht mehr vorfinden. Pompeius war nach Griechenland gegangen, um von dort aus Truppen zu organisieren. Da Cäsar keine eigene Flotte hatte, marschierte er zunächst nach Spanien, um die dortigen Legionen des Pompeius zu bekämpfen. Dort angekommen, konnte er sieben Legionen des Pompeius überraschend schnell besiegen. Währenddessen stellte Pompeius im Osten des Reiches eine riesige Armee auf. Cäsar ließ sich 48 v. Chr. zum Konsul wählen und setzte über die Adria. Bei Dyrrhachium erlitt er eine Niederlage gegen Pompeius und musste sich nach Thessalien zurückziehen. In der Folge stieß der Rest seiner Truppen unter dem Kommando von Marcus Antonius zu ihm. Es folgte die denkwürdige Entscheidungsschlacht bei Pharsalos, die mit einem Triumph Cäsars endete, obwohl die Armee des Pompeius angeblich doppelt so stark war. Pompeius floh nach Ägypten, wo er flugs im Auftrag des Königs ermordet wurde. Als man den seinen Gegner verfolgenden Cäsar in Alexandria den Kopf des Pompeius zeigte, reagierte dieser verärgert, sein Triumph war dadurch geschmälert. Der Römer mischte sich in der Folge in die politischen Angelegenheiten Ägyptens ein, als er Kleopatra, die junge Königin, kennenlernte. Es entspann sich eine Liebesbeziehung und Cäsar stellte sich auf die Seite Kleopatras, die gegen ihren Bruder Ptolemaios XIII. opponierte. Es kam zu heftigen Kämpfen, Cäsar wurde in Alexandria belagert, wobei angeblich die berühmte Bibliothek im Flammen aufging. Nach Ankunft eines Entsatzheeres wurden die Ägypter geschlagen und der junge König ertrank im Nil. Die Macht Kleopatras war gesichert.

Cäsar wandte sich in der Folge gegen den König von Pontus und besiegte ihn in einem raschen Feldzug binnen fünf Tagen. Danach soll er angeblich den berühmten Spruch von sich gegeben haben: »Veni, vidi, vici.« (Ich kam, sah und siegte.) Es folgten zwei Kriegszüge gegen den Rest der Anhänger des Pompeius in der Provinz Africa und in Hispanien. Cäsar war nun der absolute Herrscher des Römischen Reiches und begann, den Staat völlig umzugestalten. War Cäsar seit 46. v. Chr. als Diktator auf zehn Jahre bestimmt worden, so ließ er sich im Jahre 44 zum Diktator auf Lebenszeit ernennen. Fortan führt er königliche Insignien, was eindeutig ein Bruch der Verfassung war und mit zu seinem baldigen Sturz beitrug.

Cäsars Werke »Commentarii de Bello Gallico« und »Commentarii de Bello Civili« sind unschätzbare Quellen über sein militärisches und strategisches Denken – und auch darüber, wie er als großer Stratege gesehen werden wollte. Später gab es von anderen Autoren geschriebene Fortsetzungen über die Kriege Cäsars, die allerdings bei Weitem nicht an dessen Werke heranreichen: »De Bello Alexandrino«, »De Bello Africo« und »De Bello Hispaniensi«.

»Im Krieg haben wichtige Ereignisse unscheinbare Ursachen.«
(Gaius Julius Cäsar)

Cäsars strategisches Handeln war von Grundsätzen geprägt, die er stets befolgte: Er wollte immer die Initiative in der Hand behalten. Er trachtete danach, im Vorfeld möglichst viele Informationen zu sammeln. Er strahlte immerzu Zuversicht und Entschlossenheit aus. Gelegenheiten wurden entschlossen ausgenutzt. Cäsar legte neben seiner Fähigkeit zum schnellen und furchtlosen Handeln auch eine enorme Beharrlichkeit an den Tag. Stets war er bemüht, die feindlichen Truppen auseinanderzuhalten und an einer Vereinigung zu hindern. Im Kampf setzte er auf eine umfassende

Vernichtungsstrategie – der Gegner sollte vollkommen geschlagen, verfolgt, vernichtet bzw. unterworfen werden.

Cäsar befolgte auch die alte römische Militärtradition, im Feindesland nur in gesicherter Ordnung zu marschieren und bei jedem Halt ein befestigtes Lager aufzuschlagen. Dazu waren die Legionäre ausgebildet und dafür führten sie auch die nötigen Geräte mit sich. Auch für die Verpflegung und den nötigen Nachschub wurde immer gesorgt. Durch das Beharren auf der Lagertaktik und der starren Ordnung wirkten die Römer manchmal schwerfälliger als ihre Gegner, doch gab ihnen der Erfolg zumeist Recht.

Spätere Autoren bezeichneten Cäsar als den »Vater der Strategie«, wobei es natürlich auch im Abendland vor ihm große Strategen gegeben hat. Sein Verdienst war der Umstand, dass er das bereits vorhandene Wissen über die Kriegskunst vervollkommnete und wie kaum ein Befehlshaber zuvor in die Praxis umsetzte. Cäsar konnte das römische Militärsystem sowohl in der Offensive als auch in der Defensive erfolgreich einsetzen.

Cäsars nüchterne und überlegte Art der Kriegsführung und das Beharren auf Reserven und Nachschub ermöglichte es ihm auch, Niederlagen und Rückschläge zu kompensieren und sein Ziel weiterhin zu verfolgen. Die Initiative blieb auch bei kurzfristigen militärischen Misserfolgen so gut wie immer auf seiner Seite. Die »schiefe Schlachtordnung« der alten Griechen fand über Alexander den Großen und andere Anwender ihren Weg auch zu Julius Cäsar, der mit dieser Taktik dann die entscheidende Schlacht von Pharsalos gegen Pompeius entscheiden konnte, obwohl dieser ihm zahlenmäßig weit überlegen war.

»Die Welt zu erobern, ist das eine. Sie auf die Dauer zu beherrschen und ihren Frieden zu erhalten, ist das andere.« (Polybios)

Die Militärwissenschaft der Römer und Byzantiner

»Schlimmer als der Krieg ist die Furcht vor dem Krieg.« (Seneca)

Hatte es im Rom der Königszeit und der frühen Republik kaum Unterschiede zum Kriegswesen der Griechen mit der Phalanx als wichtigster Formation gegeben, beschritten die Römer später völlig neue Wege. Alle freien und wehrfähigen Männer hatten im Volksaufgebot (Legio) zu kämpfen, wobei die wohlhabenderen und am besten ausgerüsteten Bürger vorne und die Ärmeren mit der einfacheren Ausrüstung weiter hinten kämpften. Dazu kamen noch weitgehend Mittellose, die mit Wurfspeeren und Schleudern gegen den Feind ins Feld zogen. Im Laufe der Zeit verschwand das Rundschild und wurde durch ein ovales ersetzt. Dadurch konnten sich auch Kämpfer, die sich keine vollständige Rüstung leisten konnten, besser schützen. Die Legion wurde in Untereinheiten, die Zenturien, gegliedert.

Zunächst unterhielten die Römer nur zwei Legionen, die jeweils von einem der beiden Konsuln geführt wurden. Noch während der Zeit der frühen Republik teilte man die Truppen in drei Schlachtreihen auf, die aufeinanderfolgten. Vorne die jüngsten, in der Mitte die erfahrensten Kämpfer und dahinter die Veteranen. Die Schlachtreihen wurden in Manipel aufgeteilt, von denen jedes aus zwei Zenturien bestand, jeweils etwa 160 Mann. Diese Formationen konnten viel flexibler und eigenständiger agieren als die starre griechische Phalanx. Die Lücken zwischen den Manipeln erlaubten es leichteren Verbänden, vorzustoßen oder sich zurückzuziehen. Diese Lücken konnten jederzeit durch rückwärtige Einheiten geschlossen werden. Die Kavallerie spielte wie bei den Griechen eine weniger wichtige Rolle und diente der Aufklärung und Unterstützung. Die neue Taktik der Römer ermöglichte es ihnen, das kurze Breitschwert – den Gladius – als wichtigste Waffe einzusetzen, nachdem man die Speere gegen den Feind geworfen hatte. Bei genauerer Betrachtung wies die Manipeltaktik noch weitere Vorteile auf. Während bei der Phalanx fast jeder Rückzug automatisch zu einer Katastrophe führte, konnten sich die Manipel zurückziehen, anderen Platz machen und dann wieder vorstoßen. Das minimierte letztlich auch die Verluste.

Nach 300 v. Chr. tauchte bei den Römern auch die Kohorte als weitere taktische Untergliederung auf. Man teilte die Legion nun in zehn Kohorten ein, die jeweils etwa 500 Mann stark waren. Diese Verbände konnten auch eigenständig eingesetzt werden. Die Römer vergaßen freilich nicht die völlig geschlossene Schlachtreihe und setzten diese gegebenenfalls auch ein. Doch zumeist triumphierte die Manipelaufstellung. Zudem wurden auch spezielle Formen der Aufstellung eingeübt. Am bekanntesten ist dabei wohl die »Schildkrötenformation«, die ein ganzes Manipel in eine nach allen Seiten und nach oben geschützte Festung verwandeln konnte. Einige Gegner unterschätzten die römische Manipelaufstellung und drangen in die Lücken ein, was dann dazu führte, dass sie von drei Seiten bekämpft werden konnten: von rechts und links und auch von vorne – wie in einer Art Zwinger. Die Verluste für den Angreifer waren dann entsprechend hoch.

Wie bereits erwähnt, hatte die Kavallerie bei den Römern lange Zeit keinen großen Stellenwert, auch wenn Cäsar sich ihrer in Gallien zu bedienen wusste. Ein Schock für die Römer wurde der schlachtentscheidende Einsatz der Reiterei durch Hannibal. Später wurde manche römische Armee und auch der Triumvir Crassus bei Carrhae Opfer der Parther. Diese lange Zeit erfolgreichsten Gegner Roms setzten ihre mit Bögen ausgerüsteten Reiter als Hauptwaffe ein. Unter Vermeidung des für die Römer meistens erfolgreichen Nahkampfes dezimierten sie die Infanterie ihrer Feinde durch berittene Bogenschützen. Diese Art des Kampfes konnten nur Krieger beherrschen, die auf dem Rücken ihrer Pferde aufgewachsen waren. Zu den gefürchteten Reitertruppen der Antike zählten auch die Numidier und Mauren aus dem Norden von Afrika und die Skythen. Die ebenso kämpfenden Hunnen leiteten schließlich den Untergang Roms ein.

Als die Römer sich nach den Parthern vermehrt mit Sassaniden und auch mit berittenen Germanenverbänden auseinandersetzen mussten, entschied man, mehr in die eigene Kavallerie zu investieren, und es wurden nach und nach schwer gepanzerte Kataphrakte – eine Art von Sturmkavallerie – sowie Lanzenreiter, Bogenschützen und Speerwerfer zu Pferd ausgebildet. Waren früher die Kavalleristen vorwiegend Hilfstruppen aus Völkern gewesen, die man unterworfen hatte, so wurden diese Einheiten ab dem dritten Jahrhundert n. Chr. nach und nach zum eigentlichen Kern der römischen Streitkräfte, während die Bedeutung der Infanterielegionen immer mehr zurückging.

Flavius Vegetius Renatus

Der Schriftsteller Vegetius, deutsch auch »Vegez«, schrieb gegen Ende des 4. Jh. n. Chr. einige kriegstheoretische Werke. Vegetius dürfte zur hohen Reichsaristokratie der römischen Spätzeit gehört haben, über sein Leben ist jedoch wenig bekannt. Seine Werke hatten großen Einfluss bis ins Mittelalter hinein, und sein am Mailänder Kaiserhof entstandenes Buch »Epitoma rei militaris« widmete er wahrscheinlich Kaiser Theodosius dem Großen. Er griff auf alte Quellen zurück, wie Cato und Frontinus, aber auch auf die Reglements der Armeen von Augustus, Trajan sowie Hadrian. Anfangs behandelte er die Rekrutierung der Soldaten und deren Ausbildung. Er nahm dabei ausgiebig auf den militärischen Niedergang seiner Zeit Bezug und forderte Reformen. In seinen weiteren Ausführungen beschrieb er die Legionen der lange zurückliegenden frühen Kaiserzeit, ihren Aufbau, ihre Ausrüstung und ihre Ausbildung. Sein nachhaltiger Einfluss ging in erster Linie auf seine Ausführungen über Strategie und Taktik zurück, deren Maximen die Grundlage des Denkens vieler späterer Feldherrn bilden sollten, von fränkischen Königen über Wilhelm von Oranien bis hin zu Friedrich dem Großen. Erst mit dem Zeitalter Napoleons galt Vegetius als obsolet. Vieles, was Vegetius schrieb, erinnert an fernöstliche Autoren. Einige seiner Maxime sind: »Niemand gehört auf das Schlachtfeld, der nicht erfahren und erprobt ist«; »Was für den Feind vorteilhaft ist, wird dir selbst zum Nachteil und was dir hilft, schadet dem Feind«; »Wer den Frieden will, bereite den Krieg vor«; »Der entscheidende Punkt in der Kriegsführung ist die Sicherstellung des eigenen Nachschubs und die Vernichtung des Gegners durch Hunger, denn Hunger ist schlimmer als das Schwert«; »Es ist besser, dem Feind den Nachschub abzuschneiden, ihn mit Überfällen und Hinterhalten zu bekämpfen, als eine offene Feldschlacht anzunehmen, für deren Ausgang der Zufall häufig eine größere Rolle spielt als die Entschlossenheit«.

Einiges, was Vegetius schrieb, wie seine »sieben üblichen Dispositionen zur Schlacht«, gilt noch heute. In seiner Abhandlung über die Belagerungstechnik findet sich eine genaue und umfassende Beschreibung dieses Metiers. Vegetius beschrieb z. B. den römischen Onager sehr genau, der wohl die zu seiner Zeit wichtigste Belagerungsmaschine darstellte. Diese Belagerungstechnik wirkte in Europa weiter fort und hat auch für die Zeit bis ins Hochmittelalter ihre Gültigkeit. Ein Teil seines Werkes handelte auch von der römischen Flotte, die damals in dieser Form auch schon lange nicht mehr existierte. Überhaupt war er voll des Klagens über den allgemeinen Niedergang der römischen Streitkräfte zu seiner Zeit, weshalb er auch die Legionen der frühen Kaiserzeit als glänzendes Beispiel darstellte.

Die Byzantiner

Als das Byzantinische Reich bzw. Ostrom das Weströmische Reich nach dessen Untergang 476 überlebt hatte, erhob es sowohl Anspruch auf Territorien im Westen, führte aber auch das, was von der alten römischen militärischen Tradition übriggeblieben war, weiter. Konflikte gab es genug, und die byzantinische Armee war ständig gefordert. Man bezeichnete seit dem 7. Jahrhundert Gouverneure, die über militärische Vollmachten verfügten, als Strategen. Später galt der Titel für alle Heerführer und Generäle. Heute ist ein »Strategos« bei der griechischen Armee ein voller General.

So wie sich die Byzantiner als »Römer« betrachteten, trachteten sie auch danach, die effiziente Organisation und Disziplin der römischen Armee fortzuführen. Dabei wurde natürlich das alte System im Laufe der Zeit immer wieder den Veränderungen angepasst, die sich in der Kriegsführung ergaben. Das Byzantinische Reich stand fast während seiner gesamten Geschichte in kriegerischen Auseinandersetzungen mit unterschiedlichsten Mächten. Ehe der vierte Kreuzzug als Katastrophe über Byzanz hereinbrach, war dessen Armee durch ihre große Erfahrung, ihre Professionalität und ihre Disziplin erfolgreich, wenn man die zahlenmäßigen Vergleiche mit einigen ihrer Gegner in Rechnung stellte. Während seines langen Bestandes konnte das Reich viele Niederlagen überstehen und auch oft siegreich bleiben, auch wenn sich sein Reichsgebiet über die Jahrhunderte verkleinerte.

Das Oströmische Reich hatte in den über tausend Jahren seines Bestands stets Söldner in den Reihen seiner Armee, die oft sogar die Mehrheit bildeten. Die fremden Krieger, für die man verschiedene Bezeichnungen fand, kamen aus unterschiedlichen Teilen der Welt – neben Engländern, Franken, Sythen und Wikingern waren auch Äthiopier vertreten. Besonders die »Waräger«, kampfstarke Nordmänner, genossen große Bewunderung. War schon in römischer Spätzeit die Bedeutung der Kavallerie immer mehr gewachsen, so spielten die schwer bewaffneten Panzerreiter bei den Byzantinern schließlich eine entscheidende Rolle. Daneben gab es aber auch leichtere Kavallerie, wie die berittenen Bogenschützen. Im Gegensatz zur chaotischen Situation in der Endphase Westroms gelang es den oströmischen Kaisern lange Zeit, ihre mächtigen Generäle zu kontrollieren.

Unter Kaiser Justinian (regiert 527–565) kam es zu militärischen Reformen, welche die Kampfkraft der Byzantiner steigern sollten. Der Soldatenberuf wurde endgültig erblich, und nach den Auseinandersetzungen mit den Hunnen wurden immer mehr Bogenschützen in die Armee integriert. Es gab Grenztruppen und ein bewegliches Feldheer, das auch soldmäßig höher im Kurs stand. Einige Feldherren hoben auch in Eigenregie Truppen aus, was vom Kaiser oft als Bedrohung gesehen wurde. Unter Justinian konnten große Gebietsgewinne erzielt und Teile des ehemals weströmischen Reiches unter byzantinische Kontrolle gebracht werden. Doch erwiesen sich diese Eroberungen meist nicht als sehr dauerhaft. Hauptgegner der Byzantiner blieb das Reich der Sassaniden, bei dieser Auseinandersetzung spielte die Kavallerie die Hauptrolle. Man kopierte viele Taktiken der Steppenreiter. Kaiser Maurikios (regiert 582–602) schrieb angeblich selbst das Werk »Strategikon«, in dem er die militärische Zukunft beeinflussen wollte. Letztlich wurde er gestürzt und Byzanz erlebte eine Phase der Krise, die besonders den Eroberungen durch die Langobarden in Italien diente. Als die Sassaniden, Slaven und Awaren im 7. Jahrhundert gleichzeitig Ostrom bedrängten, wäre es fast untergegangen. Doch unter Kaiser Herakleios (regiert 610–641) konnte das Reich gerettet und stabilisiert werden.

Dann kamen jedoch die Araber, und die islamische Expansion brachte Byzanz erneut an den Rand des Untergangs. Das Oströmische Reich überlebte zwar, verlor aber die meisten seiner teils wohlhabenden Provinzen. Es ging nun nur mehr um die Verteidigung Kleinasiens. Die Erfindung des »Griechischen Feuers« konnte zumindest die maritimen Angriffe eine Zeitlang unterbinden. Als neue Verwaltungsordnung wurden die »Themen« installiert, militärische Provinzen, welche von einem »Strategen« verwaltet wurden. Dieser hatte auch das militärische Kommando. Im 10. Jahrhundert existierten 28 dieser »Themen«, die alle über eigene schnell mobilisierbare Truppen verfügten. Doch das führte im Laufe der Zeit zu einer zunehmenden Feudalisierung und Zurückdrängung der freien Bauern. Durch die katastrophale Niederlage in der Schlacht von Manzikert 1071 ging durch fatale byzantinische Fehlentscheidungen fast ganz Kleinasien verloren und das Themensystem verschwand. Unter den Komnenen-Kaisern konnte Byzanz seine Armee reformieren und noch militärische Erfolge erzielen. Allerdings orientierte sich die neue Armee am Vorbild der Westeuropäer; damit ging der letzte Rest der alten römischen Tradition verloren. Die Eroberung Konstantinopels durch die Kreuzritter im Jahre 1204 war dann der wirkliche Anfang vom Ende des Oströmischen Reiches. Byzanz hatte im Laufe seiner Geschichte eine große Anzahl bedeutender Strategen hervorgebracht. Zwei davon sollen hier näher vorgestellt werden:

Narses und Belisar

Der Eunuch Narses (490–574) stammte aus Armenien und wurde als Kastrat an den byzantinischen Kaiserhof gebracht. Er machte Karriere, war zunächst Finanzverwalter des Kaisers und gewann das Vertrauen von Justinian und seiner Gattin Theodora, die ihn 538 mit einer Armee nach Italien schickten. Dort war sein Rivale Belisar als »magister militum« seit mehreren Jahren mit der Bekämpfung der Ostgoten beschäftigt. Die beiden byzantinischen Feldherren mochten sich nicht: Narses musste wieder nach Konstantinopel zurückkehren. Belisar sah sich 540 nach der Eroberung von Ravenna als Sieger, doch die Kämpfe brachen ein Jahr später wieder aus. Die Byzantiner konnten in der Folge die Goten, die von ihrem neuen König Totila geführt wurden, kaum aufhalten. Inzwischen war ein heftiger Krieg gegen die Perser ausgebrochen und Kaiser Justinian konzentrierte seine militärischen Ressourcen auf diesen Kriegsschauplatz. Da Belisar nicht die nötigen Erfolge erringen konnte, wurde er abberufen und Narses bekam seine zweite Gelegenheit. Er wurde im Jahre 551 Oberbefehlshaber der oströmischen Truppen in Italien. Im Gegensatz zu Belisar, der zu wenige Soldaten zur Verfügung gehabt hatte, konnte Narses immerhin mehr als 30 000 Männer ins Feld stellen. Er umging die gotischen Stellungen am Po und fiel in Italien ein, wo er 552 in zwei blutigen Schlachten die Ostgoten schlug. Dabei starben deren König Totila in der ersten und deren neuer König Teja in der zweiten Schlacht. Das Volk der Ostgoten war damit weitgehend besiegt. Als ein gemischtes Heer aus alemannischen und fränkischen Truppen in Italien einfiel, um den Goten zu Hilfe zu kommen, wurde es von Narses im Jahr 554 ebenfalls vernichtet. Kaiser Justinian beauftragte den erfolgreichen Feldherrn danach mit dem Wiederaufbau in Italien. Narses agierte dabei erfolgreich und konnte die spätantike Infrastruktur zum letzten Mal entscheidend verbessern. Da er sehr hohe Steuern eintrieb, beschwerten sich die italienischen Reichsbürger über den erfolgreichen Eunuchen, und Narses fiel beim neuen Kaiser Justin II., der Justinian beerbt hatte, in Ungnade. Er verlor seine Funktionen, blieb aber in Italien, wo er schließlich in einem für die damalige Zeit sehr hohen Alter starb. Über Narses wurde berichtet, er habe den Krieg als kaltes Rechenexempel betrieben, ohne jegliche Emotionen. Damit besiegte er die Ostgoten, die zuvor für unbesiegbar gehalten wurden. Die strategischen Planungen von Narses sollen immer sehr exakt und umfassend gewesen sein. Außerdem siegte er 552 gegen die Goten durch ein Zusammenwirken seines Heeres mit der byzantinischen Marine. Derartiges hatte es seit dem Sieg Agrippas bei Actium nicht mehr gegeben. Auch sein Sieg gegen die gefürchteten Franken am Volturnus im Jahre 554 galt als überraschend. Später gab man Narses die Schuld am Einfall der Langobarden in Italien, wobei unklar ist, inwieweit dies zutrifft. Wahrscheinlich sollten die Langobarden als Föderaten der Byzantiner in der Poebene angesiedelt werden, um Italien vor den Franken zu schützen.

Belisar (505–565) stammte aus dem heutigen Bulgarien und war schon recht früh in der Umgebung Kaiser Justinians anzutreffen. Justinian erhob Belisar 527 in höchste Ränge, wie den »magister militum per Orientem«. Damit war er Befehlshaber im seit 526 tobenden Krieg gegen die Perser. 527 wurde Prokopios von Cäsarea sein Sekretär, der ihn viele Jahre begleitete und viele Schriften über ihn hinterließ. Im Jahr 530 erzielte Belisar in der Schlacht bei Dara einen großen Sieg über die Perser und begründete damit seinen Ruhm. Allerdings erlitt er wenig später in einem überflüssigen Gefecht hohe Verluste. Justinian bestellte ihn daraufhin nach Konstantinopel. Doch Belisar konnte während seines Aufenthaltes in der Hauptstadt den für Justinian sehr gefährlichen Nika-Aufstand niederschlagen. Er ging dabei sehr entschlossen vor und ließ etwa 30 000 Menschen niedermetzeln. Der dankbare Justinian schickte ihn daraufhin in die Gebiete des ehemaligen Weströmischen Reiches. 533 erschien Belisar in Nordafrika und vernichtete in mehreren Schlachten das Reich der Vandalen. Dafür gewährte ihm Justinian den ersten nicht-kaiserlichen römischen Triumphzug seit etwa 500 Jahren. Später gab es einige Gerüchte, die besagten, Belisar habe seine Siege nur unter dem Einfluss seiner dominanten Frau Antonina errungen und habe in politischen Angelegenheiten stets versagt. Manche Zeitgenossen hofften, dass Belisar Justinian beseitigen oder sich zumindest zum Kaiser des Westens machen würde, aber der Feldherr blieb seinem Kaiser ergeben. Belisar kämpfte, wie bereits erwähnt, gegen die Goten in Italien, ehe sein Rivale Narses dorthin geschickt wurde. Außerdem kämpfte er auch in der Provinz Africa gegen Rebellen und ab 541 wieder gegen die persischen Sassaniden. Doch für Kaiser Justinian schien Belisar zu mächtig und gefährlich geworden zu sein, er verdächtigte ihn, sich zum Kaiser des Westens erheben zu wollen. Belisar agierte gegen die Perser nicht erfolglos, aber große Schlachtensiege blieben aus. Trotzdem hielt er eine große Siegesparade in Antiochia ab. Belisar konnte bei seinem zweiten Italienkrieg von 544–548 nicht an seine alten Erfolge anknüpfen. Er musste schließlich, wie geschildert, Narses das Feld überlassen. Danach blieb es einige Jahre ruhig um den alten Kriegshelden. Doch als im Jahre 559 die Hunnen Konstantinopel angriffen, verteidigte er die Hauptstadt erfolgreich. Im Jahre 562 tauchten Beschuldigungen gegen ihn auf, er wäre an einer der vielen Verschwörungen gegen Kaiser Justinian beteiligt gewesen. Belisar stand einige Monate unter Hausarrest, wurde aber rehabilitiert. Er starb 565 kurz vor dem Tod seines Kaisers Justinian. Belisar war bei Weitem nicht so emotionslos und so ein kühler Rechner wie Narses. Seine Erfolge verdankte er seinem strategischen Talent und seinem Charisma. Andererseits war er sehr eitel und geriet durch seine Selbstinszenierung einige Male in Verdacht, er habe selbst kaiserliche Ambitionen.

Die Strategen des Mittelalters

»Es gibt keine anderen Kriege als Bruderkriege, weil alle Menschen Brüder sind.« (Guibert von Nogent, 12. Jahrhundert)

Der Übergang in der Kriegstechnik von der Antike ins Mittelalter erfolgte über einen langen Zeitraum, in dem in erster Linie die gepanzerten Reiter die Infanterie mehr und mehr marginalisierten. Man führt alte römische Taktikten fort, wobei diese immer mehr vergröbert wurden. Es fehlte generell der Feinschliff der Kriegskunst der Antike. Aus den gepanzerten Reitern wurden die Ritter, die in der sich entwickelnden feudalen Gesellschaft des Mittelalters bald eine zentrale Rolle einnahmen. Während ein großer Teil der Bevölkerung unfrei wurde, erhielten die Ritter die verliehene

Herrschaft über Land und Leute und übten auch polizeiliche Funktionen aus.

Die Herrschaft der überlegenen Reiterkrieger verfestigte sich immer mehr, bis im Hoch- und Spätmittelalter Konkurrenz durch Armbrust- und Langbogenschützen auftauchte. Dazu kam noch eine neue Form von Infanterie-Aufgeboten, die mit langen Spießen kämpften. Da die stolzen adeligen Ritter diese Entwicklung lange Zeit nicht entsprechend berücksichtigten, erlitten sie ab dem 13. Jahrhundert eine Reihe von verheerenden Niederlagen, die nach und nach ihren Nimbus erschütterten. Verschärft wurde diese Entwicklung durch das Aufkommen der Feuerwaffen, die auch dem »kleinen Mann« ohne jahrelange Ausbildung als Bogen- oder Armbrustschütze die Möglichkeit gaben, einen gepanzerten »Herrn« zur Strecke zu bringen. Als die tschechischen Hussiten im frühen 15. Jahrhundert Angst und Schrecken in großen Teilen Europas verbreiteten, indem sie Wagenburgen und Artillerie geschickt einsetzten, zeigten die konventionellen Ritterheere ein erschreckendes Maß an Unterlegenheit. Nun kam die Stunde der Söldner, die meistens Infanteristen waren. Am Ende des Mittelalters hatten die gepanzerten Reiterkrieger schließlich ihre Vorherrschaft im Kriegswesen gänzlich verloren.

Natürlich hatten die europäischen Reiterkrieger bereits zuvor schwere Niederlagen erlitten, so etwa beim Vorstoß der Mongolen nach Europa im frühen 13. Jahrhundert. Der mongolische Fürst Dschingis Khan erschuf etwa um 1190 ein Wesen der Kriegsführung, auf das weder das restliche Asien noch Europa eine Antwort fanden. Ein für das europäische Verständnis unmöglich straff geführtes Staatswesen aus einer Vielzahl von Stämmen fiel mithilfe einer streng gegliederten und disziplinierten riesigen Reiterarmee über seine Nachbarn her.

Streng in Zehner-, Hunderter-, Tausender- und Zehntausenderverbände gegliederte Reiterkrieger, die mit mehreren Bögen ausgerüstet waren, überschütteten die gegnerische Infanterie mit einem tödlichen Pfeilhagel. Feindliche Kavallerie wurde durch vorgespielte Fluchten in Fallen gelockt, aus denen es kein Entkommen gab. Das Signalwesen der Mongolen war so gut wie seit der Zeit der Römer nicht mehr. Alles, was diese scheinbar wilden Reiter vollführten, war gut geplant und unterstand einer strengen Disziplin. Im Gegensatz zu den stark gepanzerten europäischen Rittern des europäischen Mittelalters bevorzugten die Mongolen einen recht flexiblen und leichten Schutz aus Seide, der ihnen mehr Bewegungsfreiheit ließ. Ausgehend von ihrer Herkunft als Krieger der Steppe passten sich die Mongolen in erstaunlichem Maß anderen Gegebenheiten an, während sie bereitwillig die Kriegstechnologie der von ihnen unterworfenen Völker annahmen.

Dschingis Khan war es gelungen, die Clangesellschaft seiner Vorgänger in eine hierarchische Struktur umzuwandeln, die das gesamte mongolische Volk umschloss. Das war ein absolutes Novum gegenüber z. B. den mittelalterlichen Personenverbandgesellschaften des europäischen Mittelalters. Das alte System von Stämmen, die unkoordiniert auf Beutezüge gingen, wich einer zentral geführten Eroberungskultur, die letztlich auch ein wesentliches Mehr an Beute einbrachte – zum Wohle aller. Nicht mehr die Zugehörigkeit zu einer bestimmten Gruppe von Stämmen oder des Adels war maßgeblich für das militärische Kommando; einzig die Fähigkeiten der Führer spielten eine Rolle für ihren Rang. Die Mongolen schreckten auch nicht davor zurück, Angehörige fremder Völker in ihr militärisches System einzugliedern; und die Armee wurde identisch mit der mongolischen Nation. Somit hatten auch begabte Nichtmongolen Aufstiegsmöglichkeiten in fast allen Bereichen.

Die Kriegsführung der Mongolen umfasste eine Vielzahl von Faktoren, die weit über eine »Horde bogenschießender Halbwilder« (wie viele ihrer Zeitgenossen und die Nachwelt sie weitgehend wahrnahmen) hinausgingen. Dabei war natürlich vieles bereits von Dschingis Khan eingeführt worden, doch auch seine Nachfolger erwiesen sich überwiegend als fähige Strategen. So war eines der wichtigsten Konzepte der Mongolen jenes der »Psychologischen Kriegsführung«, welches kaum je zuvor so umfassend betrieben wurde. Dabei schreckten sie vor keiner Terrormaßnahme zurück. So wurden gefangene Zivilisten oft als »lebende Schutzschilder« vor der Truppe hergetrieben. Riesige Konstruktionen aus Menschenknochen sollten Angst und Schrecken verbreiten und die Oberhoheit der Mongolen signalisieren. Psychologisch geschickt ließ man auch immer einige Überlebende entkommen, welche die Kunde vom Schrecken der mongolischen Eroberer weitertrugen. Alle Städte, deren Oberschicht die Unterwerfung ablehnte, wurden zerstört und die gesamte Bevölkerung mit Ausnahme einiger weniger brauchbarer Handwerker massakriert. Oft sollten die Überlebenden durch die extremen Gräuel so in Schrecken versetzt werden, dass sie praktisch gelähmt waren. So wagten sie es nicht mehr, an Widerstand auch nur zu denken. Da die meisten zeitgenössischen Chronisten in alter Tradition bei den Opferzahlen zudem noch weit übertrieben, schien es vielen fast so, als hätten die Mongolen einen Großteil der Menschheit ausgerottet.

Die Aufteilung in eine Westarmee, eine Ostarmee und in die »Armee des Zentrums«, spezielle Eliteformationen und die Einführung einer Art von Offiziersakademie muten aus heutiger Perspektive modern an – und waren wohl auch allen anderen Strukturen des mittleren und späten Mittelalters überlegen. Wichtigster Faktor war und blieb für lange Zeit die Disziplin der mongolischen Krieger, von der die Führer europäischer Feudalaufgebote nicht einmal träumen konnten. Dschingis Khan hatte die Clanstrukturen in seinem Reiterheer zerschlagen und mischte seine Truppe heterogen. Das brachte große Vorteile und erwies sich als weise Entscheidung. Dem hatten die Heere der europäischen Personenverbandsgesellschaft wenig entgegenzusetzen.

Die Kompositreflexbögen der Mongolen waren fast allen anderen Typen, mit Ausnahme der westeuropäischen Langbögen, überlegen. Die Kompositbögen hatten nur einen gravierenden Nachteil: Sie waren sehr empfindlich gegenüber Nässe, weshalb die meisten Kämpfer zwei Bögen mit sich führten. Die Mongolen waren stets bereit, Rüstungen und Bewaffnungen ihrer Gegner zu übernehmen, wenn es nützlich erschien. Und da sie alles, was sie brauchten, auf den Rücken ihrer Pferde mit sich führten, erreichten sie eine Mobilität, die kriegstechnisch erst im motorisierten Zeitalter wieder erreicht wurde.

Die Strategie der mongolischen Kriegszüge, bei denen es sich fast immer um die Invasion eines fremden Territoriums handelte, wies verschiedene Komponenten auf, die an große Strategen wie Hannibal und Moltke erinnern. Es rückten fast immer mehrere mongolische Armeen voneinander getrennt vor und sammelten sich an einem Ort weit im Gebiet des Feindes, den sie vorher vereinbart und ausgekundschaftet hatten. Die vorauseilenden Verbände waren möglichst mobil, während weitere langsamere Einheiten das Belagerungsgerät transportierten. Doch selbst diese waren meist schneller als die Truppen ihrer Gegner. Ein weiterer strategischer Vorteil der Mongolen war der geübte Einsatz von Spähern und Kundschaftern, die ihnen einen genauen Überblick ermöglichten.

Wenn es schließlich zur Schlacht kam, verfügten die Mongolen über ein breites Spektrum taktischer Manöver. Zumeist griffen sie zunächst auf Distanz mit Pfeilen an und unternahmen dann einen Scheinrückzug, um den Gegner in die Falle zu locken. Dies war an sich nichts Neues und wurde schon lange Zeit zuvor von Reiterkriegern wie den Parthern, Hunnen und Ungarn sowie später von den Türken praktiziert. Dennoch ist es erstaunlich, wie oft ihre Feinde darauf hereinfielen. Der scheinbare Rückzug endete immer damit, dass man versuchte, den Gegner bei dessen Angriff im Rücken und an der Flanke zu fassen. Im Gegensatz zu Strategen wie Hannibal ließen die Mongolen ihren ausmanövrierten Feinden immer eine Rückzugsmöglichkeit. Dies sollte verhindern, dass diese mit verzweifeltem Mut weiterkämpften und den Mongolen dabei große Verluste beibrachten. Es war strategisch günstiger, den unkoordiniert fliehenden Feinden nachzusetzen und diese in oft tagelangen Verfolgungsjagden möglichst restlos niederzumachen. Wichtig für die mongolische Kriegsführung war auch der psychologische Aspekt, möglichst keine ihrer Gegner die Niederlage überleben zu lassen.

Neben dem Sieg in Feldschlachten war es für die Mongolen auch wichtig, dem Feind seine Ressourcen zu entziehen. Indem man das Land verwüstete und die Bauern in die Städte trieb, kam es dort bald zu Hungerkrisen und auch Seuchen breiteten sich aus. Somit wurde der Gegner zuerst geschwächt, ehe man dazu überging, die zumeist stark befestigten Städte überhaupt anzugreifen. Viele von ihnen zerstörte Städte, besonders in Asien, wurden nie wiederaufgebaut. Die Belagerungstechnik war nicht die starke Seite der Mongolen, und sie waren dabei so meist auf die Hilfe fremder Experten angewiesen, wenn ein gewaltsamer Sturm misslang. Daneben bediente man sich gelegentlich der List oder brach auch ohne Gewissensbisse einen Vertrag. Später stand den Mongolen zunehmend chinesische und auch westliche Kriegstechnik zur Verfügung, um auch die stärksten Festungen zu knacken. Insgesamt schienen die mongolischen Eroberer in vielerlei Hinsicht gelehrige Schüler früherer strategischer Autoren wie Sun Tzu gewesen zu sein – auch wenn sie ihn mangels Sprach- und Lesekenntnissen wohl kaum studiert hatten. List und Täuschung, Verbreiten von Gerüchten, Falschinformationen, Einschüchterung, Spionage etc. – Sun Tzu hätte wohl seine Freude an diesen Schülern gehabt. Neben allem anderen waren die Mongolen ihrer Zeit auch weit voraus, was das Signalwesen betraf. Durch optische und akustische Signale konnten sie viele Informationen übermitteln. Meldereiter waren auch ständig unterwegs, wobei diese mangels schriftlicher Kenntnisse ihre Meldungen zumeist in Reimform überbrachten. Dazu kam noch, dass die Führer kleinerer Verbände oft das Gesamtziel der Operationen kannten und ähnlich der »Auftragstaktik«, die im 19. Jahrhundert vom Deutschen Generalstab entwickelt wurde, eine große Entscheidungsverantwortung hatten.

Dieses System mit all seinen Facetten bewährte sich über viel Jahrzehnte und führte zur Unterwerfung vieler Völker von China über Persien, den Osten Europas bis vor die Tore Wiens. Selbst das stolze Bagdad, Zentrum der damaligen moslemischen Welt, wurde vernichtet, ganz Europa und die ganze moslemische Welt schien den Mongolen hoffnungslos ausgeliefert. Doch durch dynastische Probleme und die zu große Ausdehnung des Reiches folgten doch Rückschläge. Eigentlich währte die schier unaufhaltbare Machtentfaltung der Mongolen nur etwa 70 Jahre, danach begann der Niedergang, der verschiedene Ursachen hatte. Das zentralistische Reich verfiel und stammesgesellschaftliche Strukturen bekamen wieder die Oberhand. Außerdem hatten sich die Gegner der Mongolen auch an deren Kampfweise angepasst.

Unabhängig von den Mongolen, mit denen man sich in Europas Mitte wenig und in Europas Westen gar nicht auseinandersetzen musste, vollzogen sich dort ganz andere Entwicklungen. Langsam tauchten die ersten primitiven Feuerwaffen auf den Schlachtfeldern auf und die Infanterie gewann wieder an Bedeutung. Während des Hundertjährigen Krieges (1337–1453) erlangten die besonders von den Engländern eingesetzten Langbogenschützen eine zentrale Bedeutung und wurden zur »Superwaffe« jener Zeit. Besonders in den Schlachten von Crécy (1346), Poitiers (1356) und Azincourt (1415) triumphierte der Langbogen über die schwer gepanzerten französischen Ritter in dramatischer Weise. So kamen bei letzterer Schlacht auf einen gefallenen Engländer zwanzig gefallene Franzosen. Besonders bemerkenswert erscheint dabei, dass der französische Adel seit der verheerenden Niederlage von Crécy, die sich 69 Jahre davor ereignet hatte, taktisch nichts dazugelernt hatte. Erst danach kam es zu einem Umdenken und die Franzosen organisierten sich in neuer Weise, indem sie einen Vorläufer eines stehenden Heeres schufen und spezielle Einheiten aus Infanterie, Schützen, Panzerreitern und Artillerie aufstellten. Das brachte ihnen später zu einem wesentlichen Teil den Sieg über die lange Zeit so erfolgreichen Engländer.

Währenddessen war es in der Schweiz zu einer nachhaltigen Entwicklung gekommen. Auch wenn der Armbrustschütze Wilhelm Tell als Schweizer Nationalheld gilt, so hat diese kleine Nation ihre Erfolge und ihre Unabhängigkeit in erster Linie Männern mit Stangenwaffen zu verdanken. Gemischte Verbände aus Bauern, Bürgern und wenigen Adeligen traten gegen die Ritterheere der Habsburger an und errangen mit ihren Spießen in den in Vorhut, Gewalthaufen und die Nachhut unterteilten Gevierthaufen überragende Siege. Später mussten dann die stolzen Burgunder ebenso schmerzhafte Niederlagen gegen die Schweizer einstecken, obwohl sie doch aus den Erfahrungen des Hundertjährigen Krieges gelernt und ihre Armee modernisiert hatten. Danach schien es so, als würden die Schweizer »Reisläufer« immer und überall in Europa die Schlachtfelder beherrschen.

Ein wesentlicher Umbruch im Heerwesen kam durch eine Entwicklung des 14. und 15. Jahrhunderts. Waren es zunächst zwei Gruppen, die das Kriegswesen des Mittelalters prägten, so kam nun etwas völlig Neues hinzu. Die stark gepanzerten Ritter, welche als Vasallen ihres Lehensherrn in den Krieg zogen, wurden von den sogenannten »Reisigen« – Kriegsknechten – in ihrem Gefolge begleitet. Daneben gab es Volksaufgebote, die der Landesverteidigung dienten, was besonders auf die Bürger von Städten zutraf. Doch nun wurden immer mehr bezahlte Soldaten zu Fuß angeworben, die bereits im Hundertjährigen Krieg eine große Rolle spielten. Diese Haufen von Söldnern waren sehr uneinheitlich und kämpften eigentlich nur für Geld und Besitz. Jenseits von Strategie und Taktik ging es um die Machtentfaltung und die Vernichtung der Gegner, wobei die Stangenwaffen, welche die gepanzerte Kavallerie auf Distanz halten konnten, eine zunehmende Rolle spielten. Wenn diese Verbände ein Mindestmaß an Disziplin hatten, so waren ihre Erfolge im konventionellen mittelalterlichen Kriegswesen oft sehr beeindruckend. Dazu kam noch das Aufkommen der Feuerwaffen, die dem bewaffneten Kampf eine neue Dimension verliehen. Der vorläufige Höhepunkt dieser Entwicklung waren die Kämpfer der Hussiten, welche sich der neuen Feuerwaffen und der Wagenburg innovativ bedienten und sich gegenüber den bisherigen feudalen Aufgeboten als scheinbar unüberwindbar erwiesen. Die Hellebarde, als relativ neue Stangenwaffe, erwies sich dabei auch als wesentlicher Faktor, der den Reiterkriegern immer mehr zusetzte. In Italien entwickelte sich zu jener Zeit auch das Wesen der Condottiere, welche als Kriegsunternehmer mit ihren spezialisierten Truppen für die Meistbietenden kämpften. Sie benutzten dabei natürlich auch alle Neuerungen der damaligen Waffentechnik.

Asiatische Kriegswissenschaft: von Sun Tzu zu Miyamoto Musashi

»Chancen multiplizieren sich, wenn man sie ergreift.« (Sun Tzu)

Das alte China, das in vielem den antiken Kulturen am Mittelmeer gleichwertig oder sogar überlegen war, brachte eine eigene Tradition strategischen Denkens hervor. In zumeist eher blumiger Sprache legten mehrere bedeutende Denker ihre Erkenntnisse schriftlich nieder. Diese Tradition setzte sich auch im chinesischen Mittelalter fort, während sie danach erstarrte und verflachte. Japan vollzog später eine ähnliche Entwicklung, die einige bedeutende strategische Schriften hervorbrachte, beschritt dann aber ebenfalls den Weg isolationistischen Erstarrung. Danach griffen japanische Militärs eher auf die Erkenntnisse des Deutschen Clausewitz zurück als auf ihre eigenen alten Schriften.

Bereits im alten China, lange vor der Reichseinigung, warnten einige Philosophen vor der Glorifizierung und Anbetung des Krieges. So sind von dem berühmten Laotse, der wahrscheinlich im 6. Jahrhundert vor Christus lebte, zwei Aussprüche überliefert: »Sich an der Eroberung zu ergötzen bedeutet, sich am Verlust menschlichen Lebens zu erfreuen.« Und: »Wo Heere zogen, wachsen Disteln und Dornen. Nach Kriegen kommen stets Hungerjahre. Doch der Weise ist auf Entscheidung aus, aber er entscheidet fern der Gewalt.«

Allerdings wurden im China zur »Zeit der Streitenden Reiche« und während der Reichseinigung unter Qin Shihuangdi diese Weisheiten nicht berücksichtigt und ganz besonders auf Gewalt gesetzt.

Sun Tzu

»Stell dich dem Kampf! Führe andere in den Kampf! Handle umsichtig! Halte dich an die Tatsachen! Sei auf das Schlimmste vorbereitet! Handle rasch und unkompliziert! Brich die Brücken hinter dir ab! Sei innovativ! Sei kooperativ! Lass dir nicht in die Karten sehen!« (Sun Tzu)

Über das Leben Sun Tzus ist relativ wenig bekannt. Es gibt vom Namen dieses Generals, Strategen und Philosophen verschiedene alternative Transkriptionen, was mitunter zu Verwirrung führt. Sun Tzu lebte etwa zwischen 544 und 496 v. Chr. Er kam als Angehöriger der Adelsschicht des Reiches Qi auf die Welt, wobei selbst diese Angabe umstritten ist. Man bezeichnete die Zeit, in der Sun Tzu lebte, später als jene der »Frühlings- und Herbstannalen«. Es war eine recht unruhige Übergangszeit, in welcher die Macht der Zhou-Dynastie immer mehr schwand und sich territoriale Herrscher weitgehend selbstständig machten, von denen die größten schließlich um die Macht kämpften. Alte Strukturen lösten sich auf, es kam zu großen Wanderbewegungen der weitgehend bäuerlichen Bevölkerung und für China neuartige Steuersysteme wurden eingeführt. Es tauchten zudem neue philosophische Strömungen auf, die auch mit Sun Tzus Schriften über Strategie korrespondierten.

Sun Tzu dürfte die Kunst der Kriegsführung in jener von vielen Konflikten geprägten Zeit wohl in der Praxis erlernt und angewendet haben, bevor er sein Buch über »Die Kunst des Krieges« schrieb. Es war in gewisser Weise das erste wirkliche Werk über Strategie und es sollte bis in unsere Zeit eines der bedeutendsten bleiben. Auch wenn es im Verhältnis zum Werk von Clausewitz recht dünn erscheint, besticht es durch seine Prägnanz und Aussagekraft.

Das Buch besteht aus 13 Kapiteln, die sich der Reihe nach mit der Planung, der Kriegsführung, dem Angriff, der Taktik, der militärischen Kraft, der Stärken und Schwächen, der Initiative, den verschiedenen Varianten der Taktik, dem Marsch der Armee, dem Gelände, den verschiedenen Gebieten, dem Angriff mit Feuer und dem Einsatz von Spionen beschäftigen. Am Beginn steht die große Mahnung über den Krieg als großes Wagnis, als Ausgangspunkt für Leben und Tod bzw. als Weg zum Weiterbestehen oder zum Untergang. Sun Tzu folgert daraus, dass man den Krieg nach Möglichkeit vermeiden sollte, da fast immer dem Volk und dem Staat der Ruin drohen würde.

Dennoch war Sun Tzu schon aufgrund seines Werdegangs als militärischer Befehlshaber kein Pazifist, sondern er meinte, der beste Weg sei es, die Strategie des Gegners zu vereiteln. Der zweitbeste Weg sei, die Bündnisse des Gegners zu spalten. Erst zuletzt komme der Weg von Kampf und Sieg. In der Folge beschäftigt sich Sun Tzu aber kaum mehr mit den eingangs erwähnten Wegen der Gewaltlosigkeit, die bei ihm wohl in erster Linie als Ansatzpunkte gesehen werden, dadurch eine gute Ausgangslage zu schaffen, um den Feind nach Schwächung seiner Kraft militärisch leichter besiegen zu können. Um den militärischen Sieg schneller herbeizuführen, sind dem Autor alle Mittel, wie Spionage, Intrigen und Abschneiden von Ressourcen, recht.

Eine besonders große Gefahr sieht Sun Tzu in Kriegen, die sich in die Länge ziehen, da dadurch die Kampfkraft und die Existenz der Armee und letztlich des Staates immer mehr in Gefahr gerate. Kluges Abwarten und Geduld sieht er zwar als Notwendigkeit, aber zum richtigen Zeitpunkt müsse mit größter Entschlossenheit der entscheidende Schlag gegen den Feind geführt werden. Der umsichtige Kämpfer müsse sich zuvor am besten in eine Position bringen, die für ihn eine Niederlage ausschließe. Das Endziel aller Betrachtungen Sun Tzus ist die völlige und nachhaltige Vernichtung eines Feindes, der zuvor durch – wenn möglich – gewaltlose Schachzüge bereits ausreichend geschwächt wurde. Das wäre auch der beste Weg, das eigene Volk vor einer Vernichtung zu bewahren. Die gesamte Strategie und Taktik müsse auf dieses Ziel ausgerichtet werden.

Sun Tzus Werk kann heute natürlich nicht wortwörtlich genommen werden und seine Überlegungen sind in manchen Bereichen sicher nicht zeitgemäß. Dennoch wird er heute sowohl von Militärs als auch von Managern geschätzt. Sein Satz »Die größte Leistung besteht darin, den Widerstand des Feindes ohne einen Kampf zu brechen« passt sehr gut in modernes strategisches Denken. Mao Zedong und andere kommunistische Revolutionäre begeisterten sich wieder für Sun Tzus Partisanentheorien, besonders auch für den Umstand, dass jener davor warnte, dass lange Kriege so manche große Macht ruiniert hätten. Genau darauf lief auch einiges bei der »revolutionären Kriegsführung« hinaus. Folgende Formulierung weist fast schon ins Internetzeitalter: »Bestimme ich die Stärken des Feindes, während meine Gestalt nicht wahrnehmbar erscheint, so kann ich meine Stärke konzentrieren, während der Feind unvollständig ist. Der Höhepunkt militärischer Entfaltung findet sich im Formlosen: Weiset keine Form auf und sogar der sinnestiefste Spion suchet Euch vergebens und der Weise kann keine Pläne gegen Euch schmieden.«

Für Sun Tzu sind sechs Faktoren für den Erfolg wesentlich: 1. Der militärische Führer muss für eine gute Sache Krieg führen, sonst kann er seine Männer nicht entsprechend motivieren. 2. Die Truppen werden nur folgen, wenn ihr Führer sowohl mutig und weise als auch streng und wohlwollend ist. 3. Bei jeder Planung muss man auf die Umweltbedingungen Rücksicht nehmen, denn sonst kann auch der beste Plan keinen Erfolg haben. 4. Der militärische Führer muss das Gelände genau kennen bzw. erkunden, sonst besteht die große Gefahr von Überraschungsangriffen. 5. Um im Kampf erfolgreich zu sein und ein Chaos zu vermeiden, müssen die Soldaten diszipliniert und ausreichend organisiert sein. 6. Sun Tzu betont die Wichtigkeit von verschiedenen Arten der Spionage, denn nur so könne man brauchbare Informationen über den Feind erlangen. Dazu sagte er auch: »Wenn Du den Feind und Dich selbst kennst, brauchst Du den Ausgang von hundert Schlachten nicht zu fürchten.«

Sun Tzus Urenkel Sun Bin setzte dessen Werk fort und schrieb ein Werk mit dem Titel »Über die Kriegskunst«. Da Sun Bin zur Zeit der »Streitenden Reiche« lebte, hatte er genug praktisches Anschauungsmaterial über das Kriegswesen.

Es gibt Vermutungen, dass Mao Zedong und einige andere kommunistische Führer auf Sun Tzus Werk zurückgegriffen und ihre eigene Strategie darauf aufgebaut haben. Allerdings waren Mao und Genossen weit davon entfernt, Sun Tzus Vorschläge für das Lösen von Konflikten ohne Gewalt zu beherzigen. Auch Napoleon soll bereits eine Übersetzung des Werkes von Sun Tzu gelesen haben. Im Laufe der Zeit gab es eine Vielzahl von Übertragungen des Buches, wobei einige aber nicht besonders werkgetreu sein dürften, da es erhebliche Abweichungen gibt. Sun Tzu erlebte zuletzt eine unerwartete Renaissance im westlichen Wirtschaftsleben. »Die Kunst des Krieges« wurde zum am meisten zitierten Werk militärischer Strategie im wirtschaftlichen Sektor. Sogar Hollywood nahm sich des alten chinesischen Strategen an.

»Die höchste Form der Kriegsführung ist die Zerstörung des Willens seines Feindes, um so allen Angriffen vorzubeugen.« (Sun Tzu)

Die 36 Strategeme

»Alle Kriegshandlungen beruhen auf Täuschung.« (Sun Tzu)

In der Zeit der Ming-Dynastie (1368–1644) verfasste ein nicht namentlich bekannter Autor ein Werk, das unter dem Titel »36 Strategeme« bekannt wurde. In jener Epoche konnte man bereits auf eine über 2 000 Jahre alte Tradition der Auflistung militärischer Überlistungstechniken zurückblicken, doch man rühmte ganz besonders den General Tan Daoji, der im fünften Jahrhundert gelebt hatte, als Urheber bedeutender Kriegslisten.

Die Strategeme werden dem Leser mit sehr blumigen Titeln nahegebracht. So liest man bei der ersten Kriegslist: »Den Kaiser täuschen und das Meer überqueren.« Das bedeutet, durch Tarnung des Zieles und Verschleierung des Kurses jemanden zu bewegen, das Gewünschte zu tun. »Wei belagern, um Zhao zu retten« bedeutet, dass man sich ein bedeutendes Ziel beim Gegner sucht, um ihn von einer für einen selbst bedrohlichen Situation abzulenken. Mit dem Strategem »Mit dem Messer eines anderen töten« wird empfohlen, Verbündete zu einem Stellvertreterkrieg zu motivieren oder Gleichgesinnte einzuspannen. »Ausgeruht den erschöpften Feind erwarten« legt nahe, den Feind durch scheinbare Rückzüge in einen Hinterhalt zu locken. »Ein Feuer für einen Raub ausnutzen« bedeutet, dass man beim Feind Chaos erzeugt, um dieses dann bei einem Angriff auszunutzen. »Im Osten lärmen, im Westen angreifen«: Dabei soll der Feind durch einen Scheinangriff motiviert werden, seine Truppen von der Stelle abzuziehen, wo dann der eigentliche Angriff stattfindet. Mit »Etwas aus einem Nichts erzeugen« ist gemeint, die Aufmerksamkeit des Gegners durch viele Fehlalarme zu schwächen, diesen auch durch falsche Informationen zu falschen Schlussfolgerungen zu veranlassen und für den Feind zersetzende Gerüchte in Umlauf zu bringen. »Heimlich nach Chencang marschieren« bedeutet, dass man die Richtung des eigenen Marsches verschleiert bzw. Kritik hinter scheinbar Alltäglichem verbirgt. »Das Feuer am gegenüberliegenden Ufer beobachten« empfiehlt, selbst so lange nicht zu agieren, bis sich der Gegner in eine schlechte Position manövriert hat, bzw. vorteilhafte Aktionen des Gegners zu sabotieren. »Hinter dem Lächeln den Dolch verbergen« bedeutet, dass man den Gegner in Sicherheit wiegt, bis sich die ideale Situation für den Angriff ergibt.

»Der Pflaumenbaum verdorrt anstelle des Pfirsichbaums« hat mehrere Bedeutungen: jemanden zur Rettung eines Dritten zu opfern; einen anderen zur eigenen Rettung zu opfern; sich selbst zu opfern, um andere zu retten; etwas Unbedeutendes zu opfern, um etwas Bedeutendes zu gewinnen. »Mit leichter Hand das Schaf wegführen« bedeutet, dass man mit wenig Aufwand viel erreicht und die richtige Gelegenheit nutzt. »Auf das Gras schlagen, um die Schlange aufzuscheuchen«: Der Feind soll aus der Reserve gelockt und auf seine Kraft hin überprüft werden. Man unternimmt Scheinangriffe, erschreckt den Gegner und versucht ihn zu verwirren, wodurch er geschwächt wird. Bei »Für die Rückkehr der Seele einen Leichnam ausleihen« ist gemeint, dass man Furcht und alte Ängste beim Gegner weckt bzw. die eigenen Leute durch geliebte Traditionen motiviert. »Den Tiger vom Berg in die Ebene locken« hat gleich vier Bedeutungen: Der Feind soll aus dem vertrauten Terrain herausgelockt werden; das Weglocken des Gegners, um eine wichtige Position in Besitz zu nehmen; der »Tiger« soll durch die Beseitigung seiner Helfer geschwächt werden; das Einfangen der Angehörigen des »Tigers«, wenn er seine Position verlassen hat. »Will man etwas fangen, muss man es zunächst loslassen«: Der Gegner soll durch umgedrehte und wieder freigelassene Kriegsgefangene unterwandert werden. »Einen Backstein hinwerfen, um Jade zu erlangen«: Man bringt ein »Bauernopfer«, um den Feind auf die falsche Fährte zu führen. Der Punkt »Den Gegner durch Gefangennahme des Anführers unschädlich machen« spricht für sich selbst. »Das Brennholz heimlich unter dem Kessel wegnehmen« bedeutet, dass man dem Feind seine Ressourcen entzieht oder auch den eigentlichen Kriegsgrund beseitigt. »Das Wasser trüben, um die Fische zu ergreifen«: Durch geschickte Manöver soll der Feind die Übersicht verlieren bzw. das Gewinnen von Anhängern durch Desorientierung. Das Theorem »Die Zikade wirft ihre goldglänzende Haut ab« besagt, dass man im richtigen Moment falsche Äußerlichkeiten abstreift und dass sich hinter der Fassade oft ganz andere Aktivitäten verbergen. »Die Türe schließen, um den Dieb zu fangen«: Der Feind wird aus seiner Stellung herausgelockt und dann eingekesselt. Es wird ihm auch jede Fluchtmöglichkeit abgeschnitten. »Sich mit dem fernen Feind verbünden, um Nachbarn anzugreifen« ist gleichbedeutend mit dem im Westen gängigen Spruch »Der Feind meines Feindes ist mein Freund«. »Einen Weg für einen Angriff gegen Guo ausleihen« bedeutet, einen anderen Staat um Durchmarsch für die eigene Armee gegen einen gemeinsamen Feind zu bitten und ihn dann gleich zu besetzen, wenn man schon da ist. »Die Balken stehlen und gegen morsche Stützen austauschen« – man wirbt dem Gegner die guten Leute ab und schickt ihm unbrauchbare Leute. Mit »Die Akazie schelten, dabei aber auf den Maulbeerbaum zeigen« ist gemeint, dass man Vorgesetzte nur indirekt kritisieren solle. »Verrücktheit mimen, ohne das Gleichgewicht zu verlieren« – der Feldherr versucht beim Gegner den Eindruck zu erwecken, er sei unfähig, um dann bei passender Gelegenheit seine Fähigkeiten umso besser ausspielen zu können. »Auf das Dach locken, um dann die Leiter wegzuziehen« bedeutet, den Gegner geschickt in eine Falle zu locken und ihm jede Fluchtmöglichkeit abzuschneiden. »Dürre Bäume mit künstlichen Blüten schmücken«: Täuschung des Gegners durch Attrappen und das Vermitteln einer zahlenmäßig weit höheren Stärke als wirklich vorhanden. Bei »Die Rolle des Gastes in die des Gastgebers umkehren« geht es darum, den Gegner vom Jäger zum Gejagten zu machen, die Defensive soll in eine Offensive umgedreht werden. »Die List der schönen Frau« bedeutet, dass man den Gegner ausspioniert und auch korrumpiert. Eine wichtige Rolle dabei haben seit jeher Frauen gespielt, die geschickt eingesetzt wurden. Bei der »List der offenen Stadttore« geht es darum, dass man den Feind über die eigene Schwäche im Unklaren lässt und so tut, als würde man einen Hinterhalt vorbereiten. »Die List des Zwietrachtsäens« sieht den Einsatz von Doppelagenten vor und Manöver, die Uneinigkeit unter den Gegnern hervorrufen sollen. »Die List der Selbstverstümmelung« klingt wenig heroisch, denn es geht darum, durch Selbstverletzung eigene Schwäche vorzutäuschen und auch bei anderen Mitgefühl hervorzurufen. Man kann natürlich auch dem Feind die Verletzungen zuschieben. Wenn man mehrere Strategeme verknüpft, dann entsteht die »Ketten-Strategie«. »Weglaufen ist die beste Methode« bedeutet, dass man rechtzeitig die Flucht ergreift, sobald sich eine Niederlage abzeichnet. Wenn alle anderen Kriegslisten versagen, dann ist die Flucht die einzig sinnvolle Option.

»Verflucht sei Krieg, verflucht das Werk der Waffen.« (Li-Tai-Po)

Miyamoto Musashi

»Vernachlässige nie deine Aufmerksamkeit auch gegenüber den kleinsten Dingen.« (Miyamoto Musashi)

Miyamoto Musashi war ein japanischer Samurai, der im 17. Jahrhundert ein Werk unter dem Titel »Das Buch der fünf Ringe« verfasste. Fünf Aspekte der Strategie werden in jeweiligen Abschnitten dargestellt (die Erde, das Wasser, das Feuer, der Wind und die Leere). Musashi war in jungen Jahren ein begeisterter Duellant, der mit etwa 30 Jahren erkannte, dass es bei seinen Erfolgen als Samurai weniger um Strategie ging, als um die Unterlegenheit des Gegners, die eigenen Fähigkeiten und eingeübte Reflexe sowie auch das Gesetz des Zufalls. Er wollte mehr aus sich machen und begann mit der Suche nach einer erhofften »Meisterschaft der Strategie«. Nach 20 Jahren hielt er sich für so weit, nach seinen Erkenntnissen zu leben. Dabei verwendete er in seiner Philosophie weiterhin immer wieder den Zweikampf mit Schwertern als Metapher für alle Strategie.

Einige der wichtigsten Erkenntnisse von Musashi sind: Der Weg zur Strategie führt über das Wissen. Das Ziel muss es sein, dass man alle wesentlichen Umstände erkennt. Der Autor lobt das Wasser, denn es passt seine Form jedem Gefäß an und ist durchsichtig und klar – genauso sollte der Stratege sein. Ein Sieg ist wie der andere. Ein richtiger Stratege kann aus kleinen Dingen große machen. Große und kleine Feuer sind im Prinzip gleich heiß, weshalb es ziemlich egal ist, ob man gegen einen Mann oder eine Armee kämpft. Die Spielregeln sind im Wesentlichen gleich. Nur jemand, der ständig trainiert und übt, ist in der Lage, in wesentlichen Situationen die richtigen Entscheidungen schnell zu treffen. Das Training muss Teil des normalen Alltags sein. Musashi stellt seine Erkenntnisse auch denjenigen anderer Autoren gegenüber. Dabei hebt er hervor, dass sich viele nur mit dem Schwertkampf beschäftigen, während seine Strategie darüber hinausgeht. Musashi warnt davor, bei der Strategie die Natur zu vergessen. Man kann den Feind nur im Einklang mit der Natur erfolgreich bekämpfen.

Musashis Werk ist erkennbar von Zen geprägt. Er ist der Meinung, der Verstand teile dem Körper mit, was er in bestimmten Situationen machen müsse. Danach werde dieses Handlungsmuster so lange geübt, bis es automatisch erfolge. Sobald eine gewisse Situation eintrete, agiere der Körper, ohne Anweisungen des Verstandes zu erhalten. Das Bewusstsein des Kämpfers beobachte das Geschehen und analysiere die Situation, wobei störende Gefühle und Gedanken ausgeblendet würden. Dieser Zustand sei eine Art von Leere, in welcher man Großartiges vollbringen könne. Bei Musashi geht es im Gegensatz zu Sun Tzu fast immer nur um den Konfliktfall, während Letzterer sich mehr auf die theoretischen Aspekte der Führung und des Sieges konzentriert.

Das neuzeitliche Kriegswesen und der Dreissigjährige Krieg

»Man kann einen Krieg beginnen, aber niemals beenden, wenn man will.« (Niccolò Machiavelli)

Die Renaissance brachte viele Neuanfang und überwand das »finstere Mittelalter«. Man dachte in neuen Wegen und suchte gleichzeitig den Anschluss an die Philosophie und Kunst der Antike. Das manifestierte sich in vielen Bereichen – auch in der Kriegskunst. Der bekannteste Autor der Renaissance, der ein Werk über die Kunst des Krieges verfasste, war Niccolò Machiavelli. Aber er war nicht der Einzige, der sich in jener Epoche Gedanken über das Kriegswesen und die Strategie machte.

Niccolò Machiavelli und Kaiser Maximilian I.

»Um eine Schlacht zu gewinnen, ist es nötig, dem Heer Vertrauen zu sich selbst und auf den Feldherrn einzuflößen.« (Niccolò Machiavelli)

Ganz im Zeichen der Renaissance stand der Florentiner Machiavelli (1469–1527), der heute in erster Linie als Staatsphilosoph gesehen wird. Er analysierte die Macht und ihre Grundlagen und erarbeitete Prinzipien zum Erwerb und zur Erhaltung von Herrschaft, ohne dabei auf moralische Richtlinien einzugehen. Machiavelli gilt heute als Philosoph rücksichtsloser Machtpolitik, bei welcher der Zweck die Mittel heiligt. Daneben beschäftigte sich der Florentiner aber auch mit dem Kriegswesen und in seiner Schrift »Über die Kunst des Krieges« schrieb er über Strategie, Taktik und Politik. Seine Schriften sind von der Realität des Italiens seiner Zeit geprägt, die wiederum von permanenten Machtkämpfen, Intrigen, Verschwörungen und ausländischer Intervention gekennzeichnet war. Machiavelli sah als Grund dafür die vielen Fehler, die Italiens Fürsten und militärische Führer begingen.

Er schrieb über die Möglichkeiten der Nutzung von Armeen in Zeiten des Krieges und des Friedens und sah die bewaffnete Macht auch als Mittel zur Stabilisierung von Herrschaft. Dabei wies Machiavelli darauf hin, dass der Rückgriff auf römische Strategie, Taktik, Disziplin und Sitten dem Italien der Renaissance viele Vorteile bringen könnte. In »fingierten Schlachten« suchten er und seine Anhänger daraufhin Möglichkeiten, den Feind zu besiegen, indem sie auf antike Vorbilder zurückgriffen. Hinderlich dabei erwiesen sich die neuen Gegebenheiten der frühen Neuzeit, in deren Militärwesen die Artillerie und die Feuerwaffen eine neue und nie gekannte Rolle spielten. Dennoch beeinflussten Machiavellis Ausführungen einige bedeutende Heerführer wie Moritz von Oranien und Gustav Adolf von Schweden. Napoleon zeigte sich später ziemlich unbeeindruckt von den Erkenntnissen des Florentiners und meinte herablassend: »Machiavelli hat über den Krieg geschrieben, wie ein Blinder von der Farbe spricht.«

Der Florentiner Philosoph befasste sich neben der Strategie der Fürsten auch mit dem Training und der Motivation der Soldaten sowie deren Aushebung und Anwerbung. Bei Machiavelli fanden sich die Erkenntnisse bekannter antiker Kriegsschriftsteller wie Polybios, Frontinus und Vegetius wieder. In seinem Werk finden sich auch viele Stellen, die später die Grundlage von Zitaten bildeten. Wie zum Beispiel: »Kriege können nicht verhindert werden, man kann sie lediglich zum Vorteil anderer hinauszögern.«

Zur Zeit Machiavellis kam eine neue Form von Kriegern auf, welche das Militärwesen grundlegend verändern sollten. Dies waren die Schweizer »Reisläufer« bzw. die deutschen »Landsknechte«. Diese Fußkämpfer kämpften in erster Linie mit der Pike, waren diszipliniert und bildeten für das damalige Militärwesen fast unüberwindliche igelähnliche Haufen, die den traditionellen Rittern heftig zusetzten, wie es zuvor die Hussiten getan hatten. Daneben waren diese Söldner auch eine Gefahr für die Zivilbevölkerung, da sie zum Plündern und Marodieren neigten. Eine wesentliche

Entwicklung der Landsknechte erfolgte zur Zeit des habsburgischen Kaisers Maximilian I.

Hatten die Schweizer mit ihren »Haufen« zuvor schon angedeutet, wozu die neue Infanterie in der Lage war, indem sie die Herrschaft der Habsburger in mehreren erfolgreichen Schlachten abschütteln konnten, so zeigten sich die Schweizer »Reisläufer« in den Schlachten gegen den machtbesessenen und gut gerüsteten Herzog von Burgund, Karl den Kühnen, als weit überlegen. Dieser setzte sowohl auf klassische Adelsaufgebote als auch auf moderne Kriegstechnik und auch Söldner. Doch hatte er gegen die Schweizer Haufen keine Chance und fiel bei seiner dritten großen Niederlage in der Schlacht bei Nancy.

Der habsburgische Erbe Burgunds, Maximilian, erkannte, dass er die Schweizer und auch andere Gegner nur mit dem neuen Muster von Haufen von Spießträgern besiegen konnte. Somit kamen die Landsknechte als die deutsche Antwort auf die wehrhaften Schweizer zum Einsatz. Große Adelige stiegen in der Folge vom Pferd und kämpften zu Fuß an der Spitze der massierten Spießträger. Der Begriff »Landsknecht« tauchte dann 1487 erstmals auf, kurz nachdem Maximilian von Habsburg zum deutschen König gekrönt worden war.

Nachdem die Landsknechte zunächst gegen ihr Vorbild, die schweizerischen »Reisläufer«, meistens den Kürzeren zogen, wurde die neue Truppe schließlich immer besser und schlagkräftiger.

Kaiser Maximilian I. (1459–1519) sah sich selbst als »letzten Ritter«, führte allerdings Kriege nach dem jeweils aktuellen Stand der Technik. In Maximilians Schriften »Theuerdank« und »Weißkunig« ist auch einiges über seine taktischen und strategischen Vorstellungen herauszulesen. »Veraltete Staaten erkranken an Erinnerungen«, befand der Kaiser, der damit sicherlich auch seine Reformen, die ganz besonders das Heereswesen umfassten, rechtfertigen wollte. Neben den Landsknechten setzte Maximilian I. zunehmend auf die immer wichtiger werdende Artillerie und befasste sich selbst mit der Technik des Kanonengusses.

Man hat dem vielseitigen Habsburger-Kaiser später eher als erfolgreichen Fortsetzer der Heiratspolitik seines Vaters Friedrich III. dargestellt, und die Erfolge (Spanien, Ungarn) schienen ihm diesbezüglich recht zu geben. Doch war er auch einer der streitbarsten und militärisch begabtesten Habsburger. Binnen etwa 40 Jahren führte er über 20 Feldzüge durch. Fast permanent befand man sich mit irgendeiner Macht im Kriegszustand. Maximilian führte erbitterte Kriege um das burgundische Erbe, besiegte die Ungarn, erlitt gegen die Schweizer schmerzliche Niederlagen und kämpfte viele Jahre lang mit Frankreich um die Vorherrschaft im zersplitterten Italien. Was uns auch wieder zu seinem Zeitgenossen Machiavelli führt. Durch das Söldnerwesen, das nun den Hauptfaktor der Kriegsführung ausmachte, wurden permanent große Geldbeträge fällig. Und so war eines der Hauptprobleme, das die Habsburger durch die Zeiten verfolgte, der Geldmangel. Maximilian I. war weitgehend erfolgreich im Versuch, sich durch seine Probleme (viele mächtige Feinde und zu wenig Geld) durchzulavieren, auch indem er meinte: »Warum hat ein großer Geist zu allem Zeit? Weil er sich nicht mit Kleinigkeiten abgibt.« Am Ende seines Lebens war er dann aber doch eine Art von Bettler und sogar die von ihm so geliebte Stadt Innsbruck schloss wegen nicht bezahlter Schulden vor ihm die Tore.

»Das Stillsitzen und der Müßiggang pflegt adelige tapfere Leiber nicht anders als der Rost das Eisen zu verderben.« (Kaiser Maximilian I.)

Georg von Frundsberg

Der fähigste Landsknechtsführer seiner Zeit (1473–1528) war wohl kein großer Stratege, aber ein Mann der Taktik, der wusste, wie man mit den Landsknechten erfolgreich Krieg führt. Er kämpfte zunächst auf verschiedenen Kriegsschauplätzen, ehe er für Kaiser Maximilian Landsknechtsarmeen aufstellte. Dabei griff er auf seine Erfahrungen mit den Schweizern zurück, entwickelte deren Taktik weiter und vervollkommnete sie. Bald wurde Frundsberg von seinen Leuten »Vater der Landsknechte« genannt. Er konnte endlich auch bedeutende Siege gegen die gefürchteten Schweizer erringen und bereitete den Franzosen einige schlimme Niederlagen. Ein Nebeneffekt von Frundsbergs Wirken war aber, dass die Landsknechte immer selbstbewusster wurden. Sie wussten, dass es auf sie ankam, und sowohl der Kaiser als auch Frundsberg ohne ihren Gehorsam und ihre Bereitwilligkeit, in den gefährlichen Kampf zu ziehen, ziemlich machtlos waren. Es kam zu Revolten, wenn die immer höheren Soldzahlungen, die gefordert wurden, ausblieben. Die schlimmste Katastrophe, die sich aus so einer Revolte entwickelte, war die blutige Eroberung und Plünderung Roms, besser bekannt als »Sacco di Roma«, im Jahre 1527. Frundsberg konnte »seine Landsknechte« ohne Sold nicht mehr im Zaum halten und starb nach einem Schlaganfall 1528. Die Landsknechte wurden in der Folge eine immer größere Gefahr, auch für die eigenen Leute, da sie nie vor Plünderungen und Gewalttaten zurückschreckten. Hauptursache dafür waren natürlich die ständigen Geldschwierigkeiten der Habsburger, die mit den Landsknechten zwar über eine Elitetruppe verfügten; allerdings verschlang diese riesige Geldsummen, die immer seltener aufgebracht werden konnten.

Die Landsknechte kämpften schließlich für verschiedene Herren, je nach der besten gebotenen Bezahlung. Sie wurden in den Bauernkriegen eingesetzt, kämpften für deutsche Territorialfürsten und auch – trotz kaiserlichen Verbots – für die Franzosen. Sie tauchten in Südamerika, Nordafrika, Polen und Russland auf, vermischten sich jedoch zunehmend mit anderen Truppen. Überhaupt übernahmen die Armeen Europas sehr viel von den Landsknechten, was die Taktik, die Art zu kämpfen und die Ausrüstung betraf. Die signifikante Kleidung der Landsknechte war irgendwann auch nicht mehr modern und sie glichen sich optisch anderen Truppen an. 1570 verloren die Landsknechte im Deutschen Reich dann weitgehend ihre Rechte und Sonderstellung. Ihre Zeit war damit eigentlich vorbei. Doch die Armeen im Reich und den meisten Teilen Europas blieben weiterhin Söldnerheere, die in der Regel von militärischen Unternehmern geführt wurden. Sobald die Soldzahlungen ins Stocken kamen und es nicht genug zu plündern gab, waren diese Verbände dann oft genug unberechenbar. Ihren Höhepunkt und den Anfang vom Ende erlebten diese Söldnerarmeen dann im Dreißigjährigen Krieg.

Leonhard Fronsperger

Der Bayer Fronsperger (1520–1575) war sicher einer der wichtigsten Militärschriftsteller des 16. Jahrhunderts. Er trat schon in jungen Jahren ins Militär ein und kämpfte für die Habsburger. Fronsperger erfreute sich des Wohlwollens von Karl V. und Maximilian II., er kämpfte gegen die Türken, machte Karriere und erhielt schließlich eine kaiserliche Pension. Zum Militärexperten der Stadt Ulm berufen, starb er schließlich durch ein Unglück bei einer Inspektion. Fronsperger hinterließ eine größere Anzahl von Werken über das Kriegswesen und die Philosophie.

In die Reihe der großen Militärtheoretiker kam er durch sein »Kriegsbuch«, das in drei Teilen 1573 in Frankfurt am Main erschien. Dabei ging es in verschiedenen Kapiteln um das Wesen der Belagerung, um Wagenburgen und Feldlager, um die Herstellung und Verwendung von Schießpulver, die verschiedenen Kanonen mit ihren Vor- und Nachteilen, den Krieg zu Wasser etc. Fronsperger war sehr genau in seinen Beschreibungen und ließ kaum ein Detail aus. Besonders widmete er sich dem damaligen Hauptfeind der europäischen Christenheit – den Türken. Der militärisch sehr erfahrene Mann der Praxis erwies sich auch als Meister der Theorie und sein Werk gilt heute als das bedeutendste der deutschen Militärschriftsteller des 16. Jahrhunderts.

Justus Lipsius

Der Flame Lipsius (1547–1606) war ein begeisterter Humanist, der sich zeitweise guter Kontakte zu den Habsburgern erfreute. Er agierte im universitären Lehrbetrieb und geriet in die konfessionellen Konflikte seiner Zeit, wobei er freiwillig oder gezwungen mehrmals die Konfession wechselte. Lipsius beschäftigte sich intensiv mit der lateinischen Sprache und vielen antiken Autoren. Er verfasste philosophische Schriften, die auf antike Traditionen zurückgriffen und war mit Michel de Montaigne befreundet. Einer der zentralen Punkte seiner Militärschriften war sein Eintreten für ein stehendes Heer, was zu jener Zeit ein revolutionärer Ansatz war. Lipsius wollte das Kriegswesen verwissenschaftlichen und griff dabei auf antike Vorbilder zurück.

Durch die von ihm geforderten Neuerungen sollten die Probleme mit dem Söldnertum beseitigt werden. Ungehorsam, Geldgier und die Plünderung der Länder von Freund und Feind machten die Söldner nicht nur zum Schrecken ihrer Gegner. Lipsius forderte eine gezielte Auswahl von fähigen Männern unter der eigenen Bevölkerung, um ein kleines schlagkräftiges Berufsheer zu bilden. Dazu sollten Reservisten kommen, die gegebenenfalls die vorhandenen Truppen verstärken konnten. Ein wesentlicher Faktor für den neuen Typ der Armee sollte die Disziplin sein. Durch tägliches Exerzieren und Übungen sollten die Soldaten zu Ordnung und Gehorsam erzogen werden. Die Truppe sollte eine straffe Gliederung aufweisen und über eine eindeutige Hierarchie der Befehlsgewalt verfügen. Tugenden wie Selbstbeherrschung, Pflichtbewusstsein und Verantwortungsbereitschaft sollten das neue Heer auszeichnen. Ein kluges System von Strafen und Belohnungen sollte dies unterstützen. Beförderungen sollten nur nach dem Verdienst erfolgen, Lob und Geldprämien die Soldaten anspornen. Die Offiziere sollten gut ausgebildet werden und bei Versagen strenger als die Gemeinen bestraft werden. Als Finanzierung sah Lipsius eine Heeressteuer vor, die jährlich eingehoben wurde. Die Soldaten sollten regelmäßig und ausreichend besoldet werden. Nur dann würden sie ein brauchbares und den Söldnerarmeen überlegenes Werkzeug zur Kriegsführung darstellen.

Die Ideen von Lipsius waren in vielen Bereichen ferne Zukunftsmusik, fanden gleichwohl schon zu seinen Lebzeiten Anhänger. Besonders in den von den Spaniern bedrängten Niederlanden waren sich viele Verantwortliche bewusst, dass sie nur mit einer Armee nach den von Lipsius geforderten Richtlinien gegen den überlegenen Gegner bestehen konnten. Männer wie Moritz von Oranien und Wilhelm Ludwig von Nassau schufen mit Rückgriff auf Lipsius' Ideen die neue Armee der Generalstaaten. Dabei setzten sie auch auf kleinere Formationen, die beweglicher eingesetzt werden konnten. Auch hier griff man auf das Vorbild der römischen Armee zurück. Gleichzeitig waren die Niederländer auch führend beim Umrüsten der Truppe auf Feuerwaffen unter Zurückdrängung der Pikeniere. Um die verstärkte Feuerkraft besser nutzen zu können, zogen die Niederländer vormals quadratische Formationen weiter auseinander, und die Vorläufer der Linienformation entstanden. Die neue Aufstellung wurde »Niederländische Ordonnanz« genannt und bewährte sich ab 1600. Später entwickelten z. B. die Schweden diese Formation weiter und erzielten damit große Erfolge im Dreißigjährigen Krieg.

Der von Lipsius und anderen geforderte ständige Drill sollte den Umgang mit den Waffen verbessern. Dafür wurden auch Handbücher mit Illustrationen verfasst. Darin wurde gezeigt, wie man mit den Waffen umging und möglichst effektiv manövrieren konnte. Das Wichtigste dabei war, möglichst schnell zu schießen. Dazu wurden standardisierte Kommandos entwickelt. Jeder Soldat sollte wie ein Rädchen in einer Maschine agieren und möglichst effektiv funktionieren. Ein wichtiges Moment war wegen der noch immer geringen Feuergeschwindigkeit der Einsatz der noch vorhandenen Pikeniere. Diese sollten die Einheit beim Nachladen vor Angriffen der Kavallerie schützen. Dazu wurden neue Manöver entwickelt, die schneller waren als die alten. Der Verband sollte in der Lage sein, Schwenkungen, Wendungen und auch Aufteilungen in kleinere Gruppen durchzuführen.

Die neue umfassende Form der Ausbildung der Truppe brachte es mit sich, dass eine längere Dienstzeit benötigt wurde. Die Zeiten, in denen eine zusammengewürfelte Truppe nur für einen Feldzug angeworben wurde, waren endgültig vorbei. Die längere Dienstzeit, der regelmäßige Sold und die bessere Ausbildung waren dabei mit noch höheren Kosten verbunden als das Söldnerwesen zuvor. Das konnte nur damit gerechtfertigt werden, dass diese neue Form von Truppen auch effizienter war und keine Plünderungen des eigenen Territoriums mehr stattfanden.

Eine Neuerung war auch die feste Indienststellung der Subalternoffiziere und Unteroffiziere, die nun nicht mehr für eine gewisse Zeit in ihrer Funktion dienten, sondern die Ausbildung der Soldaten organisierten und für die Moral ihrer Truppe verantwortlich waren. Somit bildete sich auch bald ein Offizierskorps heraus, das sein eigenes Ethos entwickelte. Es waren schließlich auch die niederländischen Generalstaaten, die 1590 ein allgemein verbindliches Kriegsrecht erließen, das für geordnete Verhältnisse in der Armee sorgen sollte. Diese Kriegsartikel beeinflussten andere Staaten in Europa, wie zum Beispiel auch Brandenburg und besonders Oliver Cromwell in England, der die »New Model Army« schuf. Im Wesentlichen blieben die Heere Europas bis zur Französischen Revolution aber Söldnerheere.

Die grosse Zeit der spanischen Armee

Die vereinigten spanischen Königreiche mit all ihren territorialen Besitzungen in Europa und Übersee waren seit Kaiser Karl V. eine der bedeutendsten Militärmächte. Schon in den Kriegen in Italien hatten die spanischen Generäle die zunehmende Bedeutung der Feuerwaffen erkannt und reagierten darauf schneller und konsequenter als ihre »Konkurrenz«. Sie entwickelten die sogenannten

»Tercios«, wobei ein ziemlich quadratischer Block von Pikenieren an allen vier Ecken eine Gruppe von Schützen aufwies. Somit konnten sich die beiden Gruppierungen gegenseitig unterstützen. Wichtig war, dass die Pikeniere den Schützen beim Nachladen mit ihren langen Spießen den nötigen Schutz boten, während diese durch ihr Feuer den feindlichen Truppen auf Distanz zusetzen konnten. Etwa hundert Jahre lang schienen die Tercios das größte Erfolgsmodell auf den Schlachtfeldern zu sein, wobei sich die Zahl der Pikeniere nach und nach zugunsten der Schützen verringerte. Manche Heerführer wie z. B. Moritz von Oranien wandelten die Tercios ab und machten die Verbände breiter und flacher, woraus sich die »niederländische Ordnung« entwickelte. Der Weg zur »Treffentaktik« war vorgezeichnet. Doch ehe diese dann erfolgreich von den Schweden unter Gustav Adolf umgesetzt wurde, verging noch einige Zeit. Es waren schließlich die leichter und handlicher werdenden Musketen, welche neben der veränderten Aufstellung den Untergang der Tercios brachten. Als die Pikeniere nur mehr dazu verwendet wurden, bei Reiterangriffen Widerstand zu leisten, waren ihre Tage gezählt.

Die Kavallerie, die ihre entscheidende Bedeutung auf dem Schlachtfeld schon lange eingebüßt hatte, entwickelte sich im 16. Jahrhundert vom adeligen Aufgebot zur Söldnerreiterei. Was auch bedeutete, dass die Rüstungen zunehmend leichter wurden und schließlich weitgehend verschwanden. Analog zur Infanterie gewannen Feuerwaffen immer mehr an Bedeutung. Das betraf besonders die Radschlosspistolen, die beim »Karakollieren« auf kurze Entfernung auf den Gegner abgefeuert wurden, wonach man sich zurückzog, um diese nachzuladen. Die Entscheidung dabei sollte jene Truppe herbeiführen, die ihre Pistolen möglichst effizient einsetzte. Dabei kam der Angriff mit der blanken Waffe für einige Jahrzehnte bei der Reiterei ziemlich aus der Mode, ehe die Schweden im Dreißigjährigen Krieg und die Kämpfe mit den Türken ein militärisches Umdenken brachten. Danach wurde wieder hauptsächlich auf die »Schocktaktik« mit der blanken Waffe gesetzt, was letztlich bis zum Ende der Kavallerie im Ersten Weltkrieg beibehalten wurde.

Der Dreissigjährige Krieg

»Der dreißigjährige Krieg war ein Gewitter bei Nacht, auf das kein Regenbogen folgte.« (Wolfgang Menzel)

Mit dem bis dahin größten militärischen Ringen veränderte sich vieles im europäischen Wehrwesen. Vorerst weitgehend ein Krieg, der aus der Hybris und dem religiösen Fanatismus der Habsburger entstand, wuchs dieser Konflikt rasch über die Grenzen des »Heiligen Römischen Reiches« hinaus und wurde zu einer Art von europäischem Bürgerkrieg. Die Deutschen bezahlten die größte Zeche, aber auch der Rest Europas wurde stark in Mitleidenschaft gezogen.

Dieser vordergründig religiöse Konflikt, der eigentlich aus vielen Facetten bestand, beschleunigte viele Prozesse im Militärwesen, die ohnehin bereits im Gange waren. So wurden die Feuerwaffen immer bedeutender, während die Pikeniere genauso wie die alten »Tercios« eine immer geringere Rolle spielten. Ein bedeutender Einschnitt dabei war zum Beispiel die Schlacht bei Breitenfeld 1631, in welcher der bis dahin fast unbesiegte katholische Feldherr Tilly mit seiner altmodischen Konzeption trotz aller militärischen Fähigkeiten dem kriegstechnisch innovativeren König Gustav Adolf von Schweden unterlag. Strategie und Taktik des Schwedenkönigs erwiesen sich gegenüber seinen Gegnern als überlegen. Wenn er bei Lützen nicht einen tragischen Tod erlitten hätte, wären wohl die Tage der Habsburger am Kaiserthron gezählt gewesen. Die Erfolge der schwedischen Armee waren besonders auf die Faktoren Feuerüberlegenheit, leichtere und schneller transportierbare Geschütze und die Auflockerung der seit der Renaissance bestehenden starren Gefechtsformationen zurückzuführen. Die Lineartaktik als neue Form der Kriegskunst war im Entstehen.

Nach dem Tod des Schwedenkönigs und seines Widersachers Wallenstein, der den Krieg wie niemand vor ihm technisiert und nach wirtschaftlichen Kriterien geführt hatte, wurde der Dreißigjährige Krieg zu einem umfassenden Chaos, bei dem die Hauptakteure die Übersicht verloren. Große militärische Führer und Strategen waren nicht in Sicht, und so erschöpften sich die mittelmäßigen militärischen Führer in verlustreichen Kriegshandlungen, die keine wesentliche Entscheidung brachten. Das Ergebnis war die völlige Ermattung des militärischen Sektors, dramatischer Bevölkerungsverlust und die Destabilisierung und Entmachtung des gesamten »Heiligen Römischen Reiches Deutscher Nation«. Kriegsgewinner waren vor allem ausländische Mächte wie Frankreich und Schweden. Die Türken waren zu jener Zeit zu sehr mit sich selbst beschäftigt, um dem geschwächten Mitteleuropa den Todesstoß zu versetzen. Als sie es schließlich versuchten, war es zu spät.

Friedrich Schiller schrieb später rückblickend und fast prophetisch: »Es ist sonderbar, dass Deutschland nie sein Glück durch Waffen machen konnte.«

Wallenstein

»Eine Bewegung, die eine Schar von 1 000 Mann ohne Weiteres macht, ist für 10 000 schon eine Leistung, für 50 000 ein Kunstwerk, für 100 000 eine Unmöglichkeit.« (Hans Delbrück, Geschichte der Kriegskunst)

Der Dreißigjährige Krieg sah europäische Heere in Stärken, die man bis dahin nicht für möglich gehalten hätte. Um diese aufzustellen, auszubilden und zu führen bedurfte es großer Begabung. Der böhmische Kriegsunternehmer Albrecht Wenzel Eusebius von Waldstein, bekannt als Wallenstein (1583–1634), setzte dabei neue Maßstäbe. Vor allem in Bezug auf die von ihm in seinen eigenen Manufakturen hergestellten Ausrüstung dieser Truppen – wobei ihm sein großes finanzielles Geschick und seine bedeutenden Ressourcen zu Hilfe kamen – war Wallenstein als privater Kriegsunternehmer in einer neuen Dimension unterwegs.

Dazu kam die große strategische Begabung des Friedländers, der nur zu gut wusste, dass der große Krieg nicht durch eine »Niederwerfungsstrategie« mithilfe von Vernichtungsschlachten, sondern durch die »Ermattungsstrategie« entschieden werden konnte. Wallenstein vermied nicht die große Schlacht, aus der er fast immer erfolgreich hervorging, aber sein strategisches Spektrum umfasste deutlich mehr Optionen. Dass sein Vorgehen viele Kritiker auf den Plan rief, sollte später auch zu seinem Untergang führen. Einer der Grundsätze Wallensteins war, dass »der Krieg den Krieg ernährt«, was Requirierungen, Plünderungen und Erpressung der heimgesuchten Territorien bedeutete. Seine Art der Kriegsführung fand zu einem wesentlichen Teil auf Kosten der Zivilbevölkerung statt. Aber darin unterschied er sich wenig von seinen Gegnern oder seinem zeitweisen Partner Tilly. Als Wallenstein auf seinen gefährlichsten Gegner, den Schwedenkönig Gustav Adolf, der zuvor den großen Tilly eliminiert hatte, traf, ging er sehr vorsichtig vor und versuchte möglichst lange durch geschickte Manöver die große Schlacht zu vermeiden. Letztlich kam es dann doch zur großen Schlacht bei Lützen, in der Wallenstein erkennen musste, dass die Armee des Schwedenkönigs in einigen Bereichen moderner und besser organisiert war als seine Streitkräfte. Das Schicksal wollte es jedoch, dass Wallenstein – obwohl er nicht als Sieger das Schlachtfeld verließ – durch den Tod Gustav Adolfs sein Ziel erreichte. Danach widmete sich der große Feldherr mehr und mehr der Verflechtung von strategischen Überlegungen und eigenständiger Politik, was bei seinem offiziellen Herrn, dem Habsburger Ferdinand II., für Unruhe und Befürchtungen sorgte. Man sah letztlich keine andere Möglichkeit als die Beseitigung des gefährlichen Mannes und seiner engsten Umgebung.

Wallenstein hinterließ über seinen Tod hinaus eine schwere Hypothek für das Habsburgerreich. Denn von nun an vertraute kaum ein kaiserlicher Herrscher seinen Heerführern mehr und der Hof pfuschte ihnen immer wieder ins Handwerk. Die Beziehung zwischen den Heerführern und ihren Auftraggebern wurde dadurch nachhaltig gestört. Das erklärt bei genauerer Betrachtung viele Hemmnisse, mit denen sich später habsburgische Feldherren wie Prinz Eugen, Laudon, Erzherzog Karl, Schwarzenberg und auch Radetzky zu plagen hatten. Der brutale Mord an Generalissimus Wallenstein in Eger verfolgte die österreichische Armee bis zum Ende der Monarchie.

Gustav Adolf

»Ihr könnt die Seligkeit unter meinen Fahnen erwerben, aber schwerlich Reichtümer.« (Gustav II. Adolf)

Der »Löwe aus Mitternacht« König Gustav II. Adolf (1594–1632) stammte aus der Dynastie der Wasa und war seit 1611 König von Schweden. Sein Vater Karl IX. war als König nicht unangefochten gewesen und hinterließ seinem Sohn und Erben einige Probleme.

Dennoch sollte dieser es schaffen, Schweden zu einem modernen Staat zu formen. Gustav Adolf wurde schon früh in die königliche Politik integriert, er erhielt eine sehr gründliche Bildung, bei der der militärische Aspekt stark betont wurde. Er war mit den Heeresreformen von Moritz von Oranien sehr gut vertraut und sprach neben Schwedisch eine Vielzahl anderer Sprachen. Als er 1611 den Thron Schwedens bestieg, war er erst 17 Jahre alt. Er konnte den langen Konflikt mit Dänemark 1613 beenden, musste einen Ausgleich mit dem schwedischen Reichstag finden und wurde erst 1617 offiziell gekrönt. War seine Machtposition anfangs noch ziemlich prekär, so konnte er sich durch eine geschickte Politik behaupten. Zu seinem Glück hatte er den geschickten Kanzler Axel Oxenstierna an seiner Seite, der im Wesentlichen Schweden zur Großmacht machen sollte. Der König und sein Kanzler trachteten Schweden zu modernisieren, und ein neu eingeführter Briefadel zog begabte Leute aus ganz Europa an. Die Bildung der Bevölkerung wurde durch ein modernes Schulsystem verbessert, und Schweden wurde eines der am besten alphabetisierten Länder Europas. Ein ausgeklügeltes System ermöglichte es, Steuern zu erheben und Soldaten auszuheben, was im damaligen Europa höchst ungewöhnlich war.

Wichtig für den König war die Modernisierung seiner Armee und Flotte, was Erfolge gegen Polen und Russland bald zeigten. Er konnte Russland von der Ostsee verdrängen und seinen Herrschaftsbereich im baltischen Gebiet stark vergrößern. Als die katholischen Habsburger Anfang der 1620er Jahre dicht an Skandinavien heranrückten, sah er eine große Gefahr für den Protestantismus und die schwedische Machtstellung. Die kaiserlichen Generäle Tilly und Wallenstein schienen unaufhaltsam vorzudringen, und Schwedens Konkurrent Dänemark musste schwere Niederlagen einstecken. Außerdem unterstützte der Kaiser in Wien Gustav Adolfs verfeindeten Cousin Sigismund III. von Polen. Als Wallenstein Mecklenburg erhielt und dort eine kaiserliche Flotte aufbauen wollte, schien nur mehr ein militärisches Eingreifen Schwedens helfen zu können.

Gustav Adolf begann 1628 damit, die von Wallenstein belagerte Stadt Stralsund zu unterstützen, was zur erfolgreichen Verteidigung der Stadt beitrug. So fiel Stralsund für die kommenden 200 Jahre unter die Herrschaft Schwedens. Als die Lage der Protestanten in Deutschland hoffnungslos zu werden schien, griff Gustav

Adolf direkt in den Krieg ein. Er landete mit 13 000 Mann, hatte aber bald 40 000 zur Verfügung und wurde zudem von Frankreich finanziert. Es folgte ein erstaunlicher Siegeszug des Schwedenkönigs. Er eroberte Frankfurt an der Oder, konnte aber die Vernichtung Magdeburgs durch Tillys Kaiserliche nicht verhindern. Der Schock der brutalen Zerstörung Magdeburgs trieb die protestantischen Fürsten Deutschlands in sein Lager und brachte ihm großen Machtzugewinn. In der Schlacht bei Breitenfeld am 17. September 1631 konnte Gustav Adolf einen bedeutenden Sieg über die Kaiserlichen unter ihrem Feldherrn Tilly erringen. Bei dieser Gelegenheit zeigte sich, dass die Modernisierung der schwedischen Armee unter Gustav Adolf Früchte trug. Sie war beweglicher und hatte eine weit höhere Feuerkraft als die Kaiserlichen.

In der Folge brach die Machtstellung der katholischen Habsburger im Norden Deutschlands zusammen und Gustav Adolf startete einen scheinbar unaufhaltsamen Vormarsch Richtung Süden. Die Spanier konnten am Rhein geschlagen werden und das katholische Mainz fiel an die Schweden. Nach einer Winterpause griff der Schwedenkönig das Kurfürstentum Bayern an und besiegte Tilly erneut bei Rain am Lech, wo jener auch tödlich verwundet wurde. Bayern fiel somit weitgehend an die siegreichen Schweden.

Nun wurde im katholischen Lager der in Ungnade gefallene Feldherr Wallenstein wieder auf das Schild gehoben und setzte erneut sein strategisches Gespür ein, um den Schwedenkönig aufzuhalten. Er konnte so die Schweden zum Rückzug aus Bayern zwingen. Bei Nürnberg blockierten sich die beiden Armeen gegenseitig und Gustav Adolf musste schließlich nach einer ergebnislosen Schlacht den Rückzug antreten. Nach einigem Taktieren und dem Abmarsch ins Winterlager kam es bei Lützen am 16. November 1632 zu einer überraschenden Schlacht. Die Schweden konnten gegen Wallensteins Truppen langsam an Boden gewinnen, doch Gustav Adolf selbst geriet in eine prekäre Situation und wurde bei einem missglückten Reiterangriff getötet. Die Schweden konnten in der Folge die Schlacht knapp für sich entscheiden, doch der Mann, der vielleicht die Geschichte Europas in eine gänzlich neue Richtung hätte führen können, war tot.

Was von ihm blieb, war das weitere schwedische Engagement im Dreißigjährigen Krieg und seine Heeresreformen, die bis in die Zeit des fanatischen Soldatenkönigs Karls XII. (1682–1718) ihre Auswirkungen haben sollten. Im Verhältnis zur »Konkurrenz« war

Gustav Adolfs Armee hochmodern; das sehr effektive Steuersystem und die gut organisierte Aushebung von Soldaten suchten in Europa ihresgleichen. Die Rekruten sollten »starkgliedrig, tapfer und zwischen 15 und 30 Jahren alt« sein. Damit waren sie auch den damals üblichen Söldnerarmeen überlegen. Gustav Adolf verabschiedete sich von den klassischen Tercios, setzte mehr auf Beweglichkeit und Feuerkraft und verkleinerte die Einheiten. Die Muskete war bei ihm die wichtigste Waffe am Schlachtfeld. Die Männer wurden auf das schnelle Laden der Waffen gedrillt und auf Rüstungen wurde immer weniger Wert gelegt. In der Armee Gustav Adolfs wurde auch mehr auf eine starre Rangordnung gesetzt und es gab Vorformen der späteren Uniformen. Die Soldaten wurden von Predigern betreut; strenge Strafen sorgten für Disziplin. Bei der Kavallerie setzte Gustav Adolf auf direkte Angriffe mit der blanken Waffe im Gegensatz zu den Pistolenmanövern der Konkurrenz. Im Bereich der Artillerie gab es neue und deutlich leichtere Feldgeschütze, bei denen auf Beweglichkeit gesetzt wurde. Die Artillerie wurde eine eigene Waffengattung und es gab die ersten Artillerieregimenter. Gustav Adolf legte Wert auf die genaue Koordination des Einsatzes der Waffengattungen Infanterie, Kavallerie und Artillerie. Damit konnte er in Breitenfeld, wo es nach der Flucht der sächsischen Verbündeten zunächst nicht gut für ihn aussah, letztlich den Sieg erringen. Generell nahm die schwedische Armee unter Gustav Adolf vieles von dem vorweg, was später militärischer Standard werden sollte. Inwieweit der Schwedenkönig ein großer Stratege war, muss offen bleiben, da seine genauen Planungen für den weiteren Feldzug in Deutschland unbekannt sind und er einige Manöver durchführte, deren Sinn sich nicht erschließt. Niemand weiß auch, wie sich sein weiterer Konflikt mit Wallenstein entwickelt hätte, wenn er bei Lützen nicht gefallen wäre.

Der Dreißigjährige Krieg hatte großen Einfluss auf die weitere Kriegsführung in Europa. Die nachfolgende Phase der »Einhegung des Krieges« sollte schließlich bis zum Ersten Weltkrieg dauern. Man war stillschweigend übereingekommen, flächendeckende Verwüstungen zu vermeiden. Eine militärische Niederlage sollte nicht mehr die Existenz des gesamten Staats gefährden. Eine großflächige Devastierung des eigenen und feindlichen Territoriums sollte unterbleiben und die Bevölkerung so weit wie möglich verschont werden. Aus diesen Überzeugungen entwickelten sich die »Kabinettskriege«, die bei allen Schrecken, die sie mit sich brachten, im Verhältnis zum Dreißigjährigen Krieg relativ »zivilisiert« daherkamen. Sogar Napoleon hielt sich später weitgehend daran, und auch die »Einigungskriege« waren davon geprägt. Entscheidungen wurden durch gegenseitiges Ausmanövrieren und auf dem Schlachtfeld, aber nicht mehr durch Terror gegen die Zivilbevölkerung gesucht.

»Die Einteilung der historischen Kriegsformen in Staatenkriege, Bürgerkriege und nicht-staatliche Kriege reflektiert die herausragende Bedeutung, die der Staatenkrieg während des Dreißigjährigen Krieges gespielt hat. Dessen Einfluss auf die öffentliche Wahrnehmung ist so groß, dass lange Zeit nur diese Form als ›eigentlicher Krieg‹ begriffen wurde.« (Andreas Herberg-Rothe 2003, S. 24)

Henri de Turenne

Auf einer französischen Rangliste der bedeutendsten Feldherren wird Henri de La Tour d'Auvergne, Vicomte de Turenne (1611–1675) als wohl bald nach Napoleon rangieren. Sein früher Lebensweg ist eher unklar, aber er dürfte bereits als Jugendlicher als Inhaber eines eigenen Regiments fungiert haben. Doch wurde er als Protestant auch schon recht früh in die religiösen Auseinandersetzungen seiner Zeit verwickelt. 1629 diente der junge Turenne jedenfalls im Heer der Niederlande und erwarb sich seine ersten militärischen Meriten. Schon 1630 wechselte er in die französische Armee und machte rasch Karriere. Die letzte Phase des Dreißigjährigen Krieges brachte für Frankreich auf Kosten der zerstrittenen Deutschen große Erfolge, und Turenne konnte sein Talent unter Beweis stellen. 1643 wurde er als »Maréchal de France« mit dem Kommando über alle französischen Truppen in Deutschland betraut. In dieser Funktion erzielte er wichtige Siege über die Kaiserlichen, ehe er in der Schlacht bei Herbsthausen seine erste schwere Niederlage erlitt. Doch gemeinsam mit seinem kongenialen »Kollegen« Condé konnte Turenne schließlich wieder vorrücken und bis 1648 große Teile Bayerns besetzen. Dieser Erfolg der Franzosen ermöglichte auch den für das Heilige Römische Reich so nachteiligen Westfälischen Frieden.

Während der Fronde stand Turenne auf der Seite der Aufständischen gegen das Königshaus. Er fiel mit den Fronde-Truppen und den Spaniern in sein Heimatland ein, ehe er 1650 bei Chamblanc eine Niederlage erlitt. Turenne söhnte sich in der Folge mit der Königin aus und wechselte die Fronten. In seiner neuen Funktion schlug er auch seinen alten Mitstreiter Condé und drängte ihn weit zurück.

Nunmehr im Dienst des jungen französischen Königs Ludwig XIV. siegte Turenne über die Spanier und erzwang den Pyrenäenfrieden von 1659. Als »Oberbefehlshaber der Armeen des Königs« trat er 1668 zum Katholizismus über. Turenne eroberte 1674 die Pfalz, die er verwüsten ließ. Er kämpfte erfolgreich gegen Friedrich Wilhelm von Brandenburg, den »Großen Kurfürsten« und traf einige Male auf den kaiserlichen Feldherrn Montecuccoli, der als ein gleichrangiger Gegner betrachtet wurde. Zu Beginn der Schlacht bei Sasbach wurde Turenne am 27. Juli 1675 von einer kaiserlichen Kanonenkugel getötet.

Der große französische Feldherr legte als einer der Ersten großen Wert auf die Verpflegung seiner Truppen. Er gab sogar erfolgversprechende Unternehmungen auf, wenn der Nachschub nicht gewährleistet war. Gleichzeitig schuf er eine neue Form der Manöverstrategie, mit der er unnötige Verluste vermeiden konnte. Dabei war er stark von seiner Zeit im Heer der Niederländer beeinflusst. Turenne hinterließ Memoiren, in denen er auch ganz speziell auf seine Ansichten über die Versorgung der Truppe einging. Im Jahre 1644 brach er die Verfolgung des besiegten Feindes nach dessen Abzug aus Freiburg ab, weil »alles, was man an Infanterie besaß, gewohnt war, fertiges Brot zu erhalten, und nicht wie die alten Truppen, die lange in Deutschland gedient hatten, es sich selbst zu backen, so konnte man dem Feinde nach Württemberg um so weniger folgen, als man dort keine Magazine vorbereitet fand.«

In mehrfacher Hinsicht nahm Turennes Kriegsstrategie Elemente der Kabinettskriege des 18. Jahrhunderts vorweg, indem er bereit war, sich radikal von den Gewohnheiten des Dreißigjährigen Krieges zu lösen. Das Wohlergehen der ihm anvertrauten Truppen war ihm ein wichtiges Anliegen, da er auch wusste, dass er nur mit einer zufriedenen und gut versorgten Armee große Erfolge erzielen konnte. Auch in der Taktik und bei strategischen Manövern beschritt Turenne neue Wege, mit denen er seiner Zeit voraus war.

Louis II. de Bourbon, Prince de Condé

»Der große Condé« (1621–1686) war ein Zeitgenosse Turennes und stand ihm in der militärischen Begabung kaum nach. Er entstammte dem Königshaus der Bourbonen und wurde zu einem der herausragenden Heerführer Frankreichs. Als potenzieller Thronanwärter erhielt der junge Condé eine entsprechende Erziehung und Ausbildung, unter anderem bei den Jesuiten, ehe er sich militärwissenschaftlichen Studien zuwandte. Er amtierte mit 18 Jahren bereits als Vertreter seines Vaters als Gouverneur von Burgund, trat jedoch 1640 in die Armee ein. Auch infolge der Vermählung mit einer Nichte des mächtigen Kardinals Richelieu erhielt Condé nach und nach bedeutende militärische Kommandos. 1643 kommandierte er die Armee, die gegen die Spanischen Niederlande ins Feld zog. Condé konnte den Spaniern in der Schlacht bei Rocroi eine schlimme Niederlage bereiten und sie aus Frankreich vertreiben. Diese Schlacht begründete die spätere Hegemonie Frankreichs und machte Condé berühmt, der sich stets ausgiebig in seinem Ruhm sonnte.

Während des Feldzugs in Deutschland kooperierte Condé mit Turenne. Im Gegensatz zu Turenne war Condé immer bereit, auch große eigene Verluste in Kauf zu nehmen, und seine Obsorge für seine Soldaten hielt sich in Grenzen. Nach dem Tod seines Vaters 1646 wurde Condé zum reichsten und mächtigsten Adligen in Frankreich. Er geriet allerdings in Konflikt mit dem Nachfolger Richelieus, Kardinal Mazarin (1602–1661). Nach einer Niederlage in Katalonien 1647 konnte Condé 1648 in der Schlacht bei Lens in den Spanischen Niederlanden einen Sieg erringen, bei dem die spanische Armee fast völlig vernichtet wurde.

Als 1648 der Fronde-Aufstand ausbrach, fand man Condé vorerst auf der Seite Kardinal Mazarins und der Königin, doch schon bald eskalierte der Konflikt zwischen ihm und dem Kardinal durch sein unkontrolliertes Verhalten. Mazarin schlug zurück und ließ Condé inhaftieren, welcher nach seiner Freilassung die Führung der Aufständischen übernahm. Doch erlitt Condé 1652 eine Niederlage gegen seinen Kampfgefährten Turenne und wurde in der Folge zum Tode verurteilt, während er auf der Flucht war. Er ging nach Spanien und diente dem spanischen König, ehe er 1659 amnestiert wurde und nach Frankreich zurückkehren konnte. Nachdem er sich einige Jahre als Förderer der Künste betätigte, fungierte Condé ab 1668 wieder als Befehlshaber französischer Armeen im Devolutionskrieg und letztlich im Krieg gegen Holland. Nachdem er das Oberkommando im von Frankreich besetzten Elsass innegehabt hatte, zog sich der müde Feldherr in den Ruhestand zurück, um seine Tage als Kunstmäzen und Sammler zu beschließen. Er starb 1686 und hinterließ im Gegensatz zu Turenne einen eher zwiespältigen Nachruhm.

Die Strategie der Türken- und Kabinettskriege

»Ich spüre die Angst in jedem Herzen. Deswegen reicht es anscheinend nicht, nur die Türken zu besiegen, sondern auch ihre Geschichte. Jetzt weiss ich auch, wie die Türken über dutzende von Nationen herrschen können. Sie besiegen die Völker einmal, aber sie können diese Siege in die Seelen der nachfolgenden Generationen übertragen«
(Raimondo Montecuccoli)

Die Türkenkriege gelten als die längste Folge militärischer Auseinandersetzungen in der Geschichte Europas. Beginnend mit der Eroberung Konstantinopels 1453 bis hin zum Russisch-Osmanischen Krieg von 1877/78 begleiteten Kriege die Expansion und schließlich den Rückzug des türkischen Reiches aus europäischen Territorien. Im Laufe dieses langen Zeitraums kämpften die Türken gegen eine Vielzahl von Mächten, darunter das Reich der Habsburger, Polen-Litauen und schließlich Russland. Aber auch andere Mächte wie Venedig, Ungarn und so gut wie alle Völker des Balkans waren oft über einen sehr langen Zeitraum im Kriegszustand mit den Osmanen. Dabei gelang es den türkischen Heeren, große Teile Südost- und Osteuropas unter ihre Kontrolle zu bringen und in einigen Fällen sogar in das Territorium des Heiligen Römischen Reiches einzudringen. Manche europäische Macht wie Frankreich und Schweden nutzte die Situation zuweilen aus und verbündete sich mit den moslemischen »Feinden der Christenheit« gegen andere europäische Mächte. Am Höhepunkt seiner Machtentfaltung konnte das osmanische Reich zweimal bis nach Wien vordringen.

Die Phase des Niedergangs des türkischen Großreiches und dessen Zurückdrängen aus Europa dauerte lange und war erst kurz vor dem Ersten Weltkrieg beendet. Während der vielen Türkenkriege kamen auch einige bedeutende Strategen zum Einsatz. Während man vonseiten der Osmanen so gut wie immer auf die zahlenmäßige Überlegenheit und die Opferbereitschaft der Truppen vertraute, waren die Europäer gezwungen, ihre geringere Truppenstärke durch strategische und taktische Raffinessen auszugleichen. Die Türkenkriege waren in der Regel eine Form der bewaffneten Auseinandersetzung, die sich von der zwischen europäischen Heeren jener Zeit grundsätzlich unterschied. Pluspunkte der Osmanen waren lange Zeit ihre reiternomadische Vergangenheit, die sich in einer beweglichen Kriegsführung, geprägt durch starke Kavallerieverbände und die Wirkung der Fernwaffe Bogen, manifestierte. Außerdem waren die Türken lange Zeit disziplinierter als die meisten europäischen Aufgebote und konnten schlagkräftige Spezialverbände wie die Janitscharen ins Feld führen. Während die Hauptgegner der Türken, die habsburgischen Herrscher, immer wieder finanzielle Probleme bei der Aufstellung und Ausrüstung von Armeen hatten und die Stände im Reich und ihren Territorien anbetteln mussten, konnte der Sultan durch die zentralistisch-totalitäre Struktur des Reiches weitgehend unabhängig über die nötigen Mittel für die Kriegsführung verfügen. Dazu kam auch, dass viele – vor allem orthodoxe – Christen in den militärischen Dienst der Osmanen traten, da sie beim Militär Karriere machen konnten, ohne zum Islam konvertieren zu müssen. Auch konnten die Türken bei ihrer Eroberung Südosteuropas die internen Auseinandersetzungen für sich nutzen, da sie mitunter sogar »zu Hilfe gerufen« wurden.

Nach der Eroberung von Serbien durch die Osmanen trug das Königreich Ungarn lange Zeit die Hauptlast der Abwehrkämpfe gegen die Türken. Der bekannteste und erfolgreichste ungarische Stratege im Kampf gegen das Vordringen der Osmanen war Johann Hunyadi (1387?–1456). Er entstammte dem niederen Adel und machte unter König Sigismund und in den Hussitenkriegen Karriere. Schon bald war er in Kämpfe mit den Türken verwickelt und zeigte großes Geschick. König Albrecht II. (1397–1439) machte ihn zum Ban eines umkämpften Grenzgebiets, und nach dessen Tod setzte sich Hunyadi für den umstrittenen neuen König Wladyslaw III. (1424–1444) ein. Dafür wurde er zum Woiwoden von Transsilvanien bestellt und erhielt die Festung Belgrad. In dieser Funktion wurde Hunyadi naturgemäß zum erbitterten Gegner der

Türken, die ihr weiteres Vordringen gehemmt sahen. Hunyadi errang mehrere Siege über osmanische Heere und wurde zum damals berühmtesten Heerführer Europas. 1443 unternahm er den »langen Feldzug« am Balkan, eroberte die Städte Niš und Sofia. Gemeinsam mit König Wladyslaw besiegte er den osmanischen Sultan Murad II. bei Snaim. Damit hatten die Türken die Kontrolle über Serbien, Albanien, Bosnien und die Herzegowina verloren. Obwohl der Papst auf eine Weiterführung des Krieges gegen die Türken drängte, stimmten der ungarische König und Hunyadi einem zehnjährigen Waffenstillstand mit dem Sultan zu. Als jedoch bekannt wurde, dass eine venezianische Flotte gen Konstantinopel segelte, drängte der päpstliche Gesandte den König zu einem erneuten Feldzug zu Lande. Doch der Plan wurde vom Fürsten Serbiens an den Sultan verraten, und die Ungarn sahen sich plötzlich einer vierfachen Übermacht der Türken gegenüber. In der Schlacht bei Warna am 10. November 1444 erlitten sie eine vernichtende Niederlage, wobei der König fiel, Hunyadi jedoch entkommen konnte.

In der Folge schwor Hunyadi dem von ihm bis dahin abgelehnten Kindkönig Ladislaus Postumus den Treueeid, wurde zum Reichsverweser ernannt und versuchte, diesen aus dem Gewahrsam des Habsburgers Friedrich III. zu befreien. Nach Kämpfen in österreichischen Gebieten schloss Hunyadi mit Friedrich III. einen Waffenstillstand und musste sich wieder den Türken zuwenden. Auf dem Amselfeld im Kosovo erlitt er nach einer mehrtätigen Schlacht eine schwere Niederlage, die später durch den Verrat einiger Fürsten begründet wurde. Danach wurde Hunyadi wieder in die Auseinandersetzung rund um den jungen König verwickelt, der 1453 schließlich nach Ungarn kam.

Nach dem Fall von Konstantinopel im gleichen Jahr setzte Sultan Mehmed II. (1432–1481) auf die weitere Expansion in Richtung Ungarn. Hunyadi befestigte das gefährdete Belgrad und zerstörte am 14. Juli 1456 mit seinen eigenen Schiffen die türkische Flotte. Belgrad konnte schließlich den Großangriff der Türken abwehren und Hunyadi verfolgte die geschlagenen Feinde und nahm deren Lager ein. Mehmed II. akzeptierte seine Niederlage und marschierte in seine neue Hauptstadt Konstantinopel zurück. Hunyadi hatte damit Ungarn 70 Jahre geschenkt, ehe es dann doch noch Opfer der Türken wurde. Er starb allerding wenig später an der Pest. Der erfolgreiche und bei uns weitgehend vergessene ungarische Feldherr war ein geschickter Stratege, der im großen Rahmen dachte, seine Truppen gut zu führen und zu motivieren wusste und fast alle seine Siege gegen zahlenmäßig weit überlegene Gegner errang. Aus seinen Erfahrungen in den Hussitenkriegen, an denen er in jungen Jahren teilnahm, hatte er viel gelernt. Während er später als eine Inkarnation des edlen Ritters gesehen wurde, vertraute er mehr der Strategie und Taktik als der plumpen Tapferkeit. Hunyadi erkannte, dass das feudale System an seine Grenzen stieß. Deshalb reorganisierte er das Steuersystem, um seine Vorstellungen einer regulären und weitgehend stehenden Armee zu realisieren. Damit war er seiner Zeit weit voraus. Die von ihm organisierte und geführte Armee stand in ihrer Professionalität und Modernität weit über den Aufgeboten und Ritterheeren jener Zeit. Der Erfolg gab ihm dabei recht.

Nachdem die Türken nach 1526 Ungarn überrannt hatten, kam es 1529 zur Belagerung Wiens. Der lange Anmarschweg und die Witterung verhinderten, dass die Osmanen ihre schwere Artillerie zum Einsatz brachten. Die konsequente Verteidigung des belagerten Wien unter dem Feldherrn Niklas Graf Salm (1459–1530) zwang die Türken unter Sultan Süleyman »dem Prächtigen« zum Rückzug, und auch weitere Versuche des Vordringens gegen Wien scheiterten. Es folgte ein fast permanenter Krieg gegen das Territorium der Habsburger, die einen kleinen Teil Ungarns weiter behaupten konnten. Erfolge und Misserfolge wechselten einander ab und so manche Stadt oder Festung wechselte mehrmals den Besitzer. Überfälle durch türkische Scharen waren immer wieder zu erwarten und versetzten die Bevölkerung in einen Zustand der Aufregung. Letztlich änderte sich die Situation grundlegend erst nach der zweiten Türkenbelagerung Wiens 1683.

Eine wirksame Strategie der Habsburger war die Errichtung einer Militärgrenze in Kroatien, die mit Wehrbauern bevölkert wurde. Diese konnten bei Bedarf als Soldaten eingezogen werden und wurden im Laufe der Zeit erfolgreich nicht nur gegen die Türken eingesetzt. Während des Dreißigjährigen Krieges hätten die Osmanen womöglich Gelegenheit gehabt, weit nach Mitteleuropa vorzudringen, doch sie blieb ungenutzt. Erneute Vorstöße gab es erst einige Jahre später. Diese konnten aber durch einen Sieg der kaiserlichen Truppen 1664 gestoppt werden. 1683 erfolgte durch die Ermutigung Ludwigs XIV. ein weiterer türkischer Vorstoß unter Kara Mustafa (1634–1683), der ihn bis Wien führen sollte. Dem riesigen osmanischen Heer stand nur eine relativ kleine Streitmacht unter Herzog Karl von Lothringen gegenüber, der durchaus geschickt agierte. Doch er musste den Türken schließlich weichen und es kam zur Belagerung Wiens, bei der weniger als 20 000 Verteidiger dem zehnfach überlegenen Heer Kara Mustafas gegenüberstanden. In Ernst Rüdiger von Starhemberg hatte Wien einen sehr erfahrenen und begabten Kommandanten, der den Türken so lange Widerstand leisten konnte, bis das Entsatzheer unter dem nominellen Oberbefehl des polnischen Königs Jan III. Sobieski (1629–1696) zur Stelle war. Die türkische Armee erlitt eine verheerende Niederlage. Von nun an gingen die Habsburger und ihre Verbündeten dazu über, die Osmanen immer weiter zurückzudrängen und vorerst aus Ungarn zu vertreiben. Es war dies die Stunde des bereits erwähnten Karl von Lothringen sowie des Markgrafen Ludwig von Baden und des neuen Sterns am Feldherrnhimmel – des Prinzen Eugen von Savoyen. Sie ermöglichten es, Ungarn innerhalb weniger Jahre zur Gänze von den Türken zu befreien.

Waren die Kämpfe gegen die Türken in erster Linie Sache der Habsburger sowie Polens und Venedigs, das zeitweise auch große Erfolge erzielen konnte, so trat im 18. Jahrhundert Russland auf den Plan, dessen Ziel es eigentlich war, für die orthodoxen Christen die Stadt Konstantinopel zurückzuerobern. In mehreren Kriegen erzielten die Russen erhebliche Gewinne. Schließlich waren es die anderen europäischen Mächte, die sich dafür einsetzten, das geschwächte Osmanische Reich zu erhalten, da man die zunehmende Macht des Zarenreiches fürchtete. Diese Entwicklung erreichte ihren Höhepunkt im Krimkrieg und der verhinderten Eroberung Konstantinopels im Jahre 1878.

Ludwig von Baden

»Die Stärke des Mutes zerschlägt sämtliche Schwierigkeiten.«
(Wahlspruch Ludwigs von Baden)

Neben dem früh verstorbenen Herzog Karl von Lothringen (1643–1690), der militärisch trotz geringer Mittel sehr erfolgreich war und als bedeutender Stratege geschätzt wurde, gab es außer dem jungen Prinzen Eugen noch einige andere bedeutende Feldherren der

Türkenkriege. König Ludwig XIV. hat laut Voltaire nach dem Tod des Lothringers gesagt: »Der größte, weiseste und großzügigste meiner Gegner ist gestorben.«

Markgraf Ludwig von Baden (1655–1707), genannt »Türkenlouis«, nahm in Laufe seines nicht allzu langen Lebens an 57 Schlachten, Gefechten bzw. Belagerungen teil und gilt als unbesiegt. Seine Hauptgegner waren die Türken, die ihn wegen seiner stets roten Jacke auch den »Roten König« nannten. Nach seinem Eintritt in die kaiserliche Armee wurde der 19-jährige Prinz zum Schüler des berühmten Montecuccoli. Auch nachdem Ludwig Wilhelm von Baden mit 22 regierender Markgraf von Baden wurde, kümmerte er sich mehr um seine militärische Karriere als um sein Land. Kriege gab es zu jener Zeit genug und Ludwig Wilhelm kämpfte gegen die Franzosen und die Türken. Besonders der Türkenkrieg wurde sein Metier und er erreichte bereits mit 31 Jahren den Rang eines Feldmarschalls. Während seine badischen Besitzungen Opfer der Raubkriege der Franzosen wurden, errang Ludwig Wilhelm von Baden gegen die Osmanen einen Sieg nach dem anderen. Trotz seines Ruhms sah ihn der Franzose Marquis de Villars sehr kritisch: Ludwig besitze großen Mut, habe immer einen klaren und sicheren Blick, sei sehr tätig und immer kampfbereit. Aber er agiere eigenwillig, sei nicht belehrbar und dulde niemanden über sich. Außerdem ertrage er keine Kritik, erwarte blinden Gehorsam und könne seine Zunge nicht im Zaume halten.

Als Cousin des Prinzen Eugen stand er in einem gewissen Konkurrenzverhältnis zu diesem. Ludwigs größter Erfolg war der Sieg in der Schlacht von Slankamen 1691. Anschließend wurde er zum Generalleutnant aller kaiserlichen Armeen befördert. Nachdem Ludwig vom Kaiser in den Pfälzischen Erbfolgekrieg geschickt worden war, übernahm Prinz Eugen die führende Rolle im Türkenkrieg. Der Kampf gegen die Franzosen war ein anderes Terrain, doch auch hier bewehrte sich der »Türkenlouis« und war wesentlich am Zustandekommen des Friedens von Rijswijk beteiligt, in dem die Franzosen ihre rechtsrheinischen Eroberungen wieder zurückgeben mussten. Ludwig erbaute sich schließlich in Rastatt ein Schloss, das sich am französischen Versailles orientierte. In der Schlacht am Schellenberg erlitt der Markgraf 1704 eine Verwundung am Bein, die ihm schwer zu schaffen machte und schließlich mit zu seinem frühen Tod 1707 beitrug. Der Autor Max Plassmann schrieb über ihn, er sei »ein Feldherr mit klarem Blick für das Machbare und das Mögliche, der die Art seiner Kriegführung den Verhältnissen und den Zielen anpasste und nicht umgekehrt«, gewesen.

Kabinettskriege

Dieser Typus des Krieges war in Europa dominierend während des Absolutismus' in der Zeit vom Westfälischen Frieden bis zum Umbruch durch die Französische Revolution. Allerdings gab es auch Kriege im 19. Jahrhundert, denen man später die Bezeichnung »Kabinettskrieg« gab, wie den Deutsch-Dänischen Krieg 1864 und den Deutschen Bundeskrieg 1866. Sie zeigten – wie jene aus der eigentlichen Epoche der Kabinettskriege – Merkmale, die man als begrenzte Zielsetzung mit weitgehender Schonung der Menschen und Güter beschreiben kann. Zudem sollte ein solcher Krieg mehrere dieser Faktoren aufweisen: Zurückhaltende Kriegführung, beschränkte Kriegsziele, wechselnde Koalitionen der Kriegsparteien, Verrechtlichung des Krieges, kaum Beteiligung der Öffentlichkeit, ein kleines stehendes Heer und ein vorwiegend adeliges Offizierskorps.

Der Kabinettskrieg war – wie bereits geschildert – eine Folge der Verheerungen des Dreißigjährigen Krieges, dessen Enthemmung und totale Verwüstung wie ein Albtraum über Europa lasteten. Die absolutistischen Regime in Europa wollten zwar weiter Kriege führen, aber die fatalen Auswirkungen eindämmen. So schien diese Phase gegenüber den schrecklichen Religionskriegen davor und den Revolutions- und Massenkriegen danach eine für große Teile der Zivilbevölkerung vermeintlich ruhige Zeit. Es herrschte zwar Krieg, aber die Öffentlichkeit daran weniger beteiligt. Manche Autoren sehen Ressourcenmangel bzw. die schwindende Macht der Religion und den dadurch verminderten Fanatismus als wesentliche Gründe für die Kabinettskriege. Jedenfalls ging auch der Geist der beginnenden Aufklärung mit dieser neuen Art der Kriegführung konform. Es gab zumindest keine erklärten »Erbfeindschaften« zwischen verschiedenen Völkern, und die Koalitionen waren relativ beliebig und wechselhaft. Hauptproblem für die Zivilbevölkerung waren hingegen die zunehmenden Einberufungen von männlichen Untertanen der Herrscher durch verschiedene Formen des Konskriptionssystems. Zumeist junge männliche Angehörige der niederen Stände wurden kriegsdienstpflichtig. Außerdem taten Anwerber alles, um junge Rekruten durch Überredung, Alkohol und Gewalt in die damaligen Armeen zu drängen. Manche Kriege überschritten auch die Grenzen der »Kabinettskriege«, zu denen die Kriege gegen die Türken und Kolonialkriege ohnehin nicht gehörten. So waren der »Pfälzische Erbfolgekrieg« (große Verwüstungen in Südwestdeutschland), der Große Nordische Krieg (viele Opfer unter der Bevölkerung in einigen Gebieten) und der Siebenjährige Krieg (»Weltkrieg« auf mehreren Kontinenten mit vielen zivilen Opfern vor allem außerhalb Europas) eher vom »alten« Typ.

In den Kabinettskriegen entschied der Herrscher bzw. sein »Kabinett« ohne Rücksicht auf den Volkswillen über Krieg und Frieden. In der darauffolgenden Phase der Revolutionskriege, der Koalitionskriege und besonders der Befreiungskriege kam dem Volk hingegen eine entscheidende Rolle zu. Der bis dahin wenig wirksame Faktor des Nationalismus und auch der Aufbau von Feindbildern spielten nun eine bedeutende Rolle.

Moritz von Sachsen

Hermann Moritz Graf von Sachsen (1696–1750) war ein typischer Stratege aus der Ära der Kabinettskriege. Als nicht ehelicher Sohn des sächsischen Kurfürsten Friedrich August I. brachte er es bis zum französischen Generalfeldmarschall. Moritz galt bereits als Kind als begabt und studierte Musik und Philosophie. Schon in jungen Jahren kämpfte er unter Prinz Eugen im Spanischen Erbfolgekrieg und auch im Großen Nordischen Krieg. Neben allen seinen Begabungen und seinem ausschweifenden Lebensstil galt das Hauptinteresse des jungen Mannes dem Kriegswesen, dessen Theorie er ausgiebig studierte. 1720 trat er in französische Dienste. Nach einem eher skurrilen Zwischenspiel als gewählter Herzog von Kurland, der von den Russen vertrieben wurde, diente Moritz von Sachsen wieder dem französischen König. Er zeichnete sich im Polnischen Erbfolgekrieg aus, eroberte im Österreichischen Erbfolgekrieg die Stadt Prag und wurde schließlich 1743 Marschall von Frankreich. Den Versuch einer Landung in England im Jahre 1744 konnte er nicht verwirklichen. Sein folgender Flandern-Feldzug ging als Lehrstück der Kriegsführung in die Geschichte ein. Moritz manövrierte seine Gegner aus und zwang sie zur Untätigkeit. Er siegte 1745 gegen die Engländer bei Fontenoy und eroberte 1746 Brüssel. Bei seinen weiteren Eroberungen nahm er rasch einige bedeutende Festungen wie Namur, besiegte Karl von Lothringen bei Roucoux 1746 und den Herzog von Cumberland 1747 bei Lauffeldt. Nach der Einnahme von Bergen op Zoom wurde er Oberbefehlshaber der eroberten Niederlande. 1748 konnte er Maastricht erobern, bevor es zum Frieden von Aachen kam.

Danach zog sich Moritz von Sachsen zurück und verfasste militärtheoretische Schriften. Er starb relativ jung mit 54 Jahren und erhielt in Straßburg ein monumentales Grabmal, das noch heute Touristen anzieht.

Moritz von Sachsen (französisch »Maurice de Saxe«) konnte für sich in Anspruch nehmen, einer der wenigen Feldherren Frankreichs zu sein, die niemals eine Niederlage erlitten. Er sammelte eine Gesellschaft von Künstlern, Gelehrten und Philosophen um sich und betätigte sich immer wieder selbst schriftstellerisch. Bewundert von den Franzosen, war er auch bei den Soldaten sehr beliebt, da er im Gegensatz zu vielen anderen Heerführern seiner Zeit als fair und menschlich galt. Er achtete auf die Versorgung, schonte seine Leute und trachtete danach, unnötige Verluste zu vermeiden. Einige seiner Schriften erschienen nach seinem Tod auch auf Deutsch, wie »Einfälle über die Kriegskunst« im Jahr 1757. Er beherrschte die militärische Kunst der Kabinettskrieg-Ära mit ihrer Manöverstrategie und ihren ausgeklügelten Schlachtplänen so wie nur wenige in seiner Epoche.

Prinz Eugen – das Ausnahmetalent

»Unsere Soldaten konnten auf den toten Körpern des Feindes wie auf einer Insel stehen.« (Prinz Eugen von Savoyen-Carignan)

Der kleine und zarte Mann aus Savoyen, ein wahrer österreichischer Nationalheld, zählt sicherlich zu den zehn größten Feldherren der Geschichte. Eugen von Savoyen-Carignan (1663–1736), der mit »Eugenio« (italienisch) »von« (deutsch) »Savoy« (französisch) unterschrieb, war eines der großen Ausnahmetalente der europäischen Militär-Geschichte.

Der Savoyer, der in Paris unter eher ungünstigen Umständen aufwuchs, sollte Priester werden, entschied sich aber für eine militärische Laufbahn. Klein im Wuchs und angeblich ziemlich effeminiert, hatte es ihm dennoch das Kriegswesen angetan. Nachdem er sich im Frankreich Ludwigs XIV. nicht verwirklichen konnte, ergriff er die Flucht und bot Kaiser Leopold I. (1640–1705) seine Dienste an. Dieser war gerade vor den Türken, die Wien belagerten, nach Passau geflohen und nahm den jungen Mann in Dienst. Prinz Eugen bewährte sich sofort als furchtloser Draufgänger, talentierter Führer militärischer Verbände und famoser Taktiker. Der kleine Mann aus dem Geschlecht der Savoyer verstand es, Feldzüge vorzubereiten und zu führen. Er hatte alles, vom Nachschub, der strategischen Planung bis hin zum Schlachtensieg, unter seiner Kontrolle. Dabei verstand er es, sehr unterschiedliche Gegner zu besiegen. Sowohl gegenüber den Türken als auch gegenüber den militärisch ganz anders agierenden Franzosen erwies er sich als strategisch und taktisch überlegen.

Einige Schlachten Prinz Eugens gelten als Meisterwerke der Kriegskunst. Besonders in Zenta, Turin und Belgrad zeigte er sein Können. Prinz Eugen war bei fast allen seinen Schlachten auch im Mittelpunkt des Geschehens. Ohne jede Furcht trachtete er danach, seinen Leuten durch persönliche Tapferkeit ein Vorbild zu sein. So schrieb ein Augenzeuge über die Schlacht bei Peterwardein: »Der Prinz hat sich ungemein exponiert … und war in der größten Gefahr, von den Türken niedergesäbelt oder gefangen zu werden.«

Eugen neigte dazu, seinen Offizieren seine Pläne detailliert zu erläutern, wobei er sie auch entsprechend motivierte. Im Kampf gegen die Türken sagte er vor Belgrad: »Greift die Ungläubigen ohne Gnade an, seid weder froh erregt noch niedergeschlagen, und ihr werdet triumphieren.« Dabei hielt der Savoyer auf strengste Disziplin, in der er ein Mittel sah, gegen numerisch überlegene Feinde – mit denen er fast immer zu tun hatte – zu bestehen. Seine Anordnungen und Befehle waren knapp und präzise. Ganz wichtig war für ihn die exakte Befolgung dieser Befehle: »Niemand darf auch nur eine Handbreit von dem ihm zugewiesenen Posten weichen.« Dazu kam, dass er das Plündern und Beutemachen, das seine strenge Ordnung störte, konsequent ahndete.

Prinz Eugen hatte auch seine Gegner – insbesondere die Türken – recht gut erforscht. So wusste er, dass nichts mehr deren Selbstvertrauen erschütterte als ununterbrochenes Feuer von Artillerie und Infanterie. Daraufhin wurden seine Soldaten gedrillt und sie funktionierten dann meistens auch wie unaufgeregte Automaten, wenn es ums Schießen und Standhalten ging. Gegen solchermaßen disziplinierte Truppen nützte den Türken auch ihre große zahlenmäßige Überlegenheit wenig. Es war eher die Regel, dass Eugen in seinen Schlachten gegen die Türken gegen eine große Übermacht kämpfte – und siegte. In der Schlacht bei Zenta an der Theiß griff er am 11. September 1697 einen befestigten türkischen Brückenkopf an. Die Osmanen fühlten sich sicher, da sie Eugens Armee nicht zutrauten, innerhalb kurzer Zeit vor Ort zu sein. Doch Eugen trieb seine Männer zur Eile an und erschien überraschend vor dem türkischen Brückenkopf. Er hatte sogar bestimmt, dass jeder Reiter einen Infanteristen mit aufs Pferd nahm, um möglichst schnell voranzukommen. Als die kaiserliche Armee vor den osmanischen Stellungen ankam, ordnete Eugen an, aus der Bewegung heraus anzugreifen, damals überaus unüblich. Seine Truppen verteilten sich während des bereits laufenden Angriffs halbmondförmig um den Brückenkopf. Eugen ließ auch einige Sandbänke im Fluss besetzen, um die Türken im Rücken zu beschießen. Der Sturmangriff der abgesessenen Kavallerie, an deren Spitze Eugen selbst zu finden war, und die Infanterie brachen über die türkische Armee herein. Die Verschanzungen wurden rasch genommen und die überrumpelten Türken in den Fluss getrieben. Es wurden kaum Gefangene gemacht und selbst hochrangige türkische Offiziere, die sich ergeben wollten, niedergemacht. Der türkische Sultan verlor binnen kurzer Zeit 25 000 Mann, alle seine Kanonen und den Tross, während die kaiserlichen Verluste nicht einmal 450 Mann betrugen. Vieles an dieser Schlacht war einzigartig, nicht nur was das extreme Ungleichgewicht der Verluste betraf. Eugen empfahl sich dadurch als bedeutender Feldherr und fand Bewunderer in ganz Europa. Dieser Sieg legte die Grundlage für den 1699 geschlossenen Frieden von Karlowitz, der die bis dahin größte Machtentfaltung der Habsburger auf Kosten der Osmanen festigte.

Bei Eugens Belagerung von Belgrad im Jahre 1717 setzte er beim Anmarsch überraschend über die Donau. Während man Laufgräben und Stellungen für die Artillerie anlegte, ließ Eugen auch Schanzen im Rücken seiner Armee errichten, da er wusste, dass eine 150 000-Mann-Armee der Türken auf ihn zumarschierte. Es kam schließlich tatsächlich dazu, dass Eugens Armee, die Belgrad belagerte, von außen wiederum durch das türkische Entsatzheer belagert wurde. Das erinnerte stark an die Situation Cäsars vor Alesia. Und ähnlich wie der Römer löste Eugen auch dieses Problem. Dabei kam ihm aber auch das Glück zu Hilfe. Denn als seine Armee bereits einige Verluste durch die Kämpfe nach beiden Seiten aufwies, explodierte nach einem Mörsertreffer das Pulvermagazin der Festung Belgrad, was 3000 Türken das Leben kostete. Eugen nutzte die Situation aus und ordnete einen nächtlichen Angriff auf die osmanische Entsatzarmee an. Er ließ dafür kaum Truppen vor der Festung, sondern setzte fast alles für den Angriff auf die große türkische Armee ein. Deren Kommandanten hatten nicht mit einem damals sehr unüblichen Nachtangriff gerechnet und wurden überrumpelt. Eugen war wieder an der Spitze seiner Kavallerie und man drängte den Gegner zurück. Ein Gegenangriff der Türken blieb durch Eugens rasche Reaktion erfolglos. Die Kaiserlichen eroberten schließlich die türkischen Verschanzungen und brachten die osmanischen Truppen durcheinander. Inzwischen war es hell geworden, und um 10 Uhr vormittags hatte Eugen den Sieg errungen, da die Türken einen hastigen Rückzug antraten. Bald darauf kapitulierte auch die Besatzung von Belgrad. Wieder betrugen die türkischen Verluste mit ca. 20000 Mann ein Vielfaches jener der Kaiserlichen. Einen Angriff aus scheinbar ungünstiger Position mit verkehrter Front zu unternehmen und dabei gegen einen zahlenmäßig viel stärkeren Gegner zu gewinnen – so etwas konnten nur Julius Cäsar und Prinz Eugen von Savoyen.

Mitten im Siebenjährigen Krieg, als Friedrich der Große durchaus Siege erfochten hatte, aber dennoch in großer Bedrängnis war, sagte er zu Henri de Catt, seinem Privatsekretär: »Wenn ich etwas tauge, wenn ich etwas von meinem Handwerk verstehe, namentlich in schwierigen Feinheiten, verdanke ich es dem Prinzen Eugen.« Er erwähnte auch oft seine große Bewunderung für Eugens Sieg bei Belgrad.

Meister in Theorie und Praxis: Raimondo Montecuccoli, Friedrich der Grosse, Erzherzog Karl

Raimondo Montecuccoli

»Würde man jemand nach den zum Kriege notwendigen Dingen fragen, so würde er sagen, es seien diese drei: Geld, Geld, Geld.«
(Raimondo Montecuccoli)

Raimondo Montecuccoli (1609–1680) stammte aus Modena, erhielt eine gute Schulbildung und trat in recht jungen Jahren in die kaiserliche Armee ein. Interessanterweise tat er das weit unter seinem Stand als einfacher Soldat, da er das Handwerk des Krieges auf Wunsch seines Onkels »von der Pike auf« erlernen sollte. Er kam gerade recht zur ersten Phase des Dreißigjährigen Krieges und kämpfte auf verschiedenen Kriegsschauplätzen, wobei er abwechselnd in der Infanterie und der Kavallerie diente. Später fand er die Reiterei doch attraktiver, sah aber in der Infanterie die beste Schule für Disziplin, auf welcher seiner Meinung nach alle Leistungen und der Ruhm beruhen würden.

Der junge Montecuccoli bewährte sich als Führer von Kavallerieverbänden, zum Beispiel in der Schlacht bei Nördlingen. Als besonders tollkühn galt sein Unternehmen gegen Kaiserslautern im Jahre 1635, wo er mit 200 abgesessenen Kürassieren die Stadt eroberte und den dortigen Kommandanten gefangen nahm. Nach dieser Tat wurde Montecuccoli Oberst und erhielt sein eigenes Regiment. 1639 wurde der tollkühne Regimentskommandant verwundet und gefangen genommen. Während der zweieinhalbjährigen Gefangenschaft begann Montecuccoli, sich intensiv mit wissenschaftlicher Literatur zu beschäftigen. Dann schrieb er selbst ein Werk über die »Kriegskunst«. Nachdem er 1642 ausgetauscht worden war, bewies Montecuccoli erneut seine militärischen Fähigkeiten. Er bescherte der schon seit Langem in die Defensive geratenen kaiserlichen Armee einige lang ersehnte Erfolge und wurde Generalwachtmeister.

Nach einem kurzen Gastspiel in Diensten des Herzogs von Modena kämpfte Montecuccoli wieder für den Kaiser. 1644 zum Feldmarschallleutnant ernannt, wurde er zudem Hofkriegsrat und kommandierte Truppen an verschiedenen Fronten des Dreißigjährigen Krieges. Nachdem er die Schweden bei Triebel geschlagen hatte, stieg er zum General der Kavallerie auf. Montecuccoli unternahm nach Kriegsende viele Reisen, wobei er auch eine enge Beziehung zu Königin Christine von Schweden entwickelte. Es folgten weitere Kriegseinsätze, bei denen Montecuccoli unter anderem die Schweden aus Dänemark und Teilen Norddeutschlands vertrieb. Ab 1660 wurde die Türkengefahr wieder virulent und der kriegserfahrene »Haudegen« Montecuccoli fand ein neues Betätigungsfeld. Es gelang ihm, die Türken aus Siebenbürgen zu vertreiben und ihnen schließlich 1664 bei Mogersdorf an der Raab eine vernichtende Niederlage beizubringen. Dadurch wurde Wien vor einer erneuten Belagerung gerettet und Montecuccoli wurde in der Folge Präsident des österreichischen Hofkriegsrats.

Ab 1672 wurde der erfolgreiche Feldherr gegen die Franzosen eingesetzt, die unter Ludwig XIV. stark auf Expansion aus waren. Nun bekam es Montecuccoli mit den zwei französischen Feldherren Turenne und Condé zu tun, die er abwechselnd bekämpfen musste. Er konnte Turenne aus Deutschland vertreiben und nach dem Schlachtentod seines Widersachers in das Elsass eindringen. Während jener Zeit lernte auch der später so erfolgreiche Ludwig von Baden bei Montecuccoli das Kriegshandwerk.

Nachdem er sich in den Ruhestand zurückgezogen hatte, beschäftigte Montecuccoli sich mit wissenschaftlicher Forschung, seinen militärischen Studien und seinen Memoiren. Er starb 1680 bei einem Unfall in Linz, ehe ihn der Kaiser wie geplant zum Reichsfürsten erheben konnte.

Neben dem Henri de Turenne war Raimondo Montecuccoli sicherlich der bedeutendste Militärschriftsteller und -historiker jener Zeit. Er verfasste eine größere Anzahl von Schriften. Die bedeutendsten sind: »Dell'arte della guerra« (1645/46), »Dell'arte militare« (1653), »Della guerra col Turco in Ungheria« (1670), »Memorie della guerra ed instruzioni d'un Generale« (seine Memoiren, posthum 1703).

Montecuccoli verfolgte in seinen Schriften das Ziel, Kriegführung als rationale und methodische Wissenschaft darzustellen. Nebenbei kümmerte er sich auch um Praktisches und erwies sich als eifriger Psychologe. So meinte er, dass es nicht gut sei, Einheiten aus Angehörigen verschiedener Nationen zu mischen, da dies dem Zusammenhalt der Truppe abträglich sei. Außerdem trat er für ein schlagkräftiges stehendes Heer ein, wozu er als Hofkriegsratspräsident die ersten Ansätze entwickelte. Es ging ihm auch sehr um die Modernisierung der kaiserlichen Truppen. So sah er die Pikeniere als überholte Waffengattung an und forderte die Umrüstung der Infanterie von den schweren Musketen zu leichteren und moderneren Flinten. Er sah die Zukunft des Krieges im Feuerkampf unter Zurückdrängung der Blankwaffen. Außerdem sagte er voraus, dass die Artillerie eine immer wichtigere Waffengattung werden würde. Montecuccoli führte Grenadiere als neue Elitetruppe ein, was von allen anderen europäischen Armeen übernommen wurde. Die Waffenherstellung sollte standardisiert und die Einzelteile austauschbar werden. Außerdem forderte Montecuccoli eine längere Grundausbildung der Soldaten künftiger stehender Heere und das regelmäßige Abhalten von Übungen. Mit den meisten dieser Forderungen war er seiner Zeit voraus.

Interessant scheint Montecuccolis Einstellung gegenüber den türkischen Kontrahenten: »Ich kann hier aus dem Nichts Armeen aufstellen und diese dann zum Tod schicken. Aber es gibt da was, welches meine Armeen auf dem Schlachtfeld zum Stolpern bringt. Die Türken und ihre lebenden Erinnerungen. Seit Jahrhunderten haben sie jede Nation besiegt! Deswegen reicht es nicht, nur die Türken zu besiegen, sondern auch ihre Geschichte. Sie besiegen die Völker einmal, aber sie können diese Siege in die Seelen der nachfolgenden Generationen übertragen.«

Friedrich der Grosse

»Der Krieg ist eine Geißel; er ist ein notwendiges Übel, weil die Menschen verderbt und böse sind, weil die Annalen der Welt bezeugen, dass man ihn zu allen Zeiten geführt hat, und vielleicht, weil der Schöpfer der Natur gewollt hat, dass es unaufhörlich Umwälzungen gibt …« (Friedrich der Große)

König Friedrich II. von Preußen (1712–1786) war einer der erfolgreichsten Heerführer der Geschichte und zudem ein produktiver Schriftsteller, der sich selbst als Philosoph sah. Viele seiner Werke handeln vom Militärischen. Der problematische junge Prinz, der als Sohn eines cholerischen Königs im jungen Königreich Preußen heranwuchs, schien in seiner Jugend weich und effeminiert zu sein. Ständig dem Joch seines Vaters, des »Soldatenkönigs«, ausgesetzt, wollte er sogar fliehen und wäre um ein Haar vom eigenen Vater wegen »Desertion« hingerichtet worden. Nachdem Friedrich Wilhelm I. 1740 das Zeitliche gesegnet hatte, erwartete das gebildete Europa vom neuen Herrscher Friedrich II. ein aufgeklärtes, friedfertiges und liberales Regime, doch das Gegenteil trat ein. Der junge König begann – anfangs recht holprig – eine Karriere als Kriegsfürst. Es folgten drei Kriege gegen den Hauptgegner, die österreichischen Habsburger, und dessen Verbündeten. Dabei geriet Preußen mehr als einmal an den Rand des Untergangs. Der König verlangte das Letzte von seinem Volk, seinen Soldaten ... und sich selbst. Er spielte ständig va banque ... und gewann am Ende, auch durch viel Glück. Das kleine Preußen durfte von sich nun am Konzert der Großmächte beteiligen, und der »Alte Fritz« wurde zu einer Legende.

»Frauenfeind« Friedrich war neben seinen praktischen kriegerischen Neigungen vielseitig tätig, sei es als »Philosoph«, als Komponist, als eifriger Briefeschreiber und schließlich als Autor militärstrategischer Texte. »Gott hilft gerne den stärksten Bataillonen«, schrieb der Atheist Friedrich II., noch bevor er allgemein »der Große« genannt wurde. Er integrierte vieles in sein Weltbild, was schon Machiavelli, gegen den er als Kronprinz den »Antimachiavell« geschrieben hatte, postuliert hatte. So rechtfertigte er auch den Überfall auf Schlesien am Beginn des Österreichischen Erbfolgekriegs: »Es gibt Vorsichtskriege, die Fürsten aus weisen Gründen unternehmen; sie sind in Wahrheit offensiv, doch sind sie nicht weniger gerecht.«

Warum man Friedrich als »den Großen« bezeichnete, ist in erster Linie auf seine politisch-militärischen Errungenschaften zurückzuführen. Dabei spielen seine Erfolge im Siebenjährigen Krieg die Hauptrolle. Nachdem er gegen alle Erwartungen gegen seine ihm in fast jeder Beziehung weit überlegenen Gegner bestanden, eine Vielzahl Schlachten gewonnen hatte und als politischer Sieger aus dem großen Krieg hervorgegangen war, schuf sich der Mythos um ihn fast von selbst, wobei Friedrich II. selbst einiges dazu beisteuerte. Als sein eigener großer Stratege, als großer Schlachtenlenker, als aktiv mitten im Geschehen Mitkämpfender und als die bis dahin gängigen Regeln der Kriegsführung sprengender Feldherr wurde er nun gesehen – und entsprechend bewundert.

Bei genauerer Betrachtung machte der große Feldherr Friedrich eine Reihe verhängnisvoller Fehler, erlitt etliche schlimme Niederlagen und war eigentlich in jeder Beziehung am Ende, als ihm das »Wunder des Hauses Brandenburg« zu Hilfe kam. Also ohne recht viel Glück und die tatkräftige Hilfe seines militärisch kongenialen – und von ihm ungeliebten – Bruders Heinrich wäre Friedrich »der Große« wohl am Ende des Siebenjährigen Krieges untergegangen – und würde heute als warnendes Beispiel für militärische Selbstüberschätzung im Geschichtsunterricht dienen.

Friedrich, über den in dessen Kronprinzenzeit der österreichische Gesandte 1725 gemeint hatte: »Er wird niemals General oder Feldherr werden«, studierte nach seinem Zusammentreffen mit dem greisen Prinzen Eugen ausgiebig die Schriften Cäsars und Berichte über die Taten des Heerführers Karl XII. von Schweden. Später beschäftigte er sich mit der Kriegsgeschichte Turennes und anderen französischen Autoren, die in der militärischen Literatur tonangebend waren. Danach begann der Preußenkönig, selbst militärtheoretische Werke zu verfassen, was ihm später viele Bewunderung eintrug. Die mittlerweile perfektionierte Lineartaktik, die so sehr zur Zeit der Kabinettskriege zu passen schien, erniedrigte den »gemeinen« Soldaten zu einer Art von gut dressiertem Roboter. Sie war schwerfällig und benötigte fixe Befehlsketten. Dabei war es auch ziemlich unwahrscheinlich, den Gegner zu überraschen, weshalb die meisten Schlachten jener Zeit ohne nachhaltigen Sieg endeten. Der Aufmarsch benötigte meistens mehrere Stunden, um die kilometerlange Front herzustellen, wobei man auch noch meistens unter Beobachtung des Gegners stand. Dann konnte eine längere Parallelschlacht ohne große Überraschungen zu großen Verlusten auf beiden Seiten führen, ohne ein eindeutiges Ergebnis zu zeitigen.

Erfolgreich waren zu jener Zeit jene Feldherren, die sich in irgendeiner Form über die konventionellen Muster der Kriegsführung hinwegsetzten. Eine Möglichkeit, von der Friedrich II. oft Gebrauch machte, war die bereits beschriebene schiefe Schlachtordnung, um den Feind zu umgehen bzw. zu umfassen. Außerdem war es auch zu der Zeit von Vorteil, das Gelände vor der Schlacht genau zu erkunden und entsprechend zu nutzen. Hierbei erwies sich allerdings vor allem der österreichische Feldmarschall Daun (1705–1766) als Friedrich II. überlegen. Der Mut, sich über die konventionelle Kriegsführung hinwegzusetzen, zahlte sich fü den

Preußenkönig einige Male aus. Bekanntestes Beispiel dafür ist die Schlacht bei Leuthen im Jahre 1757, in der Friedrich II. einen seiner größten Triumphe feiern konnte. Doch wenn die Erkundung des Terrains und die Aufklärung versagten, sowie die Geländebedingungen nicht entsprechend waren, konnte auch die schiefe Schlachtordnung nicht mehr helfen, wie das Beispiel der großen Niederlage der Preußen bei Kunersdorf im Jahre 1759 zeigte.

Friedrich II. neigte generell dazu, die gängigen militärischen Manöver jener Zeit in Frage zu stellen. So war die »Manöverstrategie« des 18. Jahrhunderts eher auf Belagerungen, das Ausmanövrieren des Feindes, den kleinen Krieg und generell auf Defensive aufgebaut. Den Sieg konnte meistens der erringen, welcher den Gegner in eine wenig günstige Position brachte und dessen Nachschublinien kappen konnte. Der Preußenkönig sah allerdings die Schlacht selbst als das Wesentliche in seinen Planungen an und dachte fast immer offensiv. Als »sein eigener Feldherr, sein Staatslenker, Armeeintendant …« (Étienne Choiseul-Stainville) konnte er Risiken in Kauf nehmen und Entscheidungen treffen, die seinen gegnerischen Kommandeuren schon strukturell nicht möglich waren. Die Kumulation von entscheidenden Rollen wurde auch schon zu seiner Zeit als wesentliches Kriterium für seine Erfolge gesehen.

Zu den Zeiten Friedrichs II. – und bereits im 17. Jahrhundert – war es eher unüblich geworden, dass ein Landesherr seine Armee selbst anführte. Seit Karl XII. (1682–1718) von Schweden und Zar Peter dem Großen (1672–1725) hatte es keinen bedeutenden königlichen Heerführer mehr gegeben. Den Zeitgenossen war freilich bewusst, welche Vorteile eine solche Führung hatte. Dazu kam, dass die keiner übergeordneten Macht verpflichtete offensive Entscheidungsfreudigkeit des Königs seine Gegner oft lähmte. Siegessichere und charismatische militärische Führer üben eine besondere Faszination auf die eigenen Truppen aus und rufen oftmals Beklemmung beim Gegner hervor. Friedrich der Große wusste das, genauso wie nach ihm Napoleon, und setzte seinen Nimbus gezielt ein. Er setzte sich sogar bewusst dem feindlichen Feuer aus und dokumentierte damit größte Furchtlosigkeit oder Fatalismus, je nachdem.

Fast alle Feldherren der Zeit brachen hin und wieder die »Spielregeln« der Kriegsführung, doch kaum einer so oft und so intensiv wie der »Alte Fritz«. Friedrich suchte immer wieder schnelle Entscheidungen durch Schlachten, auch wenn er dabei kaum jemals eine nachhaltige Wende herbeiführen konnte. Wenn er durch

Zufall an einen Meister des Manöverkrieges alter Schule geriet, wie an den Österreicher Traun, dann hatte er das Nachsehen. Friedrichs Schlachtenfreudigkeit führte im 19. Jahrhundert zu einem »Strategiestreit«, in dem man darüber argumentierte, ob der Preußenkönig wie später Napoleon Entscheidungen alleine durch Schlachten gesucht habe. Oder ob er doch weitgehend auf die zeitgenössische Manöver- bzw. Ermattungsstrategie gesetzt habe. Doch abseits von dieser Fragestellung, die bis heute nicht zufriedenstellend gelöst erscheint, war Friedrich II. noch für andere Überraschungen gut. Die Eröffnungsphase des Siebenjährigen Krieges als Präventivkrieg gegen eine erdrückende Übermacht war genauso ungewöhnlich wie auch die Nichtbereitschaft Friedrichs, seine Niederlage nach mehreren Jahren Krieg einzugestehen. Obwohl er so gut wie keine Ressourcen mehr hatte, kämpfte er verbissen weiter und suchte stets aufs Neue die Konfrontation. Das war im Zeitalter der Kabinettskriege einmalig, wenn man Friedrichs Vorbild Karl XII. ausklammert. In den Kriegen des 18. Jahrhunderts ging es, wie geschildert, ja um Machtverschiebungen und kaum jemals um die Auslöschung eines staatlichen Gebildes und die Vernichtung einer Dynastie, also um die Existenz.

Später stilisierte man den Hohenzollern-König zu einer zentralen Figur der deutschen Geschichte und es entwickelte sich ein sogar staatstragender Kult um seine Person. Vor allem Friedrichs Rolle im Siebenjährigen Krieg, bei der er als scheinbar genialer Führer letztlich einer riesigen Übermacht standhielt und den Sieg davontrug, übte großen Einfluss auf die Nachwelt aus. Adolf Hitler sah sich später gerne in den Fußstapfen des Preußenkönigs, ohne zu begreifen, dass Friedrich sein Überleben im Siebenjährigen Krieg eigentlich nur dem Tod der russischen Zarin verdankte. Der »große Feldherr« aus Oberösterreich hatte dieses »Glück« nicht, denn Stalin starb erst 1953. Friedrich der Große war auch kein Nationalist (kein Wunder bei seinen dürftigen Deutschkenntnissen) und eigentlich auch kein Militarist (die Armee war für ihn immer Mittel zum Zweck), was seine späteren Bewunderer aber kaum zur Kenntnis nahmen. Als Illustration dazu kann vielleicht folgende Bemerkung Friedrichs II. dienen: »Der Krieg ist eine Landplage, die alle anderen aufwiegt, zu der sich noch alle möglichen Verbrechen gesellen.« Als Ergänzung dazu vielleicht noch: »Wenn meine Soldaten anfingen zu denken, bliebe nicht einer in den Reihen.«

Erzherzog Karl

Erzherzog Karl von Österreich-Teschen, (1771–1847) hätte das Zeug dazu gehabt, einer der großen Heerführer der Geschichte zu werden. Napoleon sagte über ihn: »Erzherzog Karl wäre ohne Zweifel der erste Feldherr seines Zeitalters geworden, wenn ihm sein Geschick nicht Hindernisse in den Weg gelegt hätte, die er mit all seinen Talenten nicht überwinden konnte.«

Der 1771 geborene dritte Sohn des Großherzogs von Toskana und späteren Kaisers Leopold II. (1747–1792) litt bereits als Säugling an Epilepsie, und man setzte wenig Hoffnungen in ihn. Karl war für den »geistlichen Stand« bestimmt worden, doch interessierte ihn bereits als Kind nur das Militär und das Kriegswesen. Leopold II. erlaubte 1791, dass Karl von seiner kinderlosen Tante Marie Christine und deren Gemahl Albert von Sachsen-Teschen adoptiert wurde. Bereits einige Monate später zog er mit seinem Adoptivvater in den Krieg gegen die Armeen der Französischen Revolution. Der junge Prinz wurde rasch zum Generalmajor befördert. Ab Januar 1793 kommandierte Karl seine eigene Brigade und zeichnete sich wenig später in der Schlacht bei Neerwinden aus. Er wurde im März 1793 Generalgouverneur der Österreichischen Niederlande und hatte bereits ab April 1794 den Rang eines Feldzeugmeisters inne.

Der erst 24-jährige Erzherzog wurde im Februar 1796 zum Reichsfeldmarschall ernannt und übernahm den Oberbefehl über die gesamte Rheinfront. Karl konnte einige Siege über die Franzosen erzielen und diese über den Rhein zurückwerfen. Das machte ihn in Deutschland populär. Man sandte ihn in der Folge zur schwer angeschlagenen kaiserlichen Armee nach Italien, wo er einen geordneten Rückzug in die Steiermark durchführen und mit Napoleon Bonaparte einen Waffenstillstand schließen konnte. Karl bewährte sich auch im Zweiten Koalitionskrieg gegen Frankreich, in dem er 1799 wieder einige Siege über französische Armeen erringen konnte. Nach Spannungen mit der Hofkamarilla rund um seinen kaiserlichen Bruder Franz legte er 1800 das Kommando nieder. Auch als er im Januar 1801 Präsident des Hofkriegsrates und im September dieses Jahres zum Kriegs- und Marineminister ernannt wurde, bekämpften einflussreiche Berater seines Bruders ihn weiterhin und brachten seine Heeresreformen zu Fall.

Der sensible Feldmarschall litt erheblich unter diesen Intrigen, wurde von rasch wiederkehrenden epileptischen Anfällen geplagt und litt an einer schweren Depression. Deshalb legte er auch sein Amt als Hochmeister des Deutschen Ordens zurück. Als sich sein Zustand ab Beginn des Jahres 1805 besserte, wandte er sich wieder energisch seiner militärischen Karriere zu. Nachdem er im Dritten Koalitionskrieg militärische Erfolge in Italien errungen hatte, wandte sich Karl wieder seiner Armeereform zu. Die lebenslange Dienstpflicht wurde abgeschafft und Armeekorps nach französischem Vorbild eingeführt. Außerdem wurde eine Landwehr aufgestellt, welche die reguläre Armee unterstützen sollte.

Doch bereits 1809, bevor die Reformpläne Erzherzog Karls zur Gänze umgesetzt werden konnten, kam es wieder zum Krieg mit Frankreich. Karl zog mit seinen nicht ausreichend neu strukturierten Truppen ins Feld und musste in Süddeutschland einige Niederlagen gegen Napoleon erleiden. Napoleon konnte in der Folge nach Wien vorstoßen, aber Karl bot ihm mit der österreichischen Armee im Marchfeld eine Schlacht an. Nachdem Napoleon über die Donau gesetzt war, kam es am 21./22. Mai 1809 zur Schlacht bei Aspern, welche als erste echte Niederlage Napoleons gilt. Später kritisierte man, dass Karl seinen Triumph nicht voll ausnutzte und die Franzosen vernichtete, aber der vorsichtige Habsburger wollte die kaiserliche Armee auf jeden Fall erhalten. Napoleon zog nun weitere Truppen heran und erreichte somit eine massive Überlegenheit an Soldaten und Material, ehe er wieder über die Donau setzte. In der Schlacht bei Wagram am 5./6. Juli 1809 konnten die Franzosen schließlich unter erheblichen Verlusten Karls Armee knapp besiegen. Karl zog sich zurück und schloss nach der Schlacht von Znaim aus eigener Initiative einen Waffenstillstand mit Napoleon. Daraufhin wurde er von seinem kaiserlichen Bruder Franz seiner Funktionen enthoben. Das war im Wesentlichen das Ende der Karriere Erzherzog Karls als Feldherr.

»Erzherzog Karl, verehrt vom Volke, geachtet in ganz Deutschland, geschätzt in ganz Europa, ist in seiner Familie nicht geliebt – er ist zu groß für sie.« (Jean-Baptiste Nompère de Champagny)

Da er nun für den langen Rest seines Lebens bis auf ein Gastspiel als Gouverneur der Festung Mainz 1815 mehr oder weniger kaltgestellt war, blieb Karl viel Zeit, sich mit der Theorie der Kriegskunst zu beschäftigen. Der Erzherzog hatte sich schon als Jugendlicher mit den Erkenntnissen und Theorien der Kriegsführung auseinandergesetzt. Sein Lehrer Oberst Lindenau hatte als Offizier noch unter Friedrich dem Großen gekämpft, und so wurde Karl stark vom preußischen militärischen Denken beeinflusst. Der Erzherzog legte schließlich seine Erfahrungen und theoretischen Betrachtungen in 80 kriegshistorischen und militärtheoretischen Schriften nieder. Seine beiden bekanntesten Werke sind die »Grundsätze der höheren Kriegskunst für die Generäle der österreichischen Armee« (1806) und die »Grundsätze der Strategie, erläutert durch die Darstellung des Feldzuges von 1796 in Deutschland« (3 Bände, 1814).

Diese und andere Schriften machten ihn zu einem der »Klassiker der Kriegskunst«, und besonders im 19. Jahrhundert stellte man ihn auf eine Stufe mit Clausewitz und Moltke. Viele Schriften Karls hatten einen pädagogischen Charakter und sollten den Offizieren in den Stäben Anhaltspunkte dafür geben, wie man den Weg zum Sieg beschreiten könne. Auch betrachtete der Erzherzog einige seiner Werke als Lehrbücher für die Heranbildung seiner eigenen Söhne. Bei Karls Schriften kam immer wieder zum Vorschein, wie sehr er seinen großen Gegner Napoleon bewunderte und auch vieles von ihm übernahm. Der Erzherzog strebte nach kriegerischer Vollkommenheit, welche auf der Essenz der strategischen und taktischen Klugheit fußen sollte. Karl scheute auch nicht davor zurück, seine eigenen Entscheidungen im Rückblick kritisch zu betrachten und seinen Gegnern Tribut zu zollen. Sein Credo war es nun, unbedingt möglichst rasch die Entscheidung zu suchen, nachdem er selbst aus verschiedenen Rücksichten und Umständen während seiner Tätigkeit als Feldherr oft ausgewichen war. Während er in seinen Schriften stark für die Neuerungen eintrat, welche vor allem vonseiten der Franzosen gekommen waren, so hatte er als Schlachtenlenker zuvor im Zweifelsfall oft auf Traditionelles gesetzt (oder dieses tun müssen). Dies betrachtete er auch selbstkritisch. So meinte er, er habe bei Aspern eher so gekämpft wie zur Zeit der Türkenkriege. Karl hatte bereits zu Beginn seiner militärischen Laufbahn erkennen müssen, dass die überkommene Lineartaktik der neuen Kolonnen- und Tirailleurtaktik weichen musste. Wichtiger Schwerpunkt der Reformen Karls war die Modernisierung und Aufwertung der Artillerie, auch wenn er niemals diese Waffengattung so massiert einsetzte, wie Napoleon es mit der »Großen Batterie« tat. Karl legte im praktischen wie auch im theoretischen Bereich großen Wert auf den Erhalt der Armee, was ihm einige Male die Möglichkeit gab, trotz einer Niederlage mit einer weiterhin intakten Truppe den Krieg fortzuführen. Diesem Konzept verpflichtet, war der Erzherzog dann auch bereit, einige Male auf die restlose Vernichtung eines geschlagenen Gegners zu verzichten. Dass er weniger Wert auf den Ausbau von Stellungen und den Schutz der Flanken legte, führte zumindest bei Wagram 1809 zur Niederlage.

Wichtig für Karl war die methodische Kriegführung, bei der ein genauer und umfassender Operationsplan die wichtigste Rolle spielte. Improvisieren und Mut zum Risiko waren nicht die hervorstechenden Eigenschaften des Habsburgers. Karl beschrieb die Taktik dann auch etwas langweilig: »Sie lehrt, wie die Truppen auf den strategischen Punkten aufgestellt werden, wie sie dahingeleitet und wie sie verwendet werden.« Er legte auch großen Wert auf die Vorteile der Inneren Linie, die auch bei Clausewitz einen Schwerpunkt bilden sollte. Karl war in seinen theoretischen Überlegungen genauso wie Clausewitz durch die Erfahrungen und Erlebnisse in den Kriegen gegen das revolutionäre Frankreich und Napoleon geprägt. Der Habsburger versuchte das Kriegswesen umfassend und methodisch zu beschreiben und belehrend auf seine Leser einzuwirken. Er wurde schließlich durch Clausewitz, dessen Ausführungen einfacher konstruiert und leichter zu fassen waren, in den Schatten gestellt. Es lohnt dennoch weterhin, sich in das Werk Erzherzog Karls einzulesen.

»Der Krieg ist das größte Übel, das einem Staate, das einer Nation widerfahren kann. Es muß daher die Hauptsorge sein, alle nur immer mögliche Kraft gleich beim ersten Ausbruche aufzubieten, alles anzuwenden, damit derselbe so kurz als nur immer sein kann und bald auf die die möglichst günstigste Art entschieden wird.« (Erzherzog Karl)

Napoleon und Carl von Clausewitz

»Der Krieg ist die Mutter der Geschichte.« (Napoleon Bonaparte)

Die Französische Revolution bescherte Europa nicht nur einen politischen und gesellschaftlichen Einschnitt ohne gleichen, sondern auch einen militärischen. Die Revolutionäre unternahmen entscheidendende Schritte hin zur Totalisierung des Kriegswesens. In der »Levée en masse«-Deklaration wurde verkündet, dass ab sofort die ganze Nation mobilisiert werde. Neben den jungen Männern, über deren Gesamtheit der Staat nun verfügen konnte, sollten ihre älteren und verheirateten Geschlechtsgenossen für die Waffen und für die Versorgung sorgen, während auch Frauen und Kinder das jeweils ihrige zum Sieg beizutragen hatten. Die Deklaration besagte: »Von diesem Augenblick an bis zu dem Zeitpunkt, da alle Feinde vom Territorium der Republik verjagt werden, befinden sich alle Franzosen im ständigen Aufgebot für den Militärdienst.« (Herberg-Rothe 2003, S. 34)

Darin lag neben dem Fanatismus vieler Angehöriger der Revolutionstruppen ein Grund für den Sieg über die konventionellen Streitkräfte der europäischen Mächte, die noch im Stil des Siebenjährigen Krieges zusammengesetzt waren und agierten. Die Gegner der neuen französischen Armeen mussten viele Niederlagen einstecken und viel Lehrgeld bezahlen, ehe sie sich der neuen Entwicklung anpassen konnten.

»Der Krieg rüttelt die Völker wach, gießt Stahl ins Blut.«
(Napoleon Bonaparte)

Nachdem Napoleon die Führung über die aus der Französischen Revolution hervorgegangenen Streitkräfte übernommen hatte, wandelte sich deren anfangs defensive Aufgabe zu einem reinen Instrument des Angriffskriegs. Es ist viel über die großen strategischen Konzeptionen und seine finalen Kriegsziele gemutmaßt worden. Er selbst gab darauf keine wirklich befriedigende Antwort und hatte vermutlich auch keine. Sein Appetit kam wohl »beim Fressen« und je mehr er vom Erfolg verwöhnt wurde, desto ungeheurer wurden seine Pläne. Diesbezüglich kann man ihn mit Alexander dem Großen und Dschingis Khan vergleichen, die bei ihren Eroberungszügen auch keine geografischen Grenzen akzeptierten. Alle dabei entstandenen Imperien bestanden freilich nicht lange …

Der Erfolg Napoleons gründete auf verschiedene Faktoren. Wichtig war sein enormer direkter Einfluss auf die Truppen, die in ihm eine Art Halbgott sahen. Einige Zeitgenossen glaubten, allein die Anwesenheit von Napoleon auf dem Schlachtfeld würde einen Vorteil von etwa 40 000 Mann gegenüber seinen Gegnern bringen. Gleichzeitig wurden unter ihm die Schlachten immer blutiger und verlustreicher. Nach einer gewonnenen Schlacht ging es um die völlige Vernichtung des Gegners, Gefangene wurden schlecht behandelt, was für die damalige Zeit überraschend auch auf Offiziere zutraf. Die Zeiten der Kriegsführung des Ancien Régime waren endgültig vorbei.

Napoleon Bonaparte

»Der Krieg ist der natürliche Zustand, die ... Befreiung von dem bleiernen Mantel der Zivilisation.« (Napoleon Bonaparte)

Jener Mann, der die Welt vom »bleiernen Mantel der Zivilisation« befreien wollte, stammte aus Korsika, einer eher unwirtlichen Insel, die erst 1768 zu Frankreich gekommen war. Napoleone Buonaparte (1769–1821) kam aus einer kinderreichen Familie des korsischen Kleinadels, die der verlorenen Freiheit Korsikas nachtrauerte. Obwohl die Bildungsmöglichkeiten beschränkt waren, tat der junge Buonaparte sein Bestes, um Bildung zu erwerben. Dabei hatte es ihm besonders die Geschichte angetan. Seinem Vater, der sich den Franzosen anbiederte, gelang es, Stipendien für seine beiden älteren Söhne zu erlangen. Napoleone und sein älterer Bruder Joseph kamen nach Frankreich und mussten anfangs die französische Sprache erlernen. Dann kam Napoleone an die Kadettenschule von Brienne. Hier war er als einziger Korse ein ziemlicher Außenseiter. Während seine schulischen Leistungen nicht allzu gut waren, beschäftigte er sich am liebsten mit den großen Kriegshelden der Geschichte. Nach dem Schulabschluss blieb ihm eine Laufbahn in der Marine durch den Einfluss seiner Mutter erspart und er entschied sich für die Artillerie. Napoleon, wie er sich nun nannte, absolvierte die beste Militärschule des Landes und wurde mit 16 Jahren Offizier. Er las viel, besonders militärische Literatur. Auch sein politisches Bewusstsein entwickelte sich nach und nach.

Als die Französische Revolution ausbrach, wurde sie von Napoleon ausdrücklich begrüßt. Anfangs wollte er die Revolution für die Befreiung Korsikas nutzen und er kehrte in seine Heimat zurück. Doch dort entwickelten sich die Verhältnisse für ihn nicht wie erhofft und er ging nach Frankreich zurück. Hier sympathisierte er mit den radikalen Jakobinern, ging dann aber wieder nach Korsika, wo er zum Führer der Nationalgarde wurde. Doch erneut blieben die erhofften Erfolge aus und er machte in der revolutionären französischen Armee rasch Karriere. Ein weiterer Versuch Napoleons und seiner Familie, die korsische Politik zu dominieren, scheiterte kläglich. In Frankreich diente Napoleon zunächst den Jakobinern und Robespierre, die ein blutiges Regime errichtet hatten. Als Kommandant der Artillerie bei der Belagerung von Toulon im Herbst 1793 konnte Napoleon die Stadt im Sturm nehmen. Er wurde zum General befördert und kommandierte die Artillerie der französischen Italienarmee. Allerdings geriet er durch den Sturz der Jakobiner vorübergehend in Ungnade und saß kurzzeitig im Gefängnis. Napoleon diente sich jedoch bald den neuen Machthabern um Barras an und schoss für diesen mit seinen Geschützen einen Aufstand nieder. Man dankte ihm dies durch die Ernennung zum Oberbefehlshaber des Inneren. Durch seine Heirat mit Joséphine des Beauharnais etablierte er sich zudem im engsten Zirkel der politischen Macht.

Als er den Oberbefehl in Italien bekam, nannte sich Napoleon bereits Bonaparte. Er fand die französische Italienarmee in einem schlechten Zustand vor, es gelang ihm aber, die Männer zu motivieren und auf sich einzuschwören. Sein Credo wurde der punktuell zerstörerische Einsatz der Artillerie, auf den er seine Aktionen aufbaute. Seine Truppen mussten schneller sein als der Feind und an einer Stelle geballt eingesetzt werden. Napoleon nahm wenig Rücksicht auf eigene Verluste und ernährte seine Männer durch Plünderungen im heimgesuchten Gebiet. Dies brachte ihn gegenüber den Truppen der Armeen der Kabinettskriege in Vorteil, da diese »rücksichtsvoller« vorgingen. Der massierte Angriff gegen bestimmte neuralgische Punkte des Feindes wurde Napoleons bevorzugte Taktik. Er wandte sie während seiner gesamten Feldherrnkarriere an, zumal er fast immer erkannte, wo diese wunden Punkte der gegnerischen Armee waren. Dem hatten die Heerführer des Ancien Régime wenig entgegenzusetzen, da sie darauf setzen, ihr Gegner sei genauso geprägt wie sie. Doch die Zeit der Kabinettskriege war nun endgültig vorbei. Napoleon erfreute sich auch unter der Zivilbevölkerung Italiens erheblicher Sympathien, da diese mit dem revolutionären Frankreich sympathisierte. Letztlich konnte der Korse dem österreichischen Gegner nach etlichen erfolgreichen Gefechten den Frieden von Campo Formio aufzwingen und in Italien Vasallenstaaten des revolutionären Frankreichs errichten. Die wachsende Popularität den erfolgreichen Feldherrn auch in Frankreich stieß aber bei dem im Paris herrschenden Direktorium auf ziemlichen Unwillen. Der korsische General mit politischen Ambitionen schien gefährlich zu sein.

Man entsandte Napoleon folglich möglichst weit weg: Er sollte Ägypten erobern und damit Großbritannien schwächen. Die von vielen Künstlern und Wissenschaftlern begleitete französische Armee erwies sich den Mameluckentruppen als weit überlegen und eroberte Kairo. Durch die Vernichtung der französischen Flotte durch die Briten geriet dieser Feldzug für Frankreich zwar zu einem wissenschaftlich erfolgreichen Unternehmen, das allerdings militärisch ein Fehlschlag war. Die von Seuchen dezimierten Franzosen wurden in immer wieder neue Gefechte verwickelt und Napoleon wurde klar, dass er dieses Unternehmen nicht erfolgreich abschließen konnte. Er ließ seine Expeditionstruppe zurück und segelte nach Frankreich. Nachdem er in Paris das sogenannte Direktorium mithilfe eines militärischen Coups beseitigt hatte, konnte er sich als Erster Konsul etablieren, was einer Diktatur gleichkam. Napoleon leitete eine Vielzahl von Reformen ein, bekämpfte seine politischen Gegner und baute seine Macht aus. Militärisch konnte Napoleon nach einem an Hannibal erinnernden Zug über die Alpen den Zweiten Koalitionskrieg mit einem Sieg beenden. Die Großmächte Österreich und Russland mussten sich nun seinem Willen beugen. Napoleon ließ sich 1802 zum Konsul auf Lebenszeit wählen, womit sein Weg hin zur monarchischen Herrschaft geebnet war. Im Gegensatz zu Julius Cäsar fanden sich dieses Mal keine Verschwörer mit den Dolchen im Gewand.

Napoleon führte bald wieder Krieg gegen seine Hauptgegner Großbritannien und Österreich. Allerdings konnte er wieder nicht seinen Plan einer Invasion Englands verwirklichen. Doch der Emporkömmling Napoleon ließ sich im Dezember 1804 zum Kaiser krönen, um so seine Herrschaft zu legitimieren. Im Dritten Koalitionskrieg errang Napoleon den größten Sieg seiner militärischen Laufbahn. Die Schlacht bei Austerlitz am 2. Dezember 1805 zeigte, wie sehr der Korse mit den bisherigen militärischen Regeln brach, um einen überragenden Sieg zu erzielen. Von der altbekannten schiefen Schlachtordnung bis hin zu Napoleons Spezialität der Konzentration der Kräfte im Zentrum des Gegners wurde alles angewandt. Seine Gegner waren mehr als überfordert.

Napoleon befand sich nun auf dem Gipfel seiner Macht und trachtete danach, durch geschickte Heiratspolitik seine Herrschaft abzusichern. Doch letztlich galten er und seine Familie dem europäischen Adel weiterhin als Emporkömmlinge. Die Gründung des Rheinbundes von 1806 besiegelte schließlich den Untergang des Heiligen Römischen Reiches Deutscher Nation. Gleichzeitig wuchs der Unmut gegen das Herrschaftssystem Napoleons in ganz Europa. Dazu kam, dass Napoleon außer seinem Willen zur Herrschaft kein wirkliches Konzept zur Neugestaltung Europas hatte. Durch den Sieg über Preußen im Jahr 1806, der die Herrlichkeit der Armee Friedrichs des Großen nachhaltig zerschmetterte, konnte Napoleon das letzte Zentrum des Widerstandes in Europa beseitigen. Wieder hatten das neue Konzept des französischen Volksheeres und die Taktik Napoleons über eine konventionelle europäische Armee gesiegt. Als der Korse die entkommenen preußischen Verbände weiter nach Osten verfolgte, zeigte sich, dass die Franzosen bei zu großen Distanzen und unzureichender Versorgungslage ihre Schwierigkeiten bekamen. Doch Napoleon nahm bei seinem Feldzug von 1812 in Richtung Russland auf diese Erfahrungen keine Rücksicht. Nach dem Sieg über Preußen schien Napoleon der unangefochtene Herrscher Europas zu sein. Doch seinen Erzfeind Großbritannien konnte er weiterhin nicht besiegen, da er seit der Niederlage von Trafalgar maritim eher zahnlos war. Napoleons Coup gegen Spanien und Portugal war zwar folgerichtig in seinem Bestreben, ganz Europa unter seine Kontrolle zu bringen, doch sollten sich der Widerstand auf der iberischen Halbinsel und die Intervention der Briten unter Wellington als schwere Belastung für das Herrschaftssystem Napoleons erweisen.

Im Jahr 1809 kam es durch den Angriff Österreichs unter Erzherzog Karl, die Erhebung der Tiroler unter Andreas Hofer und das Freikorps namens »Schwarze Schar« unter Friedrich Wilhelm von Braunschweig-Oels zu großen Herausforderungen für Napoleon. Er sah sich nun mit einem zunehmenden Widerstand vieler Gruppen konfrontiert, die auf die nationale Karte setzten. In seiner ersten eindeutigen Niederlage bei Aspern 1809 deutete sich das Ende von Napoleons vermeintlicher Unbesiegbarkeit an. Nur mit Mühe gelang ihm danach ein knapper Sieg gegen die Österreicher bei Wagram. Er konnte seinen Erzfeind Österreich zwar in der Folge im Frieden von Schönbrunn demütigen, doch war klar, dass die endgültige militärische Abrechnung noch bevorstand.

»Krieg ist leichter angefangen als beendet.« (Napoleon Bonaparte)

Es wurde seither viel spekuliert, was Napoleon dazu verführt hat, einen Feldzug gegen das riesige russische Reich zu unternehmen. Russland weigerte sich zwar tatsächlich, Napoleons Kontinentalsperre gegen England weiterhin mitzutragen, doch das Unternehmen wurde damit nur unzureichend begründet. Alle Vasallenstaaten Napoleons wurden gezwungen, militärische Kontingente für das größenwahnsinnige Unternehmen beizusteuern. Letztlich hatte Napoleon etwa 500 000 Mann für den Einmarsch in Russland zur Verfügung. Diese Zahl mutet heute in militärischer Hinsicht nach den Kriegen des 20. Jahrhunderts nicht allzu gigantisch an, doch war es die bis dahin größte Armee der Geschichte – zumindest in Europa. Napoleon plante einen schnellen Feldzug, so wie er es gewohnt war. Eine rasche Entscheidungsschlacht sollte den Erfolg erzwingen. Doch die Russen wichen zurück, und die Franzosen mit ihren zahlreichen Hilfstruppen wurden immer mehr mit der Weite des Landes konfrontiert. Als Folge der »Politik der verbrannten Erde« konnten sich die Invasoren auch nicht aus dem eroberten Land heraus versorgen. Dazu kam die ungünstige Witterung, die den Ausbruch von Krankheiten begünstigte. Vor Moskau kam es zur Schlacht von Borodino, bei der Napoleon die Russen unter ihrem Feldherrn Kutusow zwar mit Mühe und Not besiegen konnte, die aber zugleich zur verlustreichsten Schlacht der Kriege Napoleons überhaupt wurde. In dieser Schlacht kam es mit etwa 73 000 Toten und Verwundeten zu Verlusten, die erst im Ersten Weltkrieg wieder erreicht wurden.

Man weiß nicht, ob der Ausgang dieser Schlacht Napoleon an die Siege des Königs Pyrrhus erinnerte, aber mit diesem Sieg wurde der Keim des Untergangs der »Grande Armée« des Korsen gelegt. Er erreichte mit seinen verbliebenen Truppen zwar Moskau, doch die Stadt geriet in Brand, und die Soldaten Napoleons litten fortan unter dem ungewohnt harten Winter, Krankheiten und Hunger. Die Russen verweigerten jede Art von Verhandlungen und saßen die Konfrontation aus.

Napoleon entschloss sich schließlich am 18. Oktober 1812 zum Rückzug. Nun begann die eigentliche Katastrophe, denn die Kälte, der allgemeine Mangel und ständige Angriffe der Russen setzten der Armee immer mehr zu. Der Rest von Napoleons großer Armee wurde in der Schlacht an der Beresina endgültig vernichtet. Angeblich blieben von der ursprünglichen Riesenarmee Napoleons nur 18 000 Soldaten, die die Grenze Preußens erreichten. Nun schlug die Stunde des preußischen Generals Yorck von Wartenburg (1759–1830), der ohne Ermächtigung durch seinen Monarchen einen Waffenstillstand mit den Russen schloss. Die Zwangsverbündeten Napoleons fielen nun nach und nach von ihm ab und in Deutschland erlebte die nationale Bewegung eine Blüte. Es wurde zum Befreiungskrieg aufgerufen.

Trotz der verheerenden Niederlage, die alles Bisherige in den Schatten stellte, gab sich Napoleon nicht geschlagen und hob fieberhaft neue Soldaten aus. Doch die neu aufgestellte Armee war nur ein Schatten der alten Grande Armée, denn die Männer waren vielfach zu jung oder zu alt und ihre Ausbildung unzureichend. Zudem hatte der Korse so gut wie seine gesamte Kavallerie in Russland verloren und konnte diesen Mangel nicht mehr ausreichend ersetzen. Dennoch schaffte er es, die Preußen in seiner neuen Offensive zweimal zu besiegen. Während eines mit den Franzosen vereinbarten Waffenstillstandes konnten die Preußen jedoch die Österreicher als Verbündete gewinnen. Man stellte Napoleon sogleich ein Ultimatum, das die Aufgabe seiner Vorherrschaft in Europa bedeutet hätte. Natürlich lehnte der Korse ab und sah sich schließlich einer Allianz aus Russland, Österreich, Preußen und Schweden gegenüber. Diese entwickelten einen strategischen Plan, der großteils auf den österreichischen Stabschef Radetzky (1766–1858) zurückging. Man wich Napoleons Hauptstreitkräften anfangs aus und fügte seinen Teilarmeen Verluste zu. Die Bewegungsmöglichkeit der Franzosen wurde immer weiter eingeengt, und schließlich sah sich Napoleon in Leipzig gefangen. In der »Völkerschlacht« (1813) von Leipzig, in der Napoleon noch einmal alle seine Künste einsetzte, ging Radetzkys Konzept letztlich auf und der Korse musste mit dem Rest seiner Armee das Heil in der Flucht suchen. Nun fielen auch die Bayern und seine restlichen Verbündete von ihm ab. Napoleon zog sich hinter den Rhein zurück, war aber weiterhin nicht zur Aufgabe bereit. Inzwischen hatte er ganz Spanien an den Briten Wellington verloren.

Die Schlussphase des Krieges zeigte einen weiterhin unermüdlichen und militärstrategisch herausragenden Napoleon, der mit dem Rest seiner Truppen und trotz des nun auch heftigen inneren Widerstandes stets in der Defensive agierte und dem Gegner – und dabei insbesondere den Preußen – noch einige empfindliche Schläge versetzte. Dennoch konnte er schließlich nicht verhindern, dass die Verbündeten am 31. März 1814 Paris einnahmen. Nach einigem

Hin und Her musste Napoleon schließlich erkennen, dass er auch keinen Verhandlungsspielraum mehr hatte, und dankte am 12. April 1814 ab. Als »Trostpflaster« ließ man ihm den Kaisertitel und gab ihm die unbedeutende Insel Elba als »Reich«. Die Welt war damals noch nicht reif für Kriegsverbrecherprozesse.

Napoleon hielt es bekanntlich nicht lange in Elba und er kehrte bereits am 1. März 1815 nach Frankreich zurück. Auf dem Wiener Kongress, wo man gerade die Neuordnung Europas beschloss, schlug diese Meldung wie eine Bombe ein. Die Napoleonischen Kriege sollten noch eine letzte Zugabe erleben. Vorerst schien es gut für den Korsen zu laufen, denn die gegen ihn gesandten französischen Truppen liefen zu ihm über und er konnte in Paris einziehen. Von hier aus stampfte er eine neue Armee aus dem Boden, während seine verbündeten Gegner bereits im Anmarsch waren. Napoleon wollte die feindlichen Armeen eine nach der anderen schlagen. Erste Siege gegen die Verbündeten im Norden schienen ihm recht zu geben. Er wollte vor allem einen Keil zwischen die Preußen und die Truppen Wellingtons treiben. Die Schlacht bei Waterloo wurde der Höhepunkt dieser Entwicklung. Napoleon griff die britische Armee und deren Verbündete an, um sie zu besiegen, ehe die Preußen eintrafen. Doch Wellington gelang es, seine Stellung im Wesentlichen so lange zu halten, bis die preußische Armee unter Blücher eintraf. Damit war das Schicksal der letzten Armee Napoleons besiegelt. Die »Herrschaft der hundert Tage« des korsischen Abenteurers mit der großen militärischen Begabung endete und Napoleon landete für den Rest seines Lebens auf der überaus abgelegenen Insel St. Helena im Südatlantik. Er wurde schließlich Opfer seiner chronischen Gastritis. Im Jahre 1840 wurden Napoleons Überreste nach Frankreich gebracht und liegen jetzt in einem prunkvollen Sarg im Invalidendom in Paris.

»Die Kriegskunst besteht in der Berechnung einer großen Anzahl Fälle, deren Eintritt auf dem Kriegsschauplatz als möglich angenommen werden muss.« (Napoleon Bonaparte)

Kaum ein Feldherr der Geschichte wurde literarisch so ausgiebig behandelt wie Napoleon. Die Zahl der Biografien ist unübersehbar, auch sein Umfeld wurde umfassend ausgeleuchtet. Über napoleonische Strategie und Taktik haben sich Generationen von Militärschriftstellern ausgelassen, und er hat die weitere Entwicklung der Kriegsführung im gesamten 19. Jahrhundert beeinflusst. Noch im Amerikanischen Bürgerkrieg versuchten die Amerikaner, die napoleonische Taktik zu kopieren, was allerdings auf Grund der mittlerweile fortgeschrittenen Gewehr-Technologie zu einer sehr blutigen Angelegenheit wurde. Napoleon als Stratege hat auch seine ehemaligen Gegner nachhaltig beeinflusst. Clausewitz als strategischer Denker ist ohne die Erfahrung der Napoleonischen Kriege nicht denkbar. Sein militärisches Gedankengebäude fußt im Wesentlichen auf den Koalitionskriegen.

»Man sollte eine Schlacht nur beginnen, wenn man keine andere Wahl hat, da der Erfolg einer Schlacht von ihrer Natur her zweifelhaft ist. Vom dem Moment an aber, wo der Kampf beginnt, sind wir verpflichtet zu siegen oder zu sterben.« (Napoleon Bonaparte) Irgendwie scheint dieser Ausspruch unpassend für den Korsen, denn kaum ein anderer Feldherr hat so bedenkenlos Schlachten geschlagen wie er.

Napoleon wird auch heute noch lebhaft rezipiert. Wie konnte es ein kleiner Artillerie-Subalternoffizier zweifelhafter Herkunft schaffen, die »Grande Nation« unter seine Kontrolle zu bringen und deren ziemlich unprofessionelle Revolutionsarmee in einen lange Zeit unbesiegbar scheinenden Kampfverband umzuwandeln? Zweifelsfrei war Napoleon ein Mann mit viel Charisma, großem Organisationstalent und der Fähigkeit, umfassend strategisch zu denken. Dazu kam seine Skrupellosigkeit bei der Umsetzung seiner Vorstellungen. Er zögerte kaum jemals, wenn er sich für etwas entschieden hatte. Und er traf seine Entscheidungen fast immer alleine. Dazu gibt es auch einen passenden Ausspruch von ihm: »Kriegsräte sind nur eine Entschuldigung für Feigheit. Solange ich den Oberbefehl habe, wird es keine geben.«

In seiner Strategie gab es zwei wesentliche Aspekte: »zentraler Durchbruch« und »groß angelegte Umgehung«. Der Gegner sollte auf ganzer Front bekämpft und letztlich durch den Einsatz der Reserven am entscheidenden Punkt vernichtet werden. Als gelernter Artillerist setzte Napoleon mehr auf die Artillerie als die meisten seiner Gegner und er wusste sie immer sehr effizient einzusetzen – wie zum Beispiel 1809 in der Schlacht bei Wagram, was damals womöglich seine zweite Niederlage verhinderte. Festungen interessierten einen Mann des Bewegungskrieges wie ihn kaum. Er betrachtete sie eher als Belastung und hielt sich kaum je mit langen Belagerungen auf. Um seinen Bedarf an Soldaten zu befriedigen, war Napoleon sehr innovativ bei der Ausweitung und Umsetzung der Wehrpflicht. Frankreich konnte während der Revolutionskriege und in der ersten Phase der Kriege Napoleons viele junge Männer dank eines Geburtenüberschusses ins Feld führen. Doch letztlich wurde damit eine ganze Generation verheizt und die Rekrutierungen wurden immer schwieriger. Was vor allem bedeutete, dass Napoleon mit einer immer schlechter werdenden Infanterie agieren musste. So lange wie möglich bereitete er seine Soldaten durch eine gründliche Ausbildung auf ihren Einsatz vor. Später war dazu oft nicht mehr die Zeit. Die Verluste, die Napoleon durch das Desaster in Russland erlitt, konnte er schließlich nicht mehr ausgleichen.

Napoleons einzigartige Stellung dominierte alles um ihn. Er hatte zwar eine große Anzahl mehr oder weniger fähiger Marschälle um sich, doch zeigten sich diese in der Regel Gegnern wie Erzherzog Karl, Wellington oder Blücher ohne die Anwesenheit Napoleons kaum gewachsen. Durch die hemmungslose Ausweitung der Machtsphäre des Korsen und die vielen Konfliktzonen, die dadurch entstanden, zeigte sich zunehmend die Schwäche eines nur auf einen Mann fixierten Herrschaftssystems.

Napoleon hat durch seine erfolgreiche Kampfweise einen massiven Modernisierungsschub in der europäischen Kriegsführung bewirkt. Sein Problem war allerdings, dass seine Gegner wie die Österreicher und mit Verspätung auch die Preußen vieles davon übernahmen, wodurch Napoleons Vorteil immer geringer wurde. Napoleon musste in der Folge bei schwindenden eigenen Ressourcen seine Siege immer verlustreicher erkaufen. Trotz aller Probleme führte er seine Truppen und sein Reich bis zum Schluss auch absolut zentralistisch. Mit dem Russlandfeldzug überspannte er letztlich den Bogen.

Hatte Napoleon eigentlich ein Ziel? Wie sollte sein Machtbereich am Ende aussehen, wenn er ihn seinem Sohn, den »König von Rom« übergab? Er wusste es wohl selbst nicht. »Appetit kommt beim Fressen«, könnte man erneut spitz sagen: Napoleon betrieb sein Expansionsprogramm immer weiter, wohl weil er nicht anders konnte. Dabei blieb ihm im Gegensatz zu Alexander dem Großen ein früher Tod am Höhepunkt seiner Macht erspart. Somit musste er seinen eigenen Untergang miterleben. Doch er hat nicht nur seine Epoche geprägt, sondern abgesehen von der deutschen Nationswerdung auch das militärische Denken in Europa verändert. In gewisser Weise war Clausewitz damit auch sein Schüler.

»Wenn Fürsten Krieg wollen, so beginnen sie ihn und lassen dann einen arbeitsamen Rechtsgelehrten kommen, der beweist, dass es also Recht sei.« (Friedrich der Große)

Carl von Clausewitz

»Der Krieg ist also ein Akt der Gewalt, um den Gegner zur Erfüllung unseres Willens zu zwingen.« (Carl von Clausewitz)

Dieser wohl einflussreichste Militärtheoretiker aller Zeiten hinterließ infolge seines frühen Todes ein unvollendetes Werk über seine Theorien des Krieges. Dieses trägt den Titel »Vom Kriege« und handelt von Strategie, Taktik und Philosophie aus der Sicht eines hoch gebildeten preußischen Generalmajors, der durch die Napoleonischen Kriege geprägt worden war. Somit stand in gewisser Weise auch der Geist Napoleons an der Wiege dieses später so bedeutenden Werkes, das nach dem Tod des Verfassers posthum herausgegeben wurde. Clausewitz' Gedanken und Theorien hatten größten Einfluss auf die weitere Entwicklung des Kriegswesens, vorerst in den westlichen Ländern und letztlich weltweit. Noch heute gehört das Werk von Clausewitz zum Lehrstoff der meisten Militärakademien, genauso wie man es auch für Marketing und Unternehmungsführung vereinnahmt hat.

»Die Politik hat den Krieg erzeugt, sie ist die Intelligenz, der Krieg aber bloß das Instrument, und nicht umgekehrt.« (Carl von Clausewitz)

Carl Philipp Gottlieb von Clausewitz (1780–1831) entstammte einer Familie, deren adelige Herkunft umstritten war. Er wurde gleichwohl gemeinsam mit zwei seiner Brüdern in ein preußisches Regiment aufgenommen, das normalerweise nur Adelige aufnahm. Der Adel von Clausewitz wurde offiziell erst 1827 anerkannt, als er bereits Generalmajor war. Zwei ältere Brüder von Carl von Clausewitz erreichten den Generalsrang. Clausewitz hatte keine allzu gute Schulbildung, erwies sich aber beim Militär von Anfang an als sehr strebsam. Er sammelte im Ersten Koalitionskrieg seine ersten Kriegserfahrungen. Anschließend war er beim Feldzug am Rhein dabei. Nachdem sein Regiment nach Neuruppin verlegt worden war, widmete sich Clausewitz für mehrere Jahre seinen Studien. Er besuchte Vorträge zu verschiedenen Themen und las viel über das Kriegswesen, die Politik und die von ihm gehasste Französische Revolution.

Man wurde auf ihn aufmerksam und Clausewitz wurde einer der ersten Schüler der 1801 neu gegründeten Allgemeinen Kriegsschule in Berlin. Oberst Gerhard von Scharnhorst (1755–1813) war einer ihrer ersten Leiter und prägte die Offiziere nachhaltig. Ihm ging es um den Zusammenhang von Kriegführung und Politik. Clausewitz interessierte sich auch für den Philosophen Kant und nahm in der »Militärischen Gesellschaft«, einer Art militärischem Salon, an vielen Diskussionen teil. Dabei dachte er schon an die Abfassung eigener militärischer Werke. 1804 schloss Clausewitz die Kriegsschule als Bester ab und wurde Adjutant des Prinzen August von Preußen. Er hatte nun Zugang zu »höchsten Kreisen« und veröffentlichte erste Artikel in Militärzeitschriften. Als 1806 im Vierten Koalitionskrieg bei Jena und Auerstädt eine militärische Katastrophe über Preußen hereinbrach, war Clausewitz mitten im Geschehen. Er ergab sich erst nach heftigen Kämpfen bei der Deckung des Rückzugs gemeinsam mit dem verwundeten Prinzen. In Berlin wurde er Napoleon vorgestellt, der ihm herablassend ein Gespräch gewährte. Dabei betonte der Korse seine Friedfertigkeit, was Clausewitz später so kommentierte: »Der Eroberer ist immer friedliebend, er zöge ganz gerne ruhig in unseren Staat ein.« Angeblich hat Lenin später diesen Ausspruch sehr geschätzt.

Clausewitz hatte während seiner einjährigen Kriegsgefangenschaft Gelegenheit, die Ereignisse von 1806 und die preußische Niederlage zu analysieren. Scharnhorst holte ihn anschließend in seinen Stab, und Clausewitz war von nun an mit der Neuorganisation der preußischen Armee befasst. Er machte weiter Karriere, wurde 1810 Major und Bürochef bei Scharnhorst. Außerdem unterrichtete er die preußischen Prinzen. Als Napoleon 1812 auch mit preußischen Hilfstruppen nach Russland zog, trat Clausewitz in russische Dienste über. Er richtete eine Denkschrift an seinen Freund und Gönner Gneisenau (1760–1831) und kämpfte in mehreren Schlachten gegen Napoleon. Die »Konvention von Tauroggen« wurde zu einem der Schlüsselereignisse der preußischen Geschichte und Clausewitz betätigte sich dabei als wesentlicher Vermittler. Dennoch weigerte sich der preußische König, den »Deserteur« Clausewitz wieder in seine Dienste aufzunehmen. Deshalb blieb dieser weiterhin in russischen Diensten und machte die Befreiungskriege auf dieser Seite mit. Erst im April 1814 durfte er als Oberst in die preußische Armee zurückkehren.

Während Napoleons kurzfristiger Rückkehr 1815 diente Clausewitz als Stabschef eines Korps und nahm am Feldzug teil, der ihn bis Waterloo führte. Danach war er drei Jahre lang Stabschef bei Gneisenau. Als zu liberaler Reformer war Clausewitz während der folgenden Restaurationsphase nicht im höchsten Ansehen und wurde 1818 Direktor der Berliner Allgemeinen Kriegsschule, durfte aber selbst nicht lehren. Als er im gleichen Jahr zum Generalmajor befördert wurde, war er mit seinen 38 Jahren der jüngste General in der Armee. Doch Clausewitz wollte mehr, stieß jedoch auf taube Ohren. Erst 1821 wurde er Mitglied des Generalstabs. Er schrieb bis 1824 sein Werk »Nachrichten über Preußen in seiner größten Katastrophe«, das sich mit dem Jahr 1806 beschäftigte. Auch sein Hauptwerk »Vom Kriege« entstand nun nach und nach.

Im Jahre 1830 diente er als Stabschef unter Gneisenau bei einem preußischen Observationskorps im Polnischen Insurrektionskrieg. Wohl durch Soldaten der russischen Armee kam die Cholera vorerst nach Polen und dann nach ganz Europa. Der große Kriegsheld Gneisenau starb bald darauf, und Clausewitz kommandierte das preußische Korps. Doch schon bald erkrankte auch er – wahrscheinlich ebenfalls an der Cholera – und starb am 16. November 1831. Er war nur 51 Jahre alt geworden. Es sollte schließlich Marie von Clausewitz sein, welche die hinterlassenen Schriften ihres Gemahls herausgab.

Der gerne »Militärphilosoph« genannte Clausewitz beschrieb als zentralen Punkt aller Überlegungen die Unwägbarkeit, die jedem Krieg anhafte. Somit wäre die Unsicherheit kein beiläufiges Problem, sondern ein nicht zu vermeidender Faktor jeder Strategie. Jede erfolgreiche Strategie müsse deshalb im Kern flexibel sein. Man müsse alle Eventualitäten als reale Möglichkeiten betrachten und die diesbezüglichen Konsequenzen abschätzen. Clausewitz betrachtete in seinem Standardwerk das Verhältnis zwischen Politik, Krieg und Frieden. Auch wenn er bedingt durch seinen plötzlichen Tod durch die Cholera seine Ausführungen nicht ganz zu Ende führen konnte, wirkt sein Werk auch heute noch bestechend und überzeugend. Das »Primat der Politik« bei Clausewitz bedeutet, dass sich das Militär den Anordnungen der Politik zu unterwerfen habe. Denn nur diese sei imstande, die Ziele zu bestimmen, an welchen der Erfolg der militärischen Gewalt gemessen werden könne.

Clausewitz war kein Freund allzu enger Systeme und dachte auch nicht, dass seine Kriegstheorien als direkte Handlungsanweisungen für Truppenführer zu betrachten wären. Es ging ihm stets um das Generelle, die wesentlichen Prinzipien, welche er aus der Logik und dem exakten Geschichtsstudium ableitete. Dabei wollte er niemals den Bezug zur Realität verlieren. Militärische Unternehmen konnten seiner Meinung nach nur bedingt geplant werden, da es immer wieder Ereignisse und Einflüsse gebe, die man nicht kalkulieren könne. Vor allem längerfristige Planungen seien dadurch stets hochgradig gefährdet. Militärische Befehlshaber müssten deshalb die Fähigkeit haben, auch unter Zeitdruck und mit nur wenigen Informationen Entscheidungen zu treffen, denn drei Viertel von dem, worauf kriegerisches Handeln aufgebaut sei, lägen im »Nebel des Krieges«.

Sehr von den Ereignissen seiner Zeit geprägt ist Clausewitz, wenn er den Krieg als Selbstbehauptung des Volkes ansieht. Deshalb beschäftigte er sich auch ganz zeitgemäß mit der Französischen Revolution, der Guerilla und der Einführung der Wehrpflicht. Durch die Bewaffnung großer Teile des Volkes und die Erklärung von »Volkskriegen« wurde die vorherrschende Meinung unterstützt, dass der Krieg ein existenzieller Kampf sei. Später ging Clausewitz davon etwas ab und sah den Krieg zunehmend als Instrument der Politik: »Der Krieg ist also ein Akt der Gewalt, um den Gegner zur Erfüllung unseres Willens zu zwingen.« (Vom Kriege)

Clausewitz sieht einen Krieg im engeren Sinne erst dadurch gekommen, wenn es zur Verteidigung des Angegriffenen kommt. Deshalb fordert er eine Abschreckung durch eine große und schlagkräftige Armee. Damit nahm er das Wettrüsten und den Kalten Krieg des 19. Und 20. Jahrhunderts vorweg. Die Politik hat, so Clausewitz, den Zweck des Krieges zu bestimmen, und das militärische Ziel dabei ist immer die Wehrlosmachung des Feindes. Zum Erreichen dieses Zieles dient die Strategie, sei es durch die Schlacht oder Vernichtung der Ressourcen, Propaganda, Isolierung des Gegners etc. Während jeder Phase und Form des Krieges muss dieser der Politik immer untergeordnet sein, da er nur ein Werkzeug darstellt. Der Staat muss alle physischen und moralischen Kräfte als Mittel des Krieges einsetzen können. Dies führt gedanklich zu einer Form des totalen Kriegs. Clausewitz warnt zugleich vor einer solchen Eskalation des Krieges. Dem gegenüber stellt er den »wirklichen Krieg«, der immer hinter dem »Idealtyp« des »absoluten Krieges« zurückbleiben müsse.

Unabhängig von diesen Gedankengängen hat man Clausewitz später als einen Vordenker des totalen Krieges und damit der Katastrophen des 20. Jahrhunderts gesehen. Dabei hat bei genauerer Betrachtung der »absolute Krieg« von Clausewitz wenig mit dem totalen Krieg zu tun. Es sollte später der deutsche Kriegsheld und zugleich -verlierer Erich von Ludendorff sein, der 1935 unter Ablehnung von Clausewitz den totalen Krieg propagierte.

Clausewitz sah als Grundlage jeder Art von Kriegsführung die Kampffähigkeit der Streitkräfte. Das Gefecht hatte für ihn die maßgebliche Bedeutung, in der Taktik sah er »die Lehre vom Gebrauch der Streitkräfte im Gefecht«. Das hatten natürlich andere vor ihm auch so gesehen. Bei der Definition der Strategie im engeren Sinn wird es bei Clausewitz etwas dünn, denn er sah in ihr »die Lehre vom Gebrauch der einzelnen Gefechte zum Zweck des Krieges«. Da hätten die asiatischen und antiken Autoren wohl ihr Veto eingelegt, da ihnen dieses Spektrum zu eng erschienen wäre. Spätere Interpreten von Clausewitz wiesen darauf hin, dass er nicht nur der »Niederwerfungsstrategie«, sondern auch der »Ermattungsstrategie« ihren Wert beimaß. Auch wenn viele spätere und heutige Clausewitz-Interpreten ihn als Verfechter der Vernichtungsschlacht sehen, so sah Clausewitz darin keine unbedingte Notwendigkeit. Er unterschied vielmehr zwischen drei legitimen Kriegskonzepten: Dem kleinen Krieg, dem Volkskrieg und dem Guerillakrieg. Der schon vor Clausewitz so bezeichnete »kleine Krieg« erhielt bei ihm nun ein theoretisches Konstrukt. Später sollten Männer wie Mao Zedong sich ausdrücklich auf ihn berufen.

Ein weiterer nicht ganz unumstrittener Aspekt in den Theorien von Clausewitz ist der Umstand, dass er die Verteidigung für die eindeutig überlegene Kampfform hielt. Diese würde weniger Kräfte beanspruchen und auch flexibles Manövrieren erlauben. Zudem würde die Verteidigung auch die taktische Offensive erlauben. Clausewitz meinte, dass die Verteidiger so lange defensiv bleiben sollten, bis der Angreifer erlahmt sei. Dann könnte der Verteidiger offensiv vorgehen, um den Sieg zu erringen. Mit Sicherheit hatte Clausewitz dabei den Russlandfeldzug Napoleons vor Augen. Ihm ging es bei seiner Theorie nicht so sehr um den Geländegewinn, sondern um den Verbrauch der Kräfte des Aggressors.

Die posthume Veröffentlichung des Hauptwerkes von Clausewitz durch seine Witwe fand anfangs keinen allzu großen Widerhall. Erst nachdem sich Helmuth von Moltke der Theorien angenommen hatte, erlangte Clausewitz nach und nach seine heutige Bedeutung. Allerdings relativierte Moltke viele Theorien von Clausewitz, zum Beispiel jene der absoluten Unterordnung des Militärs unter die Politik. Daraus leitete sich dann auch die heute als unheilvoll angesehene Entwicklung ab, dass z. B. im Ersten Weltkrieg die Entwicklung in Deutschland fast ausschließlich vom Generalstab bestimmt wurde.

Interessanterweise sollte dann in Deutschland erst unter Hitler das völlige Primat der Politik über das Militär hergestellt werden. Letztlich stellten die Männer des 20. Juli 1944 dies dann wieder infrage – allerdings erfolglos. Auf Seiten der Gegner Deutschlands wurden die Theorien von Clausewitz und ihr Einfluss auf das deutsche Kriegswesen vor und während des Ersten Weltkrieges thematisiert. Ein großer Bewunderer von Clausewitz wurde Lenin. Natürlich lag auch für den russischen Revolutionsführer der wesentliche Aspekt auf der Unterordnung des Krieges unter die Politik.

Heute ist das Hauptwerk von Clausewitz eine Art Bibel der Militärtheorie geworden. Das Buch wird immer wieder neu aufgelegt und gekauft – jedoch vermutlich selten gelesen. An den meisten Militärschulen nimmt es im Lehrplan dennoch eine zentrale Position ein. Vor allem die Anhänger der schnellen Manöverkriegsführung und die Verfechter des Primats der Politik über das Militärische greifen immer wieder auf Clausewitz zurück. Andere bemängeln, dass sein Theoriegebäude unvollständig sei. Man wirft ihm auch vor, er habe sich zu wenig mit den Kriegsursachen und der Seekriegsführung beschäftigt. Auch mangelnde Ethik wird mitunter kritisch angeführt. Doch Clausewitz war ein Kind seiner Zeit, und sein früher Tod hat den Abschluss seiner Arbeit wohl verhindert.

Es gibt einen Satz bei Clausewitz, dem wohl die meisten heutigen Betrachter doch zustimmen würden: »Die Grundsätze der

Kriegskunst sind an sich höchst einfach, liegen dem gesunden Menschenverstand ganz nahe und wenn sie in der Taktik mehr als in der Strategie auf einem besonderen Wissen beruhen, so ist doch dieses Wissen von so geringem Umfange, dass es sich kaum mit einer anderen Wissenschaft an Mannigfaltigkeit und tiefem Zusammenhang vergleichen lässt.«

Vielen von Clausewitz' Thesen fordern heute Widerspruch heraus. So ist seine postulierte Trennung von Politik und Kriegsführung bei genauerer Betrachtung kaum so klar zu ziehen. Schwächen einer auf Verteidigung ausgerichteten Kriegsführung zeigen sich immer wieder: Viele erfolgreiche Feldherren der Geschichte waren Angriffsstrategen, für die die Offensive die beste Form der Verteidigung war. Und am Ende gab der Erfolg ihnen oft genug recht. Clausewitz war durch die Napoleonischen Kriege und letztlich auch durch die Person des großen Korsen in seinem Wesen geprägt. Verteidigung als erfolgreiche Strategie funktionierte nur ein einziges Mal gegen Napoleon, bei seiner Russland-Invasion. Und dabei spielten geografische und klimatische Gegebenheiten eine entscheidende Rolle. Am Ende wurden Napoleon und sein französisches Militär durch die Offensivkunst seiner vereinigten Gegner bezwungen.

Wenn man Clausewitz' Ausführungen mit älteren Texten zum strategischen Kriegswesen vergleicht, so fällt auf, dass er doch recht wenig Neues beisteuerte. Napoleon selbst hat in vielerlei Hinsicht das Denken von Clausewitz geprägt, doch er hat nicht so agiert, wie Clausewitz als kluge Strategie propagiert hat. Aspekte wie der Vorteil der Defensive, die Innere Linie und das Primat der Politik über das Militär waren Napoleon ziemlich egal. Er hat sich nicht an die Regeln gehalten – und war genau deshalb lange Zeit sehr erfolgreich. Bei genauerer Betrachtung haben sich auch Alexander der Große, Hannibal, Cäsar, Prinz Eugen und Friedrich der Große ebenfalls nicht an irgendwelche Regeln gehalten – was wohl auch das Geheimnis ihrer Erfolge war.

»Krieg kennt keine Sieger, jeder militärische Triumph erweist sich in Wahrheit als Niederlage aller Beteiligten.« (Carl von Clausewitz)

Von der Verstaatlichung des Krieges zur allgemeinen Wehrpflicht

»Der Krieg ist notwendig wie der Kampf der Elemente in der Natur.«
(Friedrich Wilhelm Joseph von Schelling)

Das 19. Jahrhundert war eine Zeit gewaltiger Umbrüche. Die alten sozialen Strukturen brachen auf, das Bürgertum erkämpfte sich seine Rechte, durch die industrielle Revolution entstand das Proletariat als neue »Klasse«, neue Ideologien wurden geboren – und auch das Kriegswesen entwickelte sich dynamisch. Soziale und auch militärische Umbrüche gingen Hand in Hand mit der fortschreitenden Industrialisierung und zahlreichen neuen Erfindungen, die vieles grundlegend veränderten. Dabei war dieses »lange 19. Jahrhundert«, das für viele Historiker bis 1914 reicht, nach den Napoleonischen Kriegen zumindest in Europa recht friedlich, ganz anders als im blutigen 17. Jahrhundert, als man von einem fast permanenten Kriegszustand sprechen konnte. Und die Zeit der ständigen »zivilisierteren« Kabinettskriege des 18. Jahrhunderts waren auch vorbei. Die Kriege von 1859, 1866 und 1870/71 waren kurz und heftig, brachten weitgehend klare Entscheidungen und forderten verhältnismäßig wenige Opfer, während extrem blutige Kriege, die meistens Bürgerkriegen glichen, außerhalb Europas in China (Taiping-Aufstand 1851–1864), den USA (Bürgerkrieg 1861–1865) und dem Sudan (Mahdi-Aufstand 1881–1899) stattfanden.

Dennoch dachten mehr Philosophen, Historiker und Militärs über den Krieg und dessen Führung nach als jemals zuvor.

Während der zweiten Hälfte des 19. Jahrhunderts setzte man in Deutschland unter dem Einfluss des zuvor militärisch erfolgreichen Preußen sehr auf das Militär und den kriegerischen Geist, auch wenn es nach 1871 in Europa keine Kriegshandlungen mehr gab. Einer jener philosophierenden Historiker, die sich den Militarismus auf ihre Fahnen schrieben, war Heinrich von Treitschke (1834–1896), von dem folgendes Zitat stammt: »Bis an das Ende der Geschichte werden die Waffen ihr Recht behalten; und darin liegt die Heiligkeit des Krieges. – Die Größe des Krieges liegt gerade in jenen Zügen, welche die flache Aufklärung ruchlos findet.«

Das Heer als die »Schule der Nation« wurde nur wenigen jungen Männern erspart. Im Gegensatz zu früheren Zeiten gab es keine Söldnerarmeen und auch keine großzügigen Ausnahmeregelungen von der Wehrpflicht mehr. War es im Mittelalter das Zeichen des freien Mannes gewesen, Waffen zu tragen, wurde es nun zu einem Symbol staatlich reglementierter Unfreiheit. Militär-Strategen mussten nun mit Heeren von Wehrpflichtigen, die in die Millionen gingen, planen. Was auch bedeutete, dass Kriege, die strategischen und taktischen Konzepte und vor allem auch Mobilmachung und Aufmarsch ganz neue Formen bekamen und Dimensionen annahmen. Doch obwohl sich der Militarismus, der zuvor von den Bürgerlichen abgelehnt worden war, wie ein Geschwür in vielen Staaten ausbreitete, lebte man in einem recht friedlichen Zeitalter.

Heute werden Militarismus und die Verherrlichung militärischer Tugenden vor allem im Deutschen Kaiserreich verortet, doch war dies in gewisser Weise ein gesamteuropäisches Phänomen. Der britische Philosoph John Ruskin (1819–1900) schrieb: »Stets wurde ich gewahr, dass alle großen Nationen ihre Wehrhaftigkeit und Geistesstärke im Krieg erworben haben; dass der Krieg sie unterrichtet, der Friede sie betrogen, der Krieg sie geschult, der Friede sie irregeführt hat; mit einem Wort, dass der Krieg sie geschaffen, der Frieden sie getötet hat.«

Die Europäer, insbesondere das englische Empire, führten Kolonialkriege, während es zu Hause recht friedlich zuging. Man verteidigte man die Tugenden des Krieges, doch nun mussten alle jungen Männer mitmachen. Was sich seit den Konskriptionssystemen im Preußen des 18. Jahrhunderts und der Massenmobilisierung während der Französischen Revolution angekündet hatte, wurde erst durch die Einführung der allgemeinen Wehrpflicht in fast allen Staaten Europas verwirklicht. Die Zeit der militärischen Spezialisten war bis auf weiteres vorbei; nun war das Zeitalter der gezwungenen und dürftig ausgebildeten Amateure angebrochen. Das zwang auch die Strategen zum Umdenken.

Antoine-Henri Jomini

»Jeder Grundsatz der Kriegsführung ist gut, wenn er das Ergebnis hat, die Anwendung der stärksten Summe von Aktionsmitteln im geeigneten Zeitpunkt und am geeigneten Ort zu bewirken.«
(Antoine-Henri Jomini)

Der Schweizer Jomini (1779–1869) ist deutlich weniger bekannt als sein Zeitgenosse Clausewitz, doch er sollte ebsnfalls zu den großen strategischen Denkern gezählt werden. In seiner Jugend musste Jomini als Banker und Kaufmann tätig sein, doch seine große Leidenschaft gehörte dem Militärischen. Er verbrachte jede freie Minute mit dem Studium von Strategie und Taktik. Durch gute Beziehungen wurde Jomini in einer für die Schweiz kritischen Zeit 1798 in der Helvetischen Republik zum Adjutanten des Kriegsministers ernannt. Der junge Mann erregte Aufsehen, wurde rasch zum Hauptmann befördert und kommandierte bald das Sekretariat im Kriegsministerium. Jomini erarbeitete Pläne, um die helvetische Miliz zu reorganisieren und wurde schon 1799 Bataillonskommandant. Er wollte aber mehr, gab seinen Dienst bei den Schweizern auf und ging 1801 nach Paris, wo er die Gunst des späteren Marschalls Michel Ney (1769–1815), eines Günstlings von Napoleon, fand. Dieser gab ihm die Gelegenheit, sein erstes Werk zu veröffentlichen: »Traité de grande tactique«, das immerhin fünf Bände umfasste. Ney ernannte Jomini daraufhin zu seinem Adjutanten.

Schon bald befand sich der strategisch begabte Schweizer auch in der Gesellschaft Napoleons. Dieser war beeindruckt von Jominis Fähigkeit zur genauen Vorhersage vom Verlauf von Operationen der Armee. Als Oberst-Generalstabschef des Marschalls Ney geriet Jomini in eine Auseinandersetzung mit Kriegsminister Berthier (1763–1815), der alles unternahm, um den Höhenflug des strategischen Ausnahmetalents zu verhindern. Im Jahre 1810 erhielt Jomini vom russischen Zaren Alexander I. (1777–1825), der auf ihn aufmerksam geworden war, ein gut dotiertes Angebot, in seine Dienste zu wechseln. Napoleon wusste das zu verhindern und beauftragte Jomini damit, seine Kriege in Italien darzustellen. Jomini schrieb daraufhin sein Werk: »Histoire critique et militaire des guerres de la Révolution«. Anschließend nahm er an Napoleons Feldzug in Russland teil, für den er allerdings keine Sieges-Chance erkennen mochte. Dennoch organisierte er als Etappenkommandeur in Smolensk und Wilna die Logistik und später den Beresina-Rückzug. Trotz des sich abzeichnenden Endes Napoleons verblieb Jomini in französischen Diensten und erwarb in der Schlacht bei Bautzen große Verdienste. Doch wieder verhinderte Minister Berthier seine Beförderung. Alexander I. war von Jomini sehr eingenommen, ernannte ihn zum Generalleutnant und machte ihn zu seinem Adjutanten. Nach der Niederwerfung Napoleons fand sich Jomini auf dem Wiener Kongress und machte seinen Einfluss für die Zukunft der Schweiz geltend. Er verblieb weiter in russischen Diensten, wurde 1826 in den Rang eines »Général en chef« erhoben und vertrat Russland bei verschiedenen Kongressen. Sein letzter Kriegseinsatz war an der Seite des Zaren Nikolaus I. im Krieg gegen die Türken 1828/1829. Auch wenn er danach als Pensionist in Brüssel lebte, war er 1832 an der Gründung der Militärakademie Russlands in St. Petersburg beteiligt. Schließlich wurde er 1837 Instruktor des späteren Zaren Alexander II. (1818–1881). Während des Krimkriegs kam er erneut nach St. Petersburg, dieses Mal als militärischer Berater. Auch Napoleon III. (1808–1873) wandte sich an Jomini, als er 1859 einen Krieg gegen die Österreicher in Italien plante. Und wieder war er trotz seines hohen Alters mit gutem Rat zur Stelle. Jomini starb schließlich 1869 und hinterließ mehr als 30 Werke über militärische Strategie und Taktik. Sein bedeutendstes Werk »Précis de l'art de la guerre« war ursprünglich für den künftigen russischen Zaren Alexander II. geschrieben worden, wurde allerdings später so wie andere seiner Werke in vielen Ländern zur Offiziersausbildung verwendet. Im 19. Jahrhundert noch überaus präsent, wurde Jominis Werk später von Clausewitz in den Schatten gestellt. Dabei waren beide letztlich stark von den Napoleonischen Kriegen geprägt, wobei Jomini deutlich aktiver daran teilgenommen hatte.

»Wehe dem Lande, wo der Luxus des Kapitalisten und des unersättlichen Wucherers über das Kleid des Tapferen gestellt wird, welcher sein Leben, seine Gesundheit und sein Vermögen für die Verteidigung des Landes hergibt.« (Antoine-Henri Jomini)

Helmuth von Moltke der Ältere

»Wie kann man ein Buch über Strategie schreiben? Darüber lässt sich überhaupt nichts schreiben. Strategie ist nichts weiter als die Anwendung des gesunden Menschenverstandes, der lässt sich nicht lehren.« (Helmuth von Moltke)

Der Mann, der dies von sich gab, gilt als einer der ganz großen Strategen der Neuzeit. Dafür, dass er oft als »der große Schweiger« beschrieben wurde, gab er überraschend viele treffsichere Aussagen von sich. Wie zum Beispiel: »Kriegsführen ist keine Wissenschaft, sondern eine Kunst.«

Der später für viele so »typische« Preuße Helmuth von Moltke d. Ä. (1800–1891) entstammte dem Mecklenburger Adel. Sein Vater Friedrich Philipp von Moltke hatte in Dänemark militärische Karriere gemacht und sorgte dafür, dass seine drei ältesten Söhne an die Kadettenakademie von Kopenhagen kamen. Helmuth von Moltke scheint ein gelehriger Militärschüler gewesen zu sein, erfreute sich großer Beliebtheit und wurde 1818 Page am Hof des dänischen Königs. Danach diente er in einem dänischen Infanterieregiment in Rendsburg. Doch er fühlte sich zu Höherem berufen. So schrieb er an den dänischen König Frederik VI.: »Möge es mir irgendwann in der Zukunft vergönnt sein, die Befähigungen, die ich zu erwerben trachte, zum Nutzen des Königs und Dänemarks einzusetzen.« Moltke hatte früh bedeutende Persönlichkeiten der dänischen Geisteswelt kennengelernt und sich eine für einen jungen Militär recht umfangreiche und weltoffene Bildung angeeignet. Durch den Theologen Jacob Peter Mynster wurde Moltkes tiefe Religiosität verstärkt; sie sollte ihm später ein wichtiger Leitfaden sein – wobei grundsätzlich zu bemerken ist, dass Religiosität bei den großen Heerführern der Geschichte eher die Ausnahme als die Regel ist.

Der strebsame junge Offizier wollte bald aus der dänischen Armee austreten, da sie ihm für eine Karriere zu klein erschien. Sein Interesse galt der preußischen Armee und er setzte alles daran, dort aufgenommen zu werden. Der dänische König gab im Januar 1822 den Bitten Moltkes nach und er absolvierte in Preußen die Offiziersprüfung mit Auszeichnung, wobei man seine Bildung und Intelligenz besonders würdigte. Er wurde als Seconde-Lieutenant eingestellt und kam in ein Grenadierregiment. Auch hier erkannte man rasch seine Begabung und schickte ihn auf die Allgemeine Kriegsschule in Berlin. Moltke bekam hier ausführlich Gelegenheit, sich weiterzubilden und seinen kulturellen Neigungen nachzugehen. Er schrieb auch einige Erzählungen, die sogar veröffentlicht wurden. Nebenbei zeigte er auch ein Talent als Zeichner. Moltke wurde 1828 zum Topografischen Büro des Großen Generalstabes in Berlin versetzt, nachdem er als Lehr- und Prüfungsoffizier für Offiziersanwärter tätig gewesen war. Er machte rasch durch perfekte kartografische Arbeiten auf sich aufmerksam, weshalb er ab 1832 zum Großen Generalstab abkommandiert wurde. 1835 wurde er zum Hauptmann befördert und bekam einen sechsmonatigen Bildungsurlaub gewährt, der ihn nach Wien, Athen, Neapel und Konstantinopel führen sollte. Da der türkische Sultan Mahmud II. (1785–1839) seine Armee an westliche Normen anpassen wollte, ersuchte er die Preußen um Militärberater. Da traf es sich gut, dass Moltke bereits vor Ort war. Ab Anfang 1836 war der vielseitig begabte Offizier mit der Neuorganisation der osmanischen Streitkräfte beschäftigt. Moltke ging in darin ganz auf und unternahm groß angelegte Reisen durch das gesamte Osmanischen Reich und sammelte dabei ständig neue Eindrücke. Als er Ende 1839 wieder nach Berlin musste, hatte er viele prägende Erkenntnisse gewonnen. 1841 publizierte er über seine Erfahrungen und Reiseerlebnisse in der Türkei einen Bericht, der sich zu einem veritablen Bestseller entwickelte. Außerdem hatte Moltke überhaupt als Erster große Gebiete der Türkei kartografisch präzise erfasst. Während seines Türkeiaufenthalts nahm Moltke – neben einer Militäraktion gegen die Kurden – auch an einem Feldzug der Türken gegen die ägyptische Armee in Syrien teil. In der Schlacht bei Nisib erlitten die Türken unter dem Kommando des beratungsresistenten Hafiz Pascha eine vernichtende Niederlage, bei der Moltke nur unter Mühen sein Leben retten konnte. Somit war er in seiner Generation preußischer Offiziere auch einer der ganz wenigen mit echter Kriegserfahrung.

Ab 1840 war Moltke beim Generalstab der 4. Armee und wurde 1842 zum Major befördert. Als man für den künstlerisch versponnenen Prinzen Heinrich von Preußen (1781–1846) einen passenden Adjutanten suchte, verfiel man auf Moltke. Da der Prinz fast immer in Rom war, tat Moltke dort seinen Dienst und beschäftigte sich intensiv mit antiker Geschichte und Topografie, wobei er auch Karten zeichnete und einen Führer über Rom und dessen Umgebung schrieb. Prinz Heinrich starb im Sommer 1846 und Moltke wurde zum Generalstab des VII. Korps in Koblenz versetzt. Ab 1848 war er bereits in höherer Position im Großen Generalstab in Berlin und wurde anschließend Chef des Generalstabes des IV. Armeekorps in Magdeburg. Unterdessen stieg er auch im Rang auf und wurde 1851 Oberst. Moltke kümmerte sich auch um die Erziehung des jungen Prinzen Friedrich Wilhelm, des späteren Thronfolgers. Er erfüllte auch diese Aufgabe mit Bravour und begleitete den Prinzen auf vielen Reisen in Europa. So lernte er nach und nach auch die Höfe fast aller Großmächte kennen.

Als Moltke 1857 die Führung des Großen Generalstabes übernahm, hatte er die herausgehobene Stellung, die er über 30 Jahre innehaben sollte, erreicht. Während dieser Zeit erlangte er auch den Titel eines Generalfeldmarschalls, der höchste militärische Rang, den das damalige Preußen zu vergeben hatte. Moltke unterschied sich eindeutig von seinen Vorgängern: durch seine Universalität, seine künstlerischen und wissenschaftlichen Begabungen und seine Weitgereistheit. Der politisch sehr konservative und nationalistische Moltke war ein großer Anhänger des technischen Fortschritts und setzte besonders auf die Eisenbahn und die moderne Massenproduktion von Kriegsmitteln.

In jungen Jahren noch vom berühmten Clausewitz beeinflusst und gefördert, sah Moltke im Großen Generalstab das richtige Instrument, Kriege vorzubereiten und zu steuern. Weshalb er sich auch bei seiner Operationsführung jede politische Kontrolle verbat und nur bereit war, sich dem Oberkommandierenden, also dem König, zu unterwerfen, welcher ihm dafür das Beratungsmonopol zugestand. Das Schicksal wollte es, dass Moltke in König Wilhelm I. (1797–1888) den richtigen »Partner« fand und mit ihm ein Vertrauensverhältnis aufbauen konnte, das sicher bedeutende Auswirkungen auf den Verlauf der Einigungskriege und die großen Siege von Königgrätz und Sedan hatte.

Moltkes Vorstellungen bezüglich moderner Kriegsführung wichen vom althergebrachten Lehrgebäude deutlich ab. So war er ein Anhänger des getrennten Vormarsches der Armeen und deren Konzentration erst auf dem Schlachtfeld. Dabei setzte er auf die damals neuen Massenbeförderungsmittel. Zudem wollte er den Gegner auch nicht ermatten, wie im Zeitalter der Kabinettskriege noch üblich, sondern in einer Umfassungsschlacht nach dem Vorbild Hannibals vernichten. Obwohl Moltke viel Wert auf genaue

Planung, Gefechtsgliederung und Marschordnung legte, war ihm klar, dass man einen Feldzug nur so weit planen konnte, bis es zum ersten Feindkontakt kam. Deshalb war jede Art von Strategie für ihn nur ein »System von Aushilfen«. Im Gegensatz zu vielen seiner Vorgänger trat Moltke aus diesem Grund für eine größere Freiheit der militärischen Unterführer ein, die im Rahmen einer sogenannten »Auftragstaktik« handeln sollten. Er setzte dabei auf eine gewisse »Einheitlichkeit im Denken«, zu der die Offiziere erzogen wurden. Das sollte großen Einfluss auf die weitere Entwicklung der deutschen Armee bis heute haben. Für den Krieg, den Moltke führen wollte, sollten alle wirtschaftlichen und technischen Errungenschaften einer konsequenten Nutzung zugeführt werden. Die wichtigsten Faktoren für die Kriegsführung Moltkes waren alle Errungenschaften seiner Zeit: die Eisenbahn, der Telegraf, das Zündnadelgewehr und die gezogenen Kruppkanonen. Das sollte ihn in die Lage versetzen, mit den neu formierten Massenheeren strategische Erfolge herbeizuführen. Besonders wichtig war ihm der Ausbau des Eisenbahnnetzes, um Hunderttausende Soldaten in kurzer Zeit über große Strecken transportieren zu können. Moltke war damit anderen Heerführern seiner Zeit voraus; und Preußen hatte auch bezüglich der Leistungsfähigkeit seines Bahnnetzes große Vorteile gegenüber seinen Gegnern, insbesondere den Österreichern, die diesbezüglich nicht mithalten konnten.

Moltkes erste große Handlung am Vorabend der Einigungskriege war 1862 die Ausarbeitung des Generalstabsplanes gegen Dänemark. Die Orientierung am militärischen Denken von Clausewitz brachte Moltke einige Male in Konflikt mit dem damaligen preußischen Ministerpräsidenten Otto von Bismarck (1815–1898). Als Chef des Generalstabs konnte sich Moltke ganz entfalten, nachdem König Wilhelm I. ihn zum Befugten für alle Kriegshandlungen gemacht hatte. Moltke konnte von nun an im Namen des Königs Befehle erteilen, ohne auf andere Rücksicht zu nehmen. Damit war er wirklich zum großen Feldherrn und Schlachtenlenker geworden. Königgrätz wurde Moltkes erstes Meisterstück als weitgehend selbst entscheidender Feldherr und in Sedan hat er sich dann selbst übertroffen.

Sein Grundsatz dabei: »Der Charakter der heutigen Kriegsführung ist bezeichnet durch das Streben nach großer und schneller Entscheidung.«

Moltke hat im Grunde die von Clausewitz geprägte Kriegsphilosophie konsequent weiterentwickelt. Einerseits hat wohl kaum jemand so sehr und intensiv Clausewitz studiert wie Moltke, andererseits hat er ihn auch vervollkommnet. Moltke hat seinen Lehrmeister, der wie bereits erwähnt vom Zeitalter Napoleons geprägt war, für die zweite Hälfte des 19. Jahrhunderts mit ihrem vielseitigen technischen Fortschritt adaptiert und versucht, in jeder Beziehung die neuen Möglichkeiten zu nutzen, die sich dadurch ergaben. Er war in seinem Denken in vielen Bereichen deutlich dynamischer als Clausewitz, der – bedingt durch seine Lebensumstände – doch mehr ein Schreibtischgeneral war.

»Vier G dürfen einem Feldherren nicht fehlen:
Geld, Geduld, Genie und Glück.« (Moltke)

Es war dem wortkargen Denker Moltke immer bewusst, dass bei allem Geschick das Glück auf seiner Seite sein musste. Er bewies auch in kritischen Momenten eine große »Coolness«, die wohl auch auf ein gewisses Maß an Fatalismus zurückzuführen war. Als Bismarck ihn während der ersten kritischen Phase der Schlacht bei Königgrätz fragte, welche Pläne er für einen Rückzug habe, entgegnete er angeblich ziemlich kühl: »Gar keine.« Niemand hat jemals erfahren, ob er sich des Sieges wirklich so sicher war, aber er überzeugte damit seine Umgebung. Sein und Preußens Glück wollte es, dass im entscheidenden Moment dann wirklich die Kronprinzenarmee auf dem Schlachtfeld erschien. Sein Plan gegen Österreich: »Getrennt marschieren, vereint schlagen«, wurde massiv kritisiert und erwies sich dann doch als genau richtig. Allerdings sollte man dabei nicht vergessen, dass der Feind – der österreichische Kommandeur Feldzeugmeister Benedek (1804–1881) – durch seine Zögerlichkeit und Nichtkenntnis des Kriegsschauplatzes ihm erheblich in die Hände spielte. Moltke gewann die entscheidende Schlacht bei Königgrätz im Juli 1866 und wurde bei seinem Vorrücken gegen Wien erst im letzten Moment von Bismarck gebremst, der befürchtete, dass im letzten Moment alles verloren gehen könnte.

Im Krieg gegen Frankreich 1870/71 war Moltke vor allem bestrebt, die Anfangserfolge der Preußen und ihrer Verbündeten zu sichern. Er blieb sich treu und gewährte den unteren Führern große Freiheiten bei situativen Entscheidungen. Derartiges hätte es bei Napoleon niemals gegeben. Die Schlacht bei Sedan am 1. und

2. September 1870 wird von vielen Historikern als Moltkes bedeutendster Sieg betrachtet. Sie entschied den Krieg zwischen Deutschland und Frankreich. Kaiser Napoleon III. wurde gefangen genommen, und Frankreich wurde Republik, die jedoch noch monatelang verlustreichen Widerstand gegen die Preußen leistete.

Moltke wandte sich später gegen verzerrte und glorifizierende Darstellungen der Ereignisse: »In der Schilderung geschichtlicher Begebenheiten, wie sie auf die Nachwelt übergeht, bilden sich Irrtümer zu Legenden heraus, die später nicht leicht richtigzustellen sind. Dahin gehören unter anderem die Erzählungen, welche die großen Entscheidungen unserer letzten Feldzüge mit besonderer Vorliebe und in hergebrachter Weise aus der Beschlußfassung eines zuvor versammelten Kriegsrats hervorgehen lassen.« (Moltke 1881)

Moltke gilt neben Bismarck als der eigentliche Schmied der deutschen Reichseinigung von 1871 – wobei Bismarck die politische und Moltke die militärische Seite bediente. Moltke bekam in der Folge ein »Immediatrecht« beim neuen Kaiser, also das Privileg, gemeinsam mit diesem unter Ausschluss von Reichskanzler und Reichstag militärische Entscheidungen zu treffen. Allerdings tat er niemals etwas Entscheidendes ohne Rücksprache mit Bismarck. Moltke, seit 1866 General der Infanterie, wurde 1870 in den Grafenstand erhoben und erhielt 1871 den Titel eines Generalfeldmarschalls. Als konservatives Mitglied des Deutschen Reichstags und des preußischen Herrenhauses war er auch politisch aktiv. Generell erkannte er aber immer das Primat der Politik über das Militärische an.

Moltke alterte gemeinsam mit Bismarck in dem von ihnen gemeinsam geschaffenen Reich, das den Rest Europas zu dominieren drohte. So wie Bismarck sah Moltke auch trotz seines hohen Alters die Gefahren, welche die Zukunft brachte. In seiner letzten Rede vor dem Reichstag im Mai 1890 warnte er – mit fast 90 Jahren und wenige Monate vor Bismarcks Entlassung – vor einem neuen großen Krieg in Europa. Er sollte mit vielen seiner Befürchtungen recht behalten. Der junge Kaiser Wilhelm II. schien weder zu ihm noch zu Bismarck zu passen und verspielte vieles, was die beiden Männer vor ihm aufgebaut hatten. Moltke starb 1891, und es ist ein makabres Detail der Geschichte, dass seine Gebeine in der Endphase des Zweiten Weltkrieges verloren gingen.

Der »große Schweiger« schrieb einige Bücher, hinterließ jedoch kein umfassend konzipiertes militärstrategisches Werk. Sein Geist jedoch war über lange Zeit für die Armee des deutschen Kaiserreiches prägend. Über das Wesen von Feldherren schrieb er: »Es gibt Feldherren, die keines Rates bedürfen, die in sich selber wägen und beschließen; ihre Umgebung hat nur auszuführen. Aber das sind Sterne erster Ordnung, deren kaum jedes Jahrhundert aufzuweisen hat. In den allermeisten Fällen wird der Führer eines Heeres des Beirats nicht entbehren wollen. Dieser kann sehr wohl das Resultat gemeinsamer Erwägung einer kleineren oder größeren Zahl von Männern sein, deren Bildung und Erfahrung sie vorzugsweise zu einer richtigen Beurteilung befähigt. Aber in dieser Zahl schon darf nur eine Meinung zur Geltung kommen. Die militärisch-hierarchische Gliederung muß der Unterordnung, auch des Gedankens, zur Hilfe kommen. Am unglücklichsten aber ist der Feldherr, der noch eine Kontrolle über sich hat, welcher er an jedem Tag, in jeder Stunde Rechenschaft von seinen Entwürfen, Plänen und Absichten legen soll, einen Delegaten der höchsten Gewalt im Hauptquartier oder doch einen Telegraphendraht im Rücken. Daran muß jede Selbständigkeit, jeder rasche Entschluß, jedes kühne Wagnis scheitern, ohne welche doch der Krieg nicht geführt werden kann.«

Strategien der Kolonialkriege

»Whatever happens, we have got the Maxim gun,
and they have not …« (Hilaire Belloc 1898)

Das, was wir unter »Kolonialkrieg« verstehen, begann 1492 mit der Landung von Kolumbus auf einer karibischen Insel. Der Begriff bezeichnet die Kriegführung kolonialer Mächte von damals bis weit ins 20. Jahrhundert hinein. Offiziell war der letzte Kolonialkrieg jener der Portugiesen in Afrika, der erst 1974 endete. Kolonialkriege dienten dem Erwerb und Erhalt von Kolonien in Übersee; sie boten nationalen Streitkräften permanentes Training und das Sammeln von Erfahrungen und wurden auch einige Male zur Ablenkung von Konflikten im Mutterland benutzt. Folgende Nationen besaßen (in annähernd chronologischer Folge) Kolonialreiche: Spanien, Portugal, Niederlande, England, Frankreich, Italien, Deutschland und die USA.

Die ersten großen Kolonialkriege, eigentlich brutale Eroberungszüge, führten die Spanier im 16. Jahrhundert durch die Eroberung der Azteken- und Inkareiche. Hernán Cortés (1485–1547), der das Großreich der Azteken eroberte, verfügte über großes strategisches Geschick. Er nützte, wie später auch Francisco Pizarro (1476–1541) in Peru, die Gegensätze zwischen der imperialen Zentralgewalt und den unterworfenen Völkern an der Peripherie aus und fand rasch Verbündete. Cortés setzte auf verschiedene psychologische Effekte und die Unerfahrenheit des Aztekenherrschers. Auch als er kurzfristig aus dem Zentrum des Aztekenreiches vertrieben wurde, gab er nicht auf, sondern intensivierte seine Bemühungen unter Einbeziehung gemachter Erfahrungen. So setzte er bewusst auf die kriegstechnische Überlegenheit seines kleinen Heeres durch Stahlwaffen, Rüstungen und Feuerwaffen. Der Einsatz einer Binnenflotte beim Kampf um Tenochtitlan und ein durchdachtes Belagerungskonzept führten schließlich zum Sieg der Spanier und ihrer Verbündeten. Eine große »Hilfe« für die Eroberer waren die eingeschleppten Krankheiten, insbesondere die Pocken, gegen die die Indianer keine Abwehrkräfte hatten, was zu ihrer raschen Dezimierung führte. Die mitgeführten Krankheiten begünstigten nicht nur die erstaunlichen Siege von Eroberern wie Cortés und Pizarro, sondern auch viele andere koloniale Unternehmungen durch die Europäer. In späteren Kolonialkriegen ging man dann sogar dazu über, Infektionskrankheiten als gezielte Waffe einzusetzen.

Schon kurz nachdem sich die ersten Kolonialreiche etabliert hatten, begann man schon damit, innereuropäische Konflikte in den Kolonien auszutragen. Man konnte den Gegner schwächen, indem man ihm Kolonien abnahm und seinen Überseehandel störte. Bekannt sind besonders die Aktionen, die englische Freibeuter unter Francis Drake und anderen gegen die spanischen Besitzungen in Übersee unternahmen. Besonders im Siebenjährigen Krieg (1756–1763) kam es zu einer massiven Umverteilung kolonialer Besitzungen von den Franzosen zu den Briten, die damit ihr Weltreich begründen konnten. Spätere Unabhängigkeitskriege von Kolonisten gegen das Mutterland gelten auch als Kolonialkriege, obwohl dabei die ursprüngliche indigene Bevölkerung meist nur am Rande beteiligt war. Das traf sowohl auf den Amerikanischen Unabhängigkeitskrieg als auch auf die Kriege um die Unabhängigkeit der südamerikanischen Staaten zu. Die nunmehr unabhängigen ehemaligen Kolonien führten dann weiter und manchmal sogar vermehrt Kriege gegen die Ureinwohner, was ganz besonders auf Nordamerika zutraf.

Im 19. Jahrhundert kam es zu einem sprunghaften Anstieg der Kolonisation, wobei nun besonders Asien und Afrika ins Visier gerieten. Die Entwicklung des Dampfschiffs ermöglichte den europäischen Kolonialmächten eine Intensivierung des Handels und der schlagkräftigen Kriegsführung in Übersee. Frankreich versuchte eingedenk seiner vormaligen großen kolonialen Verluste gegenüber England, sich in Indochina ein Kolonialreich aufzubauen, während die USA und Japan als neue Kolonialmächte auftauchten. Das immer schwächer werdende China wurde ebenfalls Opfer kolonialer Expansionen und erlebte eine Reihe empfindlicher Niederlagen und traumatischer Demütigungen. Das neu entstandene Deutsche Reich wollte nun ebenfalls am kolonialen Kuchen teilhaben und konnte in Afrika größere Gebiete unter seine Kontrolle bringen. Zu Beginn des 20. Jahrhunderts war ganz Afrika bis auf Äthiopien und Liberia unter den europäischen Nationen aufgeteilt.

Kolonialkriege wurden zumeist dadurch bestimmt, dass die Europäer und später auch die Amerikaner der jeweiligen eingeborenen Bevölkerung vor allem waffentechnisch und in ihrer militärischen Organisation weit überlegen waren. Selbst eine so alte Macht wie China, bis ins 15. Jahrhundert hinein den Europäern sicherlich in jeder Hinsicht überlegen, konnte im 19. Jahrhundert militärisch nicht mehr mithalten. Auch Indien war unter der Mogul-Herrschaft gegenüber den Europäern zurückgefallen. Das machte es auch gegenüber kleineren europäischen Armeen überraschend wehrlos. Während es z. B. in Nordamerika und Teilen Afrikas einigen Völkern gelang, den Eindringlingen für einige Zeit die Stirn zu bieten und ihnen auch empfindliche Niederlagen zu bereiten, gelang effektiver Widerstand in anderen Teilen der Welt so gut wie gar nicht. Nur in wenigen Bereichen ihres Expansionsgebietes konnten sich die Europäer nicht durchsetzen und mussten schließlich das Terrain räumen. Ein Beispiel dafür ist Afghanistan, wo die Briten ein schlimmes Desaster erlebten. Auch der Mahdi-Aufstand im Sudan verlief zunächst für die Briten traumatisierend. Hier konnten sie am Ende durch einen massiven Einsatz ihrer modernen Militärtechnologie doch noch einen Sieg davontragen.

Lange Zeit hatten die Europäer einen gewissen militärischen Vorsprung gegenüber fast allen Überseeterritorien, der im organisierten und disziplinierten Feuern aus Vorderladergewehren, im Einsatz von Kanonen, in der Errichtung von Forts und der überlegenen Feuerkraft und Transportleistung ihrer Schiffe bestand; und das 19. Jahrhundert brachte Neuheiten mit sich, die ihre Überlegenheit noch ausbauten und festigten. Es waren dies wie bereits erwähnt das Dampfschiff, dann das Hinterlader- bzw. Repetiergewehr, später das Maschinengewehr, wozu gegen Ende der Kolonialepoche noch Panzer und Flugzeuge kamen. Dabei fand aber im Laufe der Zeit auch immer wieder ein waffentechnischer Transfer zur kolonialen Bevölkerung statt. Steinschloss- und Perkussionsgewehre wurden z. B. sehr rasch von den Indigenen Nordamerikas übernommen und beim Mahdi-Aufstand ging es den Aufständischen sehr gezielt um die Erbeutung britischer Gewehre und Kanonen mit der nötigen Munition. Der technologische Vorsprung ließ sich also in vielen Fällen nicht lange aufrechterhalten. Was den meisten indigenen Widerstandskämpfern aber fehlte, waren die Disziplin und die Ausbildung der regulären Kolonialtruppen. Wobei manche Europäer, insbesondere die Briten in Indien und die Franzosen in Afrika, schon bald bestrebt waren, Verbände aus »Einheimischen« zu bilden, die nach europäischem Muster ausgebildet wurden und fast immer unter dem Kommando europäischer Offiziere standen.

Es gab im Laufe der Jahrhunderte eine Reihe von militärischen Denkern, die sich mit der Kolonialkriegsführung beschäftigten. Wobei als Grundlage zumeist die Interessen der jeweiligen Kolonialherren dienten. Während die meisten Mächte an der Unterwerfung und Beherrschung der indigenen Bewohner interessiert waren, ging es anderen auch um die Vertreibung und Verdrängung bzw. im schlimmsten Fall um die Ausrottung der »Ureinwohner«. Dabei war es natürlich auch von Bedeutung, ob man eine Siedlungskolonie errichten oder nur Handels- und Militärstützpunkte zur Ausbeutung der eroberten Gebiete unterhalten wollte.

Es wurde später zwischen drei »Denkschulen« in der Führung europäischer Kolonialkriege unterschieden: Großbritannien trachtete nach einer Form indirekter Herrschaft (»indirect rule«). Das bedeutete, dass man nach Möglichkeit einheimische Herrscher und deren Truppen oder Hilfstruppen einsetzte, um die nötigen Kriege zu führen. In Reserve standen dann britische Truppen, wie die schlagkräftige Britische Indienarmee, die bei Bedarf eingesetzt wurde, wenn andere Mittel versagt hatten. Demgegenüber setzte

Frankreich zwar auch einheimische Hilfstruppen ein, diese standen jedoch unter strenger Kontrolle durch französische Offiziere. Als Eingreifreserve hatte die »Grande Nation« die berüchtigte Fremdenlegion, die ursprünglich nur für einen Krieg in Algerien ins Leben gerufen worden war. Die Spanier als eigentlich älteste Kolonialmacht benutzten zwar auch seit der Zeit der Konquistadoren – wenn nötig und möglich – Hilfstruppen aus indigenen Völkern, aber die eigentliche Kolonialherrschaft wurde durch rein spanische Truppen bzw. auch Milizen der Einwanderer bzw. deren Nachkommen aufrechterhalten.

Die Europäer trachteten auch in den Kolonien, die Auseinandersetzungen in offenen Feldschlachten nach gewohntem Muster zu führen. Das garantierte in der Regel einen fast sicheren Sieg gegen ihre organisatorisch und waffentechnisch unterlegenen Feinde. Nur ganz selten gelang es indigenen Truppen unter diesen Umständen, über die europäischen Invasoren zu siegen. Wenn es dennoch gelang, wie Beispiele von Siegen der Zulus gegen die Briten oder der Abessinier gegen die Italiener zeigen, dann verspielten die Europäer oft ihre Überlegenheit durch sorglose Arroganz oder trafen auf gut organisierte »Eingeborene« unter einem begabten Führer. Da es meistens allzu klar war, dass die indigenen Aufständischen bzw. Widerstandskämpfer in offener Feldschlacht kaum günstige Aussichten hatten, verlagerte sich das militärische Geschehen fast immer auf den Kleinkrieg in seinen unterschiedlichsten Formen. Dabei hatten die Indigenen naturgemäß Vorteile gegenüber den Invasoren: Sie kannten das Terrain, waren sozial vernetzt und waren in der Regel nicht vom Nachschub abhängig. Kleinere Trupps von Aufständischen konnten viel flexibler agieren als schwerfällige europäische Truppenverbände, und sie verfügten in der Regel bei Angriffen über den Überraschungseffekt.

Die Antwort vonseiten der Kolonialtruppen war eine Anpassung an die Kampfweise des Gegners, Terror gegen die indigene Bevölkerung und das Heranziehen von einheimischen Verbündeten. Außerdem konnten sie im Notfall Reserven heranziehen, wie zum Beispiel die Marineinfanterie. Man stellte militärische Formationen auf, die besser an das Gebiet, das Klima und die Lebensweise der Kolonie angepasst waren. Oder man bildete einfach gut ausgebildete und schlagkräftige Eliteverbände, die in den unterschiedlichsten Kolonien eingesetzt werden konnten wie die französische und spanische Fremdenlegion oder die US Marines.

Wie sehr spezielle Verbände, die für den »kleinen« Kolonialkrieg geschaffen worden waren, dazu neigten, blutige Exzesse und Massaker an der indigenen Bevölkerung zu verübten, zeigte besonders die »Force Publique« in Belgisch-Kongo, der Millionen von Menschen unter besonders grausamen Umständen zum Opfer fielen. Schlimme Massaker durch koloniale Truppen gab es – abgesehen von der Frühzeit der spanischen Kolonisation in Amerika – z. B. auch im niederländischen Kolonialbereich im heutigen Indonesien und an vielen anderen Orten. Kolonialkriege waren oft viel blutiger als »konventionelle Kriege« in Europa, da man »Eingeborene« nicht als vollwertige Menschen betrachtete und auch wenig Rücksicht auf zivilisierte »Spielregeln« genommen wurde.

Pedro de Alvarado

Alvarado (1486–1541) ist deutlich weniger bekannt als seine »berühmten« Kollegen Cortés und Pizarro. In vielem ist er typisch für einen erfolgreichen Anführer von Konquistadoren-Truppen, der auch fähig war, strategisch zu denken. Im Gegensatz zum ehemaligen Schweinehirten Pizarro entstammte er einer adeligen Familie und suchte mit seinen fünf Brüdern das Glück in Übersee. Nachdem er und seine Brüder 1511 an der Eroberung Kubas beteiligt waren, nahm Alvarado 1518 als Schiffskommandant an einer Expedition teil, welche die Küste des Festlandes erkunden sollte. Es war dies die erste Unternehmung der Spanier, die in den Herrschaftsbereich der Azteken eindrang und Kontakte zu ihnen knüpfte. Als er mit seinem Schiff als einzigem von insgesamt vier nach Kuba zurückkehrte, hatte er viel zu erzählen über die Pracht und die Reichtümer auf dem mexikanischen Festland.

Der Gouverneur Kubas schickte nun eine größere Expedition unter dem Kommando von Hernán Cortés aus, an der Alvarado mit einigen seiner Brüder teilnahm. Er kommandierte eines der elf Schiffe und landete mit den anderen im April 1519 an der mexikanischen Küste. Cortés handelte von Beginn an gegen seine Befehle und schickte ein Schiff mit erbeuteten Schätzen direkt nach Spanien, um den König zu beeindrucken. Dann ließ er die restlichen zehn Schiffe verbrennen, um seinen Leuten den Rückweg abzuschneiden. Von nun an gab es nur mehr den Weg vorwärts. Alvarado leistete zumindest keinen Widerstand dagegen. Der Plan schien irgendwie wahnsinnig, denn die Truppe verfügte vorerst nur über 500 Soldaten zu Fuß, 16 Reiter, 30 Armbrust- und zwölf Arkebusenschützen. Dazu kamen noch fünf Kanonen und einige Hundert Indianer, die sich dem Eroberer anschlossen. Es war Cortés klar, dass Alvarado ein besonders mutiger Mann war, der auch über bedeutende militärische Fähigkeiten verfügte. Deshalb wurde er sein Stellvertreter und übernahm besonders gefährliche Missionen.

Nach heftigen Kämpfen mit den Tlaxcalteken einigte man sich auf ein Bündnis und zog gemeinsam weiter gegen die Azteken. Alvarado heiratete wie viele Spanier eine Tlaxcaltekin und hatte später mit ihr zwei Kinder. Die Streitmacht von Cortés war auf mehrere Tausend Leute angewachsen, als sie die Stadt Cholula erreichten. Die Spanier fühlten sich nicht willkommen und erfuhren, dass 20 000 Azteken auf sie zumarschierten. Cortés und Alvarado beschlossen, ein Exempel zu statuieren. Sie luden alle Würdenträger der recht großen Stadt zu einem Fest ein und ließen sie ermorden. Anschließend zogen sie mit ihren indianischen Hilfstruppen durch Cholula und veranstalteten ein gigantisches Blutbad, ehe man die Stadt anzündete. Derartige »Aktionen« sollten auch die weitere Karriere von Alvarado prägen. Wie er erwartet hatte, rief das Massaker auch bei den Azteken in erster Linie großen Schrecken hervor und Cortés' Truppe konnte ungehindert nach Tenochtitlan vorrücken.

Der Herrscher der Azteken, Moctezuma II. war von vielen religiösen Zweifeln geplagt, da er an gewisse Verheißungen glaubte. Er wusste nicht, wie er gegenüber den Fremden angemessen reagieren sollte. Immerhin hatten sie den Tempel des Gottes Quetzalcoatl in Cholula zerstört, ohne dass eine Rache der Götter erfolgt war. Er traf die für sein Volk fatal falsche Entscheidung und hieß die Eindringlinge in seiner Hauptstadt willkommen. Diese nahmen ihn als Dank dafür auch gleich gefangen und hatten nun das Heft in der Hand. Als Cortés allerdings erfuhr, dass eine spanische Streitmacht von Kuba aus gelandet war, um ihn und seine Offiziere festzunehmen, zog er gegen diese ins Feld. Er ließ Alvarado mit 150 Mann in Tenochtitlan, überraschte die 1 000 Mann starke spanische Truppe und nahm sie gefangen. Die meisten der Männer ließen sich rasch überzeugen, beim Unternehmen gegen die Azteken mitzumachen. Alvarado verübte inzwischen ganz nach seiner Art ein großes Massaker an Unbewaffneten. Bei einer

Tanzveranstaltung für die Götter ließ er Tänzer und Publikum abschlachten, was etwa 3 000 Opfer forderte. Alvarado rechtfertigte sich, indem er sagte, dass jene, die den ersten Schlag führten, auch die Sieger sein würden. Die Azteken reagierten erwartungsgemäß sehr aggressiv, und es folgten heftige Kämpfe, in die auch Cortés mit seinen zurückkehrenden Leuten involviert wurde. Im Zuge der Kämpfe kam der Aztekenkönig ums Leben. Den Spaniern blieb am Ende nichts anderes übrig, als einen Ausfall zu unternehmen, bei dem Alvarado die Nachhut kommandierte. Das Unternehmen verlief sehr blutig und ein großer Teil der Spanier und ihrer indianischen Verbündeten kam ums Leben oder wurde gefangen und den Göttern geopfert. Alvarado hatte eigentlich durch seine Entscheidung die Katastrophe verschuldet, aber er kämpfte nun wie ein Löwe. Er war mutmaßlich der Letzte, der es schaffte, lebend zu entkommen. Angeblich soll er dabei seine Lanze wie ein Stabhochspringer benutzt haben. Von seiner Truppe überlebten bloß sieben Spanier sowie acht Tlaxcalteken. Letztlich überlebten von über 1 000 Spaniern weniger als 400 den Ausbruch.

Nachdem Cortés' Leute ihre Wunden geleckt hatten, gingen sie von ihrem Stützpunkt bei den Tlaxcalteken wieder zum Angriff auf Tenochtitlan über. Dieses Mal war das Unternehmen gut durchdacht und Cortés setzte Schiffe und Kanonen ein. In der Stadt, die von der Wasserversorgung abgeschnitten wurde, brachen Seuchen aus wie die schwarzen Pocken, die zahllose Opfer forderten. Die Verteidigung wurde immer schwächer und nach einer mehrmonatigen Belagerung konnten die Spanier und ihre Verbündeten die Stadt erfolgreich stürmen. Wieder kämpfte Alvarado ganz vorne und gab keinen Pardon. Niemand schien ihm übel zu nehmen, dass er einige Monate zuvor eine Katastrophe heraufbeschworen hatte.

Im Jahre 1523 führte Alvarado eine Truppe aus 300 Infanteristen und 120 Reitern und marschierte in Richtung Guatemala. Er mischte sich in interne Indianerkriege ein und unterwarf schließlich alle untereinander verfeindeten Stämme. Im Februar 1524 errang er einen großen Sieg in der Schlacht gegen die Quiché, in der über 10 000 Indianer getötet wurden. Da der nun unterworfene Stamm kein Gold abliefern konnte, ließ Alvarado alle gefangenen Indianer lebendig verbrennen. Eingeschüchtert durch Alvarados Grausamkeit luden die Quiché ihn und seine Leute in ihre Hauptstadt ein. Erneut richtete Alvarado ein Massaker an und brannte die Stadt nieder. Sogar spanische Chronisten jener Zeit beklagten die beispiellose Grausamkeit Alvarados und anderer Konquistadoren. Alvarado wurde aufgrund seiner Verdienste Gouverneur von Guatemala. Noch heute gedenken die Indianer des Landes der schrecklichen Ereignisse in kultischen Tänzen.

1533 hörte Alvarado von Eldorado, dem sagenhaften Goldland, und dem Reichtum der Inka. Bald darauf startete er eine Expedition, in die er seine gesamten Besitztümer investierte und für die er auch noch Schulden machte. Er ließ acht Schiffe bauen und schiffte sich mit 500 Soldaten und 227 Pferden ein. Begleitet wurde die Truppe von einigen hundert Indianern. Als die Flotte in Südamerika ankam, erreichte Alvarado die Nachricht, Pizarro habe die Inka bereits besiegt. Alvarado unternahm daraufhin einige Eroberungen in Ecuador, die allerdings nicht die erhofften Goldschätze brachten. Als er weiter nach Süden vordrang, um doch noch was vom Inkaterritorium unter seine Kontrolle zu bringen, kam es bei Quito zur Begegnung mit Pizarros Leuten. Krieg lag in der Luft, aber man verhandelte vorerst. Doch Pizarro ließ inzwischen alle Wechsel Alvarados aufkaufen und zwang ihn damit, seine 540 Soldaten und sechs von seinen Schiffen in Zahlung zu geben und auf alle Rechte in Peru zu verzichten. Alvarado kehrte gedemütigt nach Guatemala zurück.

Als Anfang 1540 ein großer Aufstand gegen die Spanier ausbrach, der »Neu-Galicien« erfasste, schickte der Vizekönig vorerst den alten Haudegen Cristóbal de Oñate (1504–1567) gegen die Rebellen. Dieser wurde jedoch besiegt und nun war Alvarado an der Reihe. Er zeigte wieder sein militärisches Können und stellte in einigen Gebieten die Ordnung rasch her. Doch im Laufe eines Gefechts stürzte er mit seinem Pferd einen Abhang hinunter. Man trug ihn schwer verletzt in die nächste Stadt, wo er starb. Mit dem Tod Alvarados starb einer der erfolgreichsten und brutalsten Konquistadoren, der selbst vielen spanischen Eroberern zu radikal war. Er zeigte nachdrücklich, wie mit einer Strategie der Massentötung und Ausrottung von Menschen eine widerständige indigene Bevölkerung eingeschüchtert und gefügig gemacht werden konnte. Alvarado war ein Typ von Kolonialkrieger, den es in verschiedenen Härtegraden während der kolonialen Expansion Europas immer wieder gab. Persönlich mutig, gierig nach Besitz und Erfolg und zu jeder Form von Grausamkeit bereit. Der Erfolg rechtfertigte ihn und viele artverwandte koloniale »Strategen«.

Horatio Herbert Kitchener

Der britische Kolonialfeldherr Kitchener (1850–1916) lebte über 300 Jahre nach Alvarado und hatte gewiss gänzlich andere Manieren als dieser. Er war auf seine Weise einer der erfolgreichsten kolonialen Generäle, die das Britische Imperium je aufbot. Als Sohn eines Oberstleutnants war es sein Wunsch, auch in der britischen Armee zu dienen. Kitchener absolvierte die Royal Academy in Woolwich und nahm 1870 als Freiwilliger auf Seiten der Franzosen an deren Krieg gegen Deutschland teil. Danach erhielt er sein Offizierspatent und diente vorerst im Ingenieurkorps. 1874 ging er nach Palästina, um dort Vermessungen durchzuführen. Er wurde bald mit der Leitung der gesamten Expedition betraut und Kitchener bewährte sich in dieser Funktion. Nebenbei lernte er Arabisch und versuchte sich in die Denkweise der Bevölkerung des Nahen Ostens einzufühlen. Später schrieb er zwei Bücher über sein Wirken in Palästina, die sich nicht nur mit der Topografie, sondern auch mit der Tier- und Pflanzenwelt beschäftigten. Als Kitchener nach Zypern geschickt wurde, um auch dort Vermessungen vorzunehmen, hatte er mit dem dortigen Hochkommissar Garnet J. Wolseley (1833–1913) große Differenzen. Die beiden mochten sich nicht; das sollte später noch Auswirkungen haben. Wolseley wurde 1880 zum Kampf gegen die Zulu in Südafrika geschickt, was Kitchener in Zypern freie Hand gab. Als er 1885 ein Buch über seine Arbeit in Zypern veröffentlichte, wurde sein Buch als Meisterwerk der Kartografie gefeiert.

Vornehmlich aus Eigeninitiative ging Kitchener 1882 nach Ägypten, um sich dort an der Niederschlagung der Urabi-Bewegung zu beteiligen. Da er gut Arabisch sprach, wurde Kitchener für Spionageeinsätze eingesetzt. Als die ägyptische Armee geschlagen und Ägypten von den Briten besetzt worden war, wurden die Streitkräfte neu aufgestellt, allerdings unter dem Kommando britischer Offiziere. Auch das stolze Ägypten war damit eine britische Kolonie geworden. Kitchener diente ab 1883 als Hauptmann in dieser Armee. Ende 1884 nahm Kitchener an der von seinem alten Widersacher Wolseleys geführten Expedition zur Rettung von General Gordon Pascha (1833–1885) teil, der in Khartoum von Truppen des Mahdi-Aufstandes eingeschlossen worden war. Das Unternehmen verlief wenig erfolgreich und Gordon sowie fast alle anderen Menschen in Khartoum wurden getötet. Ab 1886 diente Kitchener als Oberstleutnant in der ägyptischen Armee, wurde bald Generalgouverneur der Gebiete des Sudans, die nicht von den Mahdi-Truppen besetzt worden waren. 1887 versuchten Truppen der Mahdisten die Briten aus der Stadt Suakin, welche den Seeweg nach Indien sicherte, zu vertreiben. Kitchener griff ein, beendete die Belagerung und ging Anfang 1888 zur Gegenoffensive über. Er konnte dabei die Mahdisten aus der Region vertreiben.

Kitchener wurde in der Folge zum Oberst befördert und diente als Adjutant der Königin Victoria. Danach versuchte er die ägyptische Armee zu reorganisieren und führte 1889 die Kavallerie in einem Feldzug gegen die Mahdisten. 1892 wurde Kitchener als »Sirdar« Kommandant der ägyptischen Armee und bemühte sich weiter um die Rückeroberung des Sudan. Im März 1896 kam endlich der Befehl zum Angriff auf die Mahdisten. Kitchener marschierte den Nil entlang südwärts, begleitet vom österreichischen Abenteurer Slatin Pascha (1857–1932), der als einer der besten Kenner des Sudan galt. In den Jahren 1897 bis 1898 schoben sich die Truppen Kitcheners immer weiter in Richtung Süden. Der Nachfolger des Mahdi, Kalif Abdallahi ibn Muhammad (1846–1899), ließ seine fähigsten Generäle Mahmud Ahmad und Osman Digna gegen Kitchener vorrücken. Doch am 8. April 1898 siegte Kitchener bei Atbara und am 1. September 1898 stand er vor Omdurman, der Hauptstadt der Mahdisten.

Am nächsten Tag kam es zur Schlacht von Omdurman, in der eine modern ausgerüstete Armee nach europäischem Vorbild auf ein zahlenmäßig weit überlegenes Riesenheer von Mahdisten traf, das in puncto Ausrüstung und Kampfesweise nach europäischen Maßstäben völlig veraltet war. Die mit viel Elan ausgeführten Massenangriffe der Mahdisten endeten in einem apokalyptischen Massensterben; Zehntausende verloren ihr Leben. Es war ein Sieg Kitcheners, aber in erster Linie war es ein Sieg der europäischen Militärtechnik, Ausbildung und Disziplin. Kitchener erhielt den Titel »Lord of Khartoum« und weitere Auszeichnungen. Er besetzte das zerstörte Khartoum und baute es wieder auf. Die überlebenden Mahdisten zogen sich ins Landesinnere zurück und wurden schließlich in der südlichen Provinz Kordofan vernichtet. Kitchener wurde Generalgouverneur des Sudan, der von nun an ein »anglo-ägyptisches Kondominium« war.

In der Folge kam es zur Faschoda-Krise, da die Franzosen ebenfalls in den Sudan drängten. Kitchener konnte die Streitigkeiten beheben und legte damit die Grundlage für die Bildung des Bündnisses der Entente, das gegen Deutschland gerichtet war. Ende 1899 wurde Kitchener wieder an die Front geschickt. Nun ging es gegen die Buren in Südafrika, und der ehemalige »Sirdar« wurde Generalstabschef der Briten in diesem Konflikt. Der Burenkrieg bedeutete für Kitchener eine neue Herausforderung. Lief es vorerst sehr schlecht für die Briten, die sich auf die burische Kampfweise nicht einstellen konnten, so änderte sich durch Kitcheners Eingreifen das Kriegsglück. Die Buren – Nachkommen meist niederländischer weißer Siedler – gingen daraufhin zum Guerillakrieg über. Kitchener, der bereits im Sudan große Härte gezeigt hatte, ging zu einer Taktik über, die an Sherman im Amerikanischen Bürgerkrieg erinnerte: Die Farmen der Buren wurden zerstört, die Felder abgebrannt und die Familien der Rebellen in »Konzentrationslager« verfrachtet. Der Begriff stammt von Kitchener selbst. In den Lagern herrschte Hunger und Mangel und viele starben. Außerdem ließ Kitchener an vielen Stellen befestigte »Blockhäuser« errichten. Die brutale und kompromisslose Art der Kriegsführung, die man bislang nur gegenüber indigenen Völkern anwandte, zeigte Wirkung, und die Buren gaben ihre Sache 1902 verloren. Kitchener wurde wieder mit Titeln und Auszeichnungen überhäuft. Doch er sah sich auch viel internationaler Kritik ausgesetzt. Hatte er doch dieses Mal Europäer so behandelt, wie man sonst nur »Eingeborene« behandelte.

1902 bis 1909 war Kitchener in Indien, wo er die dortige britische Armee befehligte. Hier hatte er schwere Auseinandersetzungen mit dem britischen Vizekönig Lord Curzon (1859–1925). Der wollte die zivile Verwaltung über das Militär stellen, doch Kitchener setzte sich durch und Curzon trat zurück. Danach organisierte er die Armeestruktur in Indien neu, indem er alles unter einem zentralen Kommando vereinte und die Truppe technisch modernisierte. Anschließend hatte Kitchener den Oberbefehl im Mittelmeerraum und begab sich auf eine siebenmonatige Weltreise. Ab April 1910 führte Kitchener den Titel eines Feldmarschalls, wurde aber wider Erwarten nicht Vizekönig von Indien. Stattdessen war er von 1911 bis 1914 britischer Vizekönig von Ägypten und des Sudan. Als Großbritannien in den Ersten Weltkrieg eintrat, wurde Kitchener vom Premierminister zum Kriegsminister ernannt. Im Gegensatz zu den meisten Verantwortlichen erwartete er einen sehr langen Krieg, der mehrere Jahre dauern würde. Er agierte dementsprechend und stellte viele neue Divisionen auf, die als »Kitcheners Armee« bezeichnet wurden. Großen Erfolg hatte die von ihm initiierte Kampagne, Freiwillige für die Front in Frankreich anzuwerben; Millionen meldeten sich. Ein berühmtes und auch heute noch immer wieder gezeigtes und kopiertes Plakat erinnert daran. Mit seinem Plan, Truppen in der Südtürkei zu landen, scheiterte er. Stattdessen wurde das Gallipoli-Unternehmen durchgeführt, das zu einem militärischen Desaster wurde.

Kitchener befand sich am 5. Juni 1916 an Bord des britischen Schiffes HMS Hampshire auf dem Weg nach Russland, um dort eine diplomatische Mission durchzuführen. Das Schiff lief bei den Orkneys vermutlich auf eine deutsche Mine und sank rasch. Von 655 Männern überlebten nur zwölf – Kitchener und fast alle Mitglieder seines Stabes ertranken. Nach seinem Tod wurden eine Stadt in Kanada und ein Berg nach ihm benannt. Es rankten sich viele Verschwörungstheorien um das Ende Kitcheners. Manche vermuteten, dass Kitcheners Feind Winston Churchill die Verantwortung für den Tod des »Sirdar« habe. Später hat man vieles an der Kriegsführung Kitcheners kritisiert. Als Kolonialkrieger alter Schule wendete er oft überaus brutale Methoden an, wie die Schändung der Leiche des verstorbenen Mahdi bei der Eroberung von Omdurman. Besonders kritisiert wurden seine Methoden im Burenkrieg und die Erfindung der »Konzentrationslager«. Kitchener war geprägt von kolonialen Kriegserfahrungen. Andererseits war er auch ein energischer Befürworter der Modernisierung der Armee, der mehr als seine Vorgänger auf die neue Kriegstechnik und die Massenmobilisierung setzte.

Der Zweite Weltkrieg führte inbesondere in Asien zu einer »Entzauberung« der weißen Kolonialherren, vor allem durch die Japaner. Das führte später in Französisch-Indochina und den niederländischen Kolonien zu Befreiungsbewegungen, die auch militärisch gut organisiert waren. Sie erhielten Unterstützung von der UdSSR und der chinesischen Volksrepublik. Dass die asiatischen Kolonien nicht mehr zu halten waren, zeigte besonders der Indochinakrieg mit der beispiellosen französischen Niederlage bei Dien Bien Phu im Jahr 1954. Dieses »Stalingrad des weißen Mannes« genannte Ereignis beeinflusste auch zahlreiche Befreiungsbewegungen in Afrika. Besonders Frankreich und Portugal wurden durch die Befreiungskriege in den Kolonien in schwere innenpolitische Krisen gestürzt. Am Ende stand überall der Untergang der Kolonialreiche, jedoch selten das Ende des Blutvergießens.

»Der Kern des Staates besteht aus Wut und Gier.« (Sun Tzu)

Seekriegsstrategien – Prinzipien und Wandel

»In der gesamten Marinegeschichte haben Seeschlachten meist nahe am Lande stattgefunden.« (John Hattendorf)

Der häufig verwendete Begriff »Seeherrschaft« geht auf Thukydides zurück, der ihn wiederum Perikles in den Mund gelegt hatte. Der Begriff »Strategie« im Zusammenhang mit dem Seekrieg kam freilich erst im 19. Jahrhundert auf. Heute verwendet man gerne den Begriff »maritime Strategie«. Ganze Kriege konnten selten alleine durch den Einsatz von Flotten entschieden werden; für den endgültigen Sieg brauchte es auch Landstreitkräfte. Die Marine muss also immer im Zusammenhang mit dem Krieg zu Lande gesehen werden, wobei sie außer dem Kampf gegen feindliche Seestreitkräfte auch den Transport von Truppen und Material sowie die Bekämpfung von Küstenzielen zur Aufgabe hat. Natürlich gibt es auch eine Vielzahl wesentlicher Unterschiede vom Krieg zu Lande und jenem zu Wasser. Genauso wie über den Krieg zu Lande schrieben auch zahlreiche Autoren über sie Seekriegsführung, auch wenn ihre Zahl geringer ist. Die ersten Schriften finden sich in der Antike.

Ein wesentlicher Faktor in Bezug auf Seekrieg und die Bedeutung der Marine für die einzelnen Mächte liegt mehr als im Landkrieg in der Geografie. Binnenstaaten haben normalerweise keine Marine, anders als Länder in Insel- bzw. Halbinsellage. Vor allem »Inselstaaten« und Staaten mit langen Küsten, die ohnehin viel Seehandel trieben, gelang es, große Imperien in Übersee zu schaffen. Technische Entwicklungen führte auch beim Seekrieg immer wieder zu dramatischen Umbrüchen, vor allem in der Taktik und oft in größerem Maße als im Landkrieg.

Welche strategisch-taktischen Konzepte des Seekrieges gab es nun im Laufe der Geschichte und wer waren ihre herausragenden Vertreter? Die meisten antiken Autoren, die über den Krieg und Strategie schrieben, behandelten den Seekrieg – wenn überhaupt – eher am Rande. Thukydides wurde bereits erwähnt; auch bei ihm nimmt der Seekrieg keinen großen Raum ein. Die frühe maritime Kriegsführung war eher eine Sache für Praktiker. Da fast immer das Ruderschiff das eigentliche Kriegsmittel war und man zumeist in relativer Küstennähe agierte, blieb für maritime Strategien wenig Raum. In der ersten schriftlich belegten Seeschlacht kämpfte Ramses III. im 12. Jahrhundert v. Chr. gegen die später so genannten »Seevölker« (deren Herkunft und ethnische Zuordnung völlig im Dunkeln liegt), wobei es ihm gelang, die Eindringlinge durch ein Umfassungsmanöver vom Meer aus ans Ufer zu drängen und dort einzukesseln.

Später wurden die Kriegsgaleeren durch den Rammsporn selbst zur Waffe. Phönizier, Griechen, Karthager und schließlich die Römer verwendeten im Laufe der Jahrhunderte unterschiedlich große Galeeren mit einer oder mehreren Ruderreihen, die bei guten Bedingungen auch gesegelt werden konnten. Man hatte Katapulte an Bord, und die Römer erfanden die bewegliche Enterbrücke, die den Kampf zur See rasch in einen erfolgreichen Enterkampf verwandeln konnte. Es galt, den Gegner auszumanövrieren, seine Ruderblätter zu zertrümmern und ihm den metallenen Rammsporn in die Flanke zu bohren. Beim Aufmarsch großer Flotten orientierte man sich an der Landschlacht. Geschütze sowie Feuer spielten bei den Holzschiffen eine große Rolle. Gerade die Schlacht bei Actium als die wohl größte Seeschlacht Antike erscheint fast als erweiterte Schlacht zu Lande. Bei der Schlacht von Salamis, die sicher die bedeutendste griechische Seeschlacht war, spielten Schnelligkeit und eine klug durchdachte Taktik unter Ausnutzung der geografischen Gegebenheiten die Hauptrolle.

In der Zeit des Hellenismus kam es beim Bau von Kriegsschiffen zu einer Art von Gigantismus. Bis zu fünf Decks mit Ruderern hatten diese Schiffe, ergänzt durch zahlreiche artilleristische Kampfmittel; sie waren allerdings zumeist schwerfällig. Eine Errungenschaft jener Zeit waren auch Enterhaken, die mit Katapulten über größere Entfernungen verschossen werden konnten. Die getroffenen Schiffe wurden dann mithilfe von Seilwinden herangezogen. Es gab mit Sicherheit bei den Griechen und wohl auch anderen antiken Marinen spezielle Marsch- und Gefechtsformationen, die in vielem jenen späterer Epochen gleichen, wie die einfache und doppelte Kiellinie. Als »Diekplus« und »Periplus« beschriebene taktische Manöver sollten der Zerstörung der Ruder des Gegners und dem Rammen dienen. Der Athener Themistokles, der die Perser als Stratege bei Salamis besiegte, war kein expliziter Flottenbefehlshaber; er hätte seine Funktion auch zu Lande erfüllt. Auch bei großen maritimen Befehlshabern auf römischer Seite wie Pompeius und Agrippa, die zwar große Flotten kommandierten und bedeutende Siege damit errangen, kann man nicht von maritimen Strategen im eigentlichen Sinn sprechen, da sie meistens zu Lande kämpften. Viele römische Autoren schrieben über Flotten und den Seekrieg, wie Vegetius im 4. Jahrhundert, aber es gab keinen Admiral und Marinestrategen wie Alfred Thayer Mahan in der Antike.

Das Mittelalter brachte diesbezüglich auch wenig Neues hervor. Kaiser Leo VI. von Byzanz (866–912) beschäftigte sich mit Marineangelegenheiten und bemerkte, darüber in der älteren Literatur nur Fragmente vorgefunden zu haben. Aus der Zeit des östlichen und westlichen Mittelalters sind keine Schriften zur Strategie zur See überliefert, was wohl vor allem daran liegt, dass viel an antikem Wissen verloren gegangen war und dass sich die Seekriegsführung im Mittelalter weitgehend auf den Einsatz des Griechischen Feuers durch die Byzantiner, die Plünderungszüge der Wikinger und Piraterie beschränkte. Aus dem Spätmittelalter gibt es einige Schriften, die sich mit dem Schiffbau beschäftigten bzw. diesbezüglich auf antike Autoren verwiesen. Erst im 16. Jahrhundert befassten sich Autoren neben der Konstruktion von Schiffen, in der Hauptsache Galeeren, auch mit der Seekriegsführung. Dabei wandten sie sich gegen die Freibeuterei und verlangten eine staatliche Flotte. In England, das unter Elisabeth I. einen gewaltigen maritimen Aufschwung erlebte, publizierten Männer der Tat wie Walter Raleigh (1552–1618) auch Werke über den Seekrieg. Der Philosoph Francis Bacon (1561–1626) postulierte: »Wer das Meer beherrscht, verfügt über große Freiheit und kann im Kriege so viel oder wenig für sich in Anspruch nehmen, wie ihm beliebt.« Andere Autoren sahen die Beherrscher der Meere auch als Beherrscher der Welt und ihrer Reichtümer. Der Niederländer Hugo Grotius (1583–1645) schuf zu der Zeit eine Art Völkerrecht der Meere und stellte fest, dass das Meer kein Privateigentum einer Nation oder eines Volkes sein könne. Auch wenn es bis zum Ende des 18. Jahrhunderts kaum Werke zur eigentlichen Marinestrategie gab, so haben sich doch Autoren wie der Franzose Paul Hoste (1652–1700) sich der Thematik angenähert. Im Zeitalter Napoleons änderte sich das ein wenig, wobei allerdings der Einfluss der Kriegsführung zu Lande noch immer klar erkennbar war. In Großbritannien wurde wenig über Seekriegsstrategie geschrieben – allerdings schon über die Taktik und Logistik –, bevor dann Mitte des 19. Jahrhunderts die Brüder Colomb in Erscheinung traten.

Als Schiffe noch bloß mit Rudern und Segeln angetrieben wurden, gab es eine Vielzahl von Seeschlachten; im Zeitalter der Dampfschiffe vor dem Ersten Weltkrieg hingegen kaum. Ausnahmen waren der Deutsch-Dänische Krieg 1864, der Amerikanische Bürgerkrieg und der Krieg von 1866, ehe sich mit der großen Seeschlacht bei Tsushima 1905 schließlich schon der Erste Weltkrieg ankündigte. Das 19. Jahrhundert brachte auch das Verbot der Freibeuterei – der »legaleren« Form der Piraterie; ab 1856 gab es keine Kaperbriefe mehr. Das Kriegführen zur See war immer schon eine besonders kostspielige Angelegenheit gewesen, und der Verlust großer Kriegsschiffe oder ganzer Flotten war auch immer eine wirtschaftliche Katastrophe. In dieser Beziehung war der Handelskrieg zur See, mit der Aufbringung gegnerischer Handelsschiffe als Hauptziel, deutlich »günstiger«. Letztlich bildeten sich zwei Traditionen heraus: der Handelskrieg zur See (Ermattungsstrategie) und die große Entscheidungsschlacht der Kriegsflotten (Vernichtungsstrategie).

Die französische Tradition entwickelte sich seit der Zeit Kardinal Richelieus (1585–1642) – also seit dem frühen 17. Jahrhundert – in Richtung Handelskrieg unter Vermeidung großer Seeschlachten, wohl auch in Erkenntnis der eigenen relativen Schwäche zur See. Manche Experten forderten hingegen – wie die meisten englischen – die eine große Seeschlacht. Jedenfalls drehte sich die Diskussion lange Zeit in erster Linie um die Taktik, ohne weiträumigeres strategisches Denken.

England hatte seine maritime Tradition im 16. Jahrhundert in erster Linie in Form der Piraterie und Kaperei begonnen. Später erst erfolgte Großbritanniens Weg zum Weltreich, das es vor allem seiner Flotte zu verdanken hatte. Das Königreich wurde und blieb für lange Zeit Seemacht Nummer eins. Letztlich diente die englische Flotte als »Fleet in being« schon alleine durch ihre Existenz zur Abschreckung des Gegners. Die Flotte konnte zudem jederzeit feindliche Küstenstädte angreifen und zerstören, was in der berüchtigten »Kanonenbootdiplomatie« mündete. Für eine weltweite Präsenz brauchten die Briten – wie heute die Amerikaner – Stützpunkte und Versorgungseinrichtungen, die seit jeher kostenintensiv und gefährdet waren.

»Rule, Britannia! Britannia rule the waves;
Britons never will be slaves.« (James Thomson, 1740)

Alfred Thayer Mahan

Der Amerikaner Mahan (1840–1914) hatte mit seinen Schriften großen Einfluss auf das Marinewesen vor dem Ersten Weltkrieg und gilt auch heute noch als »Clausewitz des Seekriegs«. Mahan sah die Vereinigten Staaten als große Seefahrernation und stellte zahlreiche geostrategische Beobachtungen an. Später berief sich nicht nur die US-Marine auf ihn, sondern zuletzt sogar die chinesischen und indischen Seestreitkräfte.

Mahan entstammte einem streng religiösen Elternhaus; sein Vater unterrichtete an der berühmten Militärakadademie West Point. Er ging gegen den Willen seiner Eltern an die United States Naval Academy, wo er als zweitbester Absolvent seine Ausbildung abschloss. Im Sezessionskrieg war Mahan als Offizier auf verschiedenen Unionsschiffen im Einsatz. Er tat seine Pflicht, ohne sich besonders auszuzeichnen, und unterrichtete bei Kriegsende an der Naval Academy. Nach dem Krieg blieb er bei der Marine, machte Karriere und erreichte 1872 den Rang eines Commanders. Ab 1883 begann Mahan über die Kriegsmarine im Bürgerkrieg zu schreiben und stellte in nur fünf Monaten sein Buch »The Gulf and Inland Waters« fertig. 1890 gelang ihm sein großer Wurf mit dem Werk »The Influence of Sea Power upon History«, worin er die Doktrin der US-Navy bezüglich der Seeüberlegenheit begründete. Einige Jahre später folgte sein Buch »The Interest of America in Sea Power«. Daneben veröffentlichte er einige Schriften zu Strategien und Taktiken in Seegefechten. Mahan übte auch großen Einfluss auf das maritime Denken in Großbritannien und Deutschland aus.

Im Jahre 1906 beförderte Präsident Theodore Roosevelt (1858–1919) Mahan, der bereits im Ruhestand war, zum Rear Admiral. Im Krieg gegen Spanien im Jahre 1898 hatte er als Berater seiner Regierung gewirkt und anschließend 1899 an der 1. Haager Friedenskonferenz teilgenommen. Nach seinem Tod im Jahre 1914, als seine Vorstellungen über den Marinekrieg gerade zum Tragen kamen, wurden im Laufe der Zeit vier amerikanische Kriegsschiffe nach ihm benannt.

Mahans Kernthese war, dass eine große Nation die Weltherrschaft nur durch Seemacht erringen könne. Dazu sei der Bau einer überragenden Schlachtflotte nötig, denn nur wer die Seewege beherrsche, werde auch seine Gegner und deren Wirtschaft kontrollieren können. Anhand der maritimen Geschichte Englands fühlte sich Mahan darin bestätigt. Er hielt nichts von langen Kaperkriegen, auf die Frankreich einige Male in seiner Geschichte gesetzt, und die Ende des 19. Jahrhunderts noch immer von der französischen »Jeune École« gefordert wurden. Mahan sah darin ein Zeichen der Schwäche. Stattdessen setzte er auf die Vernichtung der gegnerischen Flotte in einer großen Schlacht. Er verwies dabei auf England, Trafalgar und Männer wie Nelson. Weitsichtiger Flottenbau, nationale Entschlossenheit und koloniale Expansion schienen Mahan die nötigen Grundlagen für die Verwirklichung seiner Pläne. Die Briten dankten es ihm 1893 anlässlich eines Flottenbesuches, als sie ihn als den »Kopernikus der Seekriegs-Geschichtsschreibung« bezeichneten.

Spätere Kritiker sahen Mahans Denken geprägt vom Zeitalter Napoleons und dem in Amerika populären Militärschriftsteller Antoine Henry Jomini. So wie bei Napoleon die Schlacht zu Lande stand bei Mahan die alles entscheidende Seeschlacht im Zentrum der Überlegungen. Dazu musste man gut vorbereitet sein und alle Kräfte konzentrieren. Mahan hatte das Pech, dass zu seiner Zeit außer der Seeschlacht von Lissa keine praktischen Erfahrungen bezüglich einer Schlacht zwischen gepanzerten Kriegsschiffen existierten. Der Gefahr durch U-Boote, Torpedos und Seeminen maß er wenig Bedeutung bei. Trotzdem fand er weltweit Bewunderer und Verantwortungsträger, die seine Forderungen umsetzen wollten. Bekanntester dabei war der deutsche Kaiser Wilhelm II., der ein großer »Fan« von Mahan war, aber auch die Führer des im 20. Jahrhundert aufstrebenden Japan folgten seinem Beispiel. Imperiale Größe durch eine mächtige Flotte von Schlachtschiffen, neue Kolonien und die Kontrolle von Absatzmärkten schienen für sie die ideale Grundlage für einen »Platz an der Sonne« zu sein.

Dabei war Mahan während seiner Karriere alles andere als ein energischer und unerschrockener Kommandant eines gepanzerten Großkampfschiffes gewesen. Eher war er ein Schreibtischgeneral, der den Schmutz und Lärm auf den Schiffen gar nicht mochte. Er hatte auch im Bürgerkrieg kaum Pulver gerochen und hatte meist Dienst auf Blockadeschiffen und in Depots geschoben. Es ging Mahan während seiner Zeit als Marinelehrer und Buchautor vor allem darum, die Vereinigten Staaten zumindestens in der Theorie zur See- und Großmacht Nummer eins zu machen. Der Sieg über das hoffnungslos unterlegene Spanien im Jahr 1898 schien Mahans Thesen der Bedeutung einer modernen Kriegsflotte zu bestätigen. Als die Japaner 1905 bei Tsushima zeigten, wie der moderne Seekrieg beschaffen war und wie man ihn gegen eine Großmacht (in diesem Fall das russische Zarenreich) gewinnen konnte, sah Mahan fortan in Japan den Hauptfeind der Zukunft. Einstweilen schienen ihm die Deutschen mit ihrer extremen Flottenrüstung noch gefährlicher. Nach dem Sieg gegen Spanien wuchs die US-Flotte derweil genauso rasch wie jene der Deutschen; alle Entscheidungstraäger beriefen sich dabei auf die Thesen Mahans. Durch seinen Tod im Jahre 1914 blieb es ihm erspart, den rasanten Bedeutungsverlust der von ihm als Ultima Ratio angesehenen großen Schlachtschiffe mitzuerleben, die leicht Opfer von U-Booten und Torpedos wurden. Dennoch üben seine Vorstellungen auch heute immer noch einen großen Reiz aus, besonders auf China, das sich seit Beginn des 21. Jahrhunderts maritim besonders stark aufrüstet.

Nachdem der Erste Weltkrieg rasch und dramatisch gezeigt hatte, wie verwundbar Großkampfschiffe durch Torpedos und Seeminen waren und man bei ungünstiger geografischer Lage (Deutschland und Österreich-Ungarn) die eigene an sich schlagkräftige Flotte nicht vorteilhaft einsetzen konnte, blieben letztlich die relativ neuen U-Boote als strategische Option offen. Deutschland gelang es, durch den uneingeschränkten U-Bootkrieg dem Gegner schwere Verluste zuzufügen. Diese waren aber am Ende nicht ausreichend und boten den USA den Anlass, in den Krieg in Europa einzugreifen.

Waren im Ersten Weltkrieg Angriffe von Flugzeugen auf Schiffe noch eine Seltenheit, so zeigte sich im Zweiten Weltkrieg dann, dass die weiterhin im Einsatz befindlichen Schlachtschiffe und kleinere Einheiten einen noch viel gefährlicheren Feind als die Torpedos bekommen hatten. Eine Innovation waren dabei die bereits im Ersten Weltkrieg ansatzweise aufkommenden Flugzeugträger, die dann besonders im Pazifikkrieg das Geschehen prägen sollten. Der Pazifik war dann auch das einzige Meer, auf dem es im Zweiten Weltkrieg zu großen Schlachten zwischen Flottenverbänden kam. Allerdings errangen die Amerikaner ihre entscheidenden Erfolge, die Zerstörung der japanischen Flugzeugträger, durch ihre eigenen zumeist auf Trägern stationierten Maschinen. Die restliche Marine hatte hauptsächlich die Aufgabe, Truppentransporte durchzuführen, diese zu sichern und feindliche Küsten zu beschießen. Am atlantischen Kriegsschauplatz konnten die

Deutschen so wie im Ersten Weltkrieg keine der Vorstellungen Mahans verwirklichen. War im Jahre 1916 die Skagerrak-Schlacht je nach Zählweise ein Erfolg der Deutschen gegen die Royal Navy, so war 1941 der Vorstoß der »Bismarck« in Richtung Atlantik letztlich eine reine Selbstmordmission, die keinerlei Einfluss auf den Kriegsverlauf hatte.

Seeschlacht bei Skagerrak

In dieser größten Seeschlacht des Ersten Weltkriegs, die in gewisser Betrachtung auch die größte Seeschlacht in der Geschichte der Seefahrt war, stand sich die von Admiral Tirpitz (1849–1930) geschaffene neue deutsche Hochseeflotte und große Teile der britischen Royal Navy vom 31. Mai bis 1. Juni 1916 gegenüber. Die Deutschen hatten den Plan, an die Südküste Norwegens vorzustoßen und dabei britische Einheiten aufzuspüren und zu vernichten. Das Skagerrak bot dabei die Sicherheit eines Rückzugs zur Ostsee. Doch die Briten wussten durch Spionage über die deutschen Pläne Bescheid und wollten der deutschen Flotte eine Falle stellen. Am 31. Mai 1916 nachmittags trafen die den Schlachtschiffen vorausfahrenden Geschwader der Schlachtkreuzer aufeinander. Es kam sofort zum heftigen Kampf, der sich immer weiter nach Süden verlagerte, als der größte deutsche Verband eintraf. Daraufhin schlossen sich die vorgestoßenen britischen Geschwader nördlich ihrer Hauptstreitmacht an. Zwei Stunden lang bis zum Einbruch der Dunkelheit kämpften dann beide Flotten miteinander. Es waren insgesamt ca. 250 Schiffe verschiedener Größen beteiligt. Nachdem es dunkel geworden war, durchbrach die deutsche Flotte die zahlenmäßig überlegenen britischen Formationen und trat ihren Rückmarsch an. Später hat man das Ergebnis dieser Schlacht sehr unterschiedlich bewertet. Die Royal Navy war eindeutig in Zahl und Kampfkraft überlegen, erlitt jedoch höhere Verluste als die Deutschen. Doch für die deutsche Flotte war es dennoch nur ein Unentschieden, da sie die Seeblockade der Briten nicht hatte durchbrechen können und weiterhin in der Ostsee gefangen blieb. Außerdem wagte die deutsche Marineführung nach dieser Schlacht keine weitere Entscheidungsschlacht mehr.

Bei der in der Adria festsitzenden österreichisch-ungarischen Kriegsflotte spielte sich letztlich ähnliches in kleinerem Rahmen ab. Man griff die Seesperre von Otranto an, fügte dem Gegner erhebliche Verluste zu, konnte aber die Sperre nicht überwinden. Letztlich führte das lange ereignislose Warten in beiden Flotten zu Aufständen, die das Regime erschütterten.

Karl Dönitz und Yamamoto Isoroku

Im Zweiten Weltkrieg traten eine größere Anzahl von Marinestrategen aufseiten der Sieger und Verlierer hervor. Stellvertretend werden hier zwei Strategen der Achsenmächte vorgestellt.

Der Deutsche Karl Dönitz (1891–1980) war ab 1936 Befehlshaber der deutschen U-Boote und betrieb massiv den Aufbau dieser Waffe. Anfang 1943 wurde er Oberbefehlshaber der Kriegsmarine. Dönitz entstammte dem deutschen Bildungsbürgertum und ging nach dem Abitur zur Kriegsmarine. Er absolvierte die Offiziersausbildung und eine größere Anzahl von Lehrgängen mit Erfolg und trat 1912 seinen Dienst als Offizier auf einem Kreuzer an. Die »Breslau«, auf der Dönitz Dienst tat, konnte bei Ausbruch des Ersten Weltkriegs den feindlichen Flotten durch waghalsige Manöver entkommen und wurde in Konstantinopel der Osmanischen Marine unterstellt. Dönitz zeichnete sich in der Folge in mehreren Gefechten gegen russische Einheiten im Schwarzen Meer aus. Er interessierte sich früh für die Luftwaffe und wurde 1915 zum Piloten ausgebildet. Nach seiner Heirat meldete er sich 1916 bei den U-Booten, wo er erneut verschiedene Ausbildungen durchlief. Schließlich nahm er an Bord der U 39 an mehreren Feindfahrten teil. Ab März 1918 kommandierte Dönitz sein erstes U-Boot, drang in einen italienischen Hafen ein und versenkte dort ein Schiff. Im Juni 1918 erhielt er das Kommando über die UB 68, damals eines der stärksten und modernsten U-Boote der Kaiserlichen Marine. Bei einem heftigen Kampf mit einem britischen Geleitzug musste er mit der Besatzung das Boot aufgeben und geriet in britische Gefangenschaft. Nach seiner Rückkehr aus der Gefangenschaft wurde Dönitz von der Reichsmarine der neuen Weimarer Republik übernommen und diente als Stabsoffizier, ehe er ab 1920 Torpedoboote kommandierte. Er sympathisierte mit rechten Putschideen gegen die Regierung, wurde 1921 Kapitänleutnant und machte Karriere im Stab der Marine. Bald nach der Machtübernahme der Nationalsozialisten wurde Dönitz von Generaladmiral Erich Raeder

(1876–1960) mit dem Aufbau einer neuen U-Boot-Flotte beauftragt, einem Lieblingsprojekt Hitlers. Er machte seine Aufgabe gut, obwohl die deutsche Marinestrategie zu der Zeit nur auf die Unterbrechung der Seerouten des Feindes ausgerichtet war und U-Boote dabei nicht besonders berücksichtigt wurden. Ab 1936 war Dönitz »Führer der Unterseeboote« und ab 1939 Kommodore.

Den entscheidenden Karriereimpuls für ihn brachte der Beginn des Zweiten Weltkrieges; er wurde Konteradmiral und beschäftigte sich intensiv mit dem U-Boot-Krieg, vor allem gegen England. Zu Kriegsbeginn hatte Dönitz nur 57 U-Boote im Einsatz, von denen nicht alle im Atlantik operieren konnten, aber er forderte mindestens 300. Während rasch neue Boote gebaut wurden, konnten die bisherigen eindrucksvolle Erfolge erzielen. Dönitz, inzwischen Vizeadmiral, sorgte für eine gute Ausbildung der Besatzungen, die besonders im Geleitzugskampf bestehen sollten. Die »Rudeltaktik« sollte massiert Boote auf ausgewählte Geleitzüge ansetzen. Im Zuge des Krieges, als die Rohstoffe immer knapper wurden, forderte Dönitz die Priorität für den U-Boot-Bau zuungunsten der seiner Meinung nach weitgehend wertlosen Großkampfschiffe. Er geriet dabei mit Admiral Raeder in Konflikt, der später eskalieren sollte. Bis 1942 ging die Strategie von Dönitz auf und die Versenkungszahlen sprachen für sich, während der Rest der Flotte kaum militärisch von Nutzen war. 1942 zum Admiral ernannt, wurde Dönitz schon im Januar 1943 zum Großadmiral befördert und Nachfolger Raeders als Oberbefehlshaber der Kriegsmarine. Der ehrgeizige und auch eitle Dönitz ließ seine Beförderung allen Dienststellen der Marine mitteilen. Dadurch, dass der Text sowohl wörtlich als auch verschlüsselt gesendet wurde, konnten die Briten entscheidende Fortschritte bei der Entschlüsselung der deutschen Codes machen.

Inzwischen hatte es schwere Rückschläge im Atlantik gegeben; viele deutsche U-Boote waren eigentlich veraltet. Während Dönitz neue Boote bauen ließ, forderte er die Besatzungen auf, ihr Äußerstes zu geben und auch ohne zu tauchen über Wasser gegen Flugzeuge und Zerstörer zu kämpfen. Das kostete vielen Besatzungen das Leben. Während der Invasion in der Normandie forderte Dönitz die Besatzungen direkt zu Kamikaze-Einsätzen auf.

Dönitz konnte sich nicht erklären, warum die deutschen U-Boot-Verluste laufend stiegen, und verwarf den Gedanken, die Entschlüsselung der deutschen Enigma-Geräte und damit des deutschen Funkverkehrs könnte die Ursache sein. Trotz aller Rückschläge wollte er den U-Boot-Krieg im Atlantik nicht abbrechen. Von 41 000 Deutschen, die im Krieg auf U-Booten fuhren, fielen fast 26 000, darunter ein Sohn von Dönitz. Keine andere Waffengattung hatte im Krieg eine derart hohe Verlustrate. Ein weiterer seiner Söhne starb im Kampf auf einem Schnellboot.

Obwohl Dönitz gegen Ende des Krieges keine wirkliche Erfolgsgeschichte vorweisen konnte, ernannte ihn Hitler testamentarisch zu seinem Nachfolger. Er setze die Marine für Rettungsoperationen ein und stimmte schließlich der bedingungslosen und vollständigen Kapitulation zu. Durch manche gelungene Manöver der Marine konnten viele deutsche Soldaten der sowjetischen Kriegsgefangenschaft entgehen. Wenig später wurde er mit seiner Regierung verhaftet und stand dann in Nürnberg vor dem Kriegsverbrechertribunal. Dönitz ist mit seiner Konzeption des U-Boot-Krieges letztlich gescheitert, weil er nicht bereit war, die richtigen Schlüsse aus der Wende im Atlantikkrieg zu ziehen. Seine Strategie hatte erfolgversprechende Ansätze, er hielt aber nach den heftigen Rückschlägen stur den eingeschlagenen Kurs, ohne nötige Selbstreflexion und Suche nach Alternativen. Am Ende war sein Verhängnis eine Maschine mit dem Namen »Enigma«.

Der Japaner Yamamoto Isoroku (1884–1943) entstammte einer Samurai-Familie und erhielt Unterricht bei christlichen Missionaren, was ihn angeblich geprägt haben soll. Er beschloss 1901, sich an der japanischen Marineakademie zu bewerben. Yamamoto bestand die Aufnahmeprüfung mit Auszeichnung und wurde ein sehr guter Schüler, der auch ein herausragender Sportler war, wenn er nicht gerade in der Bibel las. Er schloss seine Ausbildung als Geschützoffizier ab und tat ab 1905 auf einem Kreuzer Dienst. Dabei kam er gerade recht zum Krieg gegen Russland rund um Port Arthur. In der Seeschlacht bei Tsushima, in der zum ersten Mal ein asiatisches Land eine europäische Großmacht in einer großen Schlacht zur See besiegte, wurde Yamamoto verwundet und verlor zwei Finger. Trotzdem kämpfte er bis zum Schluss weiter. Schließlich dankte ihm der legendäre Admiral Togo (1848–1934) in einem Schreiben persönlich für seinen Einsatz, und er wurde zum Oberleutnant befördert. Danach machte er weiter Karriere auf verschiedenen Schiffen und reiste 1909 als Kapitänleutnant an die amerikanische Westküste. Nach dem frühen Tod beider Eltern beschloss er, durch den Besuch der Marinehochschule in höhere

Ränge aufzusteigen. Auch hier zählte er zu den Besten und erregte Aufsehen, obwohl er nicht gerade asketisch lebte. Nach dem erfolgreichen Abschluss der Hochschule tat er als Korvettenkapitän Dienst im Stab eines Schlachtgeschwaders. Er wurde in der Folge wegen seiner Verdienste vom hoch angesehenen Yamamoto-Clan adoptiert, was eine in Japan übliche Praxis zum Erhalt der Stammlinie war. Yamamoto musste auch heiraten, war aber, so heißt es, seriell untreu.

Da er sehr gut Englisch sprach, wurde der vielversprechende Offizier nach Amerika geschickt, um den potenziellen Feind auszuspionieren und besser kennenzulernen, und absolvierte in Harvard ein Studium. Nachdem Yamamoto die amerikanische Industrie näher kennengelernt hatte, sah er für einen Krieg Japans gegen diese Macht eine Niederlage voraus. In Harvard beschäftigte er sich auch mit der Luftfahrt und erkannte, dass Flugzeuge in Zukunft auch den Seekrieg dominieren würden. Zurück in Japan wirkte Yamamoto als Lehrer an der Marinehochschule und begleitete anschließend einen Admiral nach Europa. Danach wurde er Kommandant eines Kreuzers, beschäftigte sich aber weiter mit Flugzeugen. Er ließ sich als Pilot ausbilden und erarbeitete Pläne für die Marineluftfahrt. Später leitete er die Schule für Marineluftfahrt und übte mit seinen Schülern besonders Nachtflüge, da er bei Angriffen in der Nacht einen großen Vorteil sah. Von 1925 bis 1928 war er als Marineattaché in den USA und beobachtete den seiner Meinung nach künftigen Gegner genau, besonders was die Luftfahrt betraf.

Zurück in Japan wurde Yamamoto dann Kommandant eines neuen Flugzeugträgers, der »Akagi«. Um Verluste bei Piloten und Maschinen zu minimieren, drängte er massiv auf neue Navigationsinstrumente. In der Marineluftfahrtbehörde versuchte er alles, um die Ausrüstung und Ausbildung der Piloten zu verbessern. 1930 nahm Yamamoto an der Londoner Flottenkonferenz teil, wobei es um die Begrenzung von Flottengrößen ging. Dabei wurde aber auch die Umrüstung von Schlachtschiffen beschlossen, die zu Flugzeugträgern werden sollten. Das Abkommen sah schließlich vor, dass Japans Marine nur eine Größe von maximal 70 % der amerikanischen haben dürfe.

In Japan gab es vermehrt Pläne zu einer Expansion, und besonders das Militär setzte auf die Ausweitung des japanischen Machtbereiches. Yamamoto war inzwischen Konteradmiral und betrieb ein Programm, in dem Flugzeugträger das Rückgrat der japanischen Flotte werden sollten. Er ließ auch neue Flugzeuge entwickeln und intensivierte das Training für die Piloten. Yamamoto kommandierte ab 1933 die 1. Trägerdivision, während der politische Streit tobte, ob man die Flotte weiter massiv aufrüsten solle. Als Yamamoto mit einer Delegation nach London reiste und die Gleichberechtigung Japans mit Amerikanern und Briten hinsichtlich der Flottengröße forderte, stieß er Widerstand. Nachdem die Verhandlungen gescheitert waren, sah sich Japan nicht mehr an Begrenzungen gebunden. Yamamoto kurbelte in der Folge die Rüstung der Marine vor allem bezüglich der Flugzeuge und Träger weiter an.

Nach einer Reihe politischer Unruhen in Japan wurde Yamamoto in das Amt des Vize-Marineministers gedrängt, und es kam gegen seinen Willen 1937 zum Krieg mit China. Auch ein bevorstehender Konflikt mit den USA zeichnete sich immer deutlicher ab. Yamamoto war kein Falke und er versuchte, die Situation zu beruhigen. Vor allem die Idee einer Allianz mit Deutschland und Italien war umstritten. Doch die Kriegspartei setzte sich letztlich durch, Yamamoto verlor seine politische Funktion, wurde aber Oberbefehlshaber der Flotte. Nach Kriegsbeginn in Europa war ihm klar, dass er nicht mehr viel Zeit hatte, die Marine auf einen Krieg vorzubereiten. Er verlangte im Kriegsfall – gegen einigen Widerstand – einen vernichtenden Angriff auf die Pazifikflotte der USA, da er ansonsten keine langfristigen Möglichkeiten eines Sieges sah. Nachdem die amerikanische Pazifikflotte nach Pearl Harbor auf der Hawaii-Insel O'ahu verlegt worden war, war sie auch nahe genug, um sie erfolgreich anzugreifen. Der Angriff der Briten auf Tarent Ende 1940 war für Yamamoto ein lehrreiches Beispiel, da dabei Topedobomber eine Anzahl italienischer Schlachtschiffe versenkt hatten, ohne große Eigenverluste zu erleiden. Yamamoto entwarf auf dieser Grundlage einen Angriffsplan, der von den japanischen Verantwortlichen aber zunächst nicht unterstützt wurde. Er ließ dennoch Pearl Harbor ausspionieren und spezielle Torpedos entwickeln. Auch Übungen wurden abgehalten.

Nachdem er am 3. November 1941 schießlich grünes Licht erhalten hatte, gab Yamamoto am 5. November die entsprechenden Angriffsbefehle. Nach und nach liefen mehrere U-Boote, sechs Flugzeugträger, zwei Schlachtschiffe und andere kleinere Einheiten aus. Der Angriff auf Pearl Harbor wurde vordergründig ein voller Erfolg und lief so ab, wie es sich Yamamoto vorgestellt hatte. Allerdings lagen die drei US-Flugzeugträger zum Zeitpunkt des Angriffs nicht im Hafen, und wichtige Teile der Infrastruktur konnten nicht zerstört werden. Yamamoto nahm die Glückwünsche entgegen, war aber nicht zufrieden. Außerdem war der von ihm angeregte gleichzeitige Angriff auf Midway nicht durchgeführt worden. An anderen Fronten konnten große Erfolge vor allem gegen die Briten erzielt werden, aber Yamamoto war skeptisch und sollte am Ende recht behalten. Während Japan weiterhin große Erfolge in Südostasien erzielte und die Philippinen und die Malaiische Halbinsel einnahm, gruppierte Yamamoto seine Flotte um. Es ging ihm vor allem um den wirklich entscheidenden Sieg über die US-Marine. Die Schlacht in der Javasee verlief erfolgreich und ermöglichte die Invasion von Java mit seinen Ölquellen, aber Yamamoto blieb dennoch misstrauisch. Er entschied sich schließlich für einen Angriff auf die Midway-Inseln, da von dort aus Hawaii bedroht werden konnte. Yamamoto wusste, dass er für den endgültigen Erfolg die amerikanischen Flugzeugträger zerstören musste. Sein Plan zur Eroberung Midways wurde aber in Japan vorerst nicht angenommen. Erst als sich zeigte, dass US-Flugzeuge von dort erfolgreich Tokio bombardieren konnten, stimmten die Verantwortlichen Yamamotos Plan zu.

Die japanische Flotte, die im Mai 1942 in Richtung Midway-Inseln gegen die Amerikaner auslief, war in der modernen Seekriegsgeschichte bis zu diesem Zeitpunkt die größte. Allerdings hatte Yamamoto schon zwei seiner Flugzeugträger bei Kämpfen im Korallenmeer verloren. Die Flotte der Amerikaner war nicht ganz so groß, doch wussten diese durch die erfolgreiche Dechiffrierung der japanischen Codes ziemlich genau über deren Planung Bescheid. Als am 4. Juni 1942 Admiral Nagumo seine Flugzeuge Richtung Midway starten ließ, wurden seine verwaisten Träger gleich darauf von amerikanischen Flugzeugen angegriffen. Innerhalb kurzer Zeit verloren die Japaner drei Flugzeugträger und Nagumo befahl den Rückzug. Yamamoto konnte damit mit seinen Schlachtschiffen nicht mehr erfolgreich angreifen. Als er erfuhr, dass auch der vierte japanische Träger verloren gegangen war, gab er den Befehl zum allgemeinen Rückzug.

Die Katastrophe bei Midway war zugleich die Kriegswende zuungunsten Japans. In der Folge wurden neue Flugplätze gebaut, um die verlorenen Flugzeugträger zu ersetzen. Ein besonders wichtiger Platz dabei wurde Guadalcanal, da man von dort Australien angreifen konnte. Doch gerade hier landeten im August 1942 die Amerikaner und nahmen die Inseln in Besitz. Yamamoto hatte nach dem Desaster von Midway seine Hoffnungen – zumindest offiziell – noch nicht aufgegeben und übernahm das Kommando in diesem Abschnitt. Es entwickelten sich Kampfhandlungen um die Insel, bei denen die Amerikaner jedoch die besseren Karten hatten. Yamamoto intensivierte den Nachschub durch Transporte in der Nacht und versuchte – schließlich erfolglos – das Flugfeld zurückzuerobern. Er setzte schließlich die Artillerie von zwei Schlachtschiffen ein, wodurch der Flugplatz stark beschädigt wurde. Yamamoto verfügte immerhin noch über fünf Flugzeugträger und einige Schlachtschiffe, als er die Amerikaner bei den Santa-Cruz-Inseln zur Schlacht stellte. Die US-Navy erlitt schwere Verluste, aber Yamamoto konnte keinen eindeutigen Sieg erringen. In der darauffolgenden Seeschlacht bei Guadalcanal erlitt Yamamoto seinerseits hohe Verluste und wollte sich zurückziehen. Es dauerte einige Zeit, bis er die japanische Führung davon überzeugen konnte. Währenddessen gab es heftige Seegefechte rund um die Salomon-Inseln.

Yamamoto hatte nun seine zweite große Seeschlacht verloren und entschloss sich, die Front im Südpazifik per Flugzeug zu inspizieren. Sein Umfeld sah ein großes Risiko darin und warnte ihn, doch er blieb bei seinem Vorhaben und vertraute auf die Geheimhaltung. Doch die Amerikaner hatten ja seine Codes geknackt und waren entschlossen, ihren militärischen Hauptfeind abzufangen. Es kam zu einem ziemlich ungleichen Luftkampf, bei dem Yamamotos Flugzeug trotz Begleitschutzes von einer überlegenen Staffel amerikanischer Flugzeuge abgeschossen wurde. Seine Leiche wurde nach dem Angriff gefunden – er war von Geschossen durchsiebt worden. Er wird noch heute in Japan als Nationalheld verehrt; Kritik an ihm wird dort nicht gern gesehen.

Yamamoto war sicherlich der bedeutendste japanische Stratege des Zweiten Weltkriegs. Es war ihm klar, dass der Krieg gegen die USA aufgrund von deren wirtschaftlicher Überlegenheit kaum zu gewinnen war, und er wollte diesen Krieg auch nicht. Als er jedoch seine diesbezügliche Pflicht erfüllen musste, sah er nur eine Möglichkeit, einen Sieg zu erreichen: einen schnellen Vernichtungsschlag. Dies scheiterte trotz des anfänglichen Erfolges bei Pearl Harbor. Yamamoto war Vordenker, der erkannte, wie sehr das

Flugzeug in künftigen Kriegen auch die Seeschlachten dominieren würde. Er setzte deshalb klugerweise auf Flugzeugträger. Die USA konnten dies jedoch in noch höherem Maße und mit überlegenen Mitteln umsetzen.

Auch nach dem Zweiten Weltkrieg blieben Seefahrzeuge durch Luftangriffe extrem verwundbar. Dies trifft umso mehr auf die Gefahr durch Lenkwaffen zu. Heutige Kriegsschiffe sind vor allem schwimmende Flugabwehrbatterien. Mehr als alle anderen Mächte setzen die USA weiter auf Flugzeugträger, die für gewöhnlich im Verband mit einer größeren Anzahl anderer Marineeinheiten operieren. Wie stark diese Verbände dann im Falle einer größeren kriegerischen Auseinandersetzung tatsächlich sind, werden vielleicht künftige Konflikte zeigen.

Der Erste Weltkrieg und seine gescheiterten Strategen

Alle europäischen Mächte hatten zu Beginn des 20. Jahrhunderts für den Fall eines mehr oder weniger erwarteten großen Krieges ihre Pläne. Besondere Bedeutung hatten dabei die zwei großen Bündnissysteme, welche alle Großmächte des Kontinents einem von zwei Lagren zuordneten, und der Faktor, dass es seit dem Krieg von 1870/71 keinen großen militärischen Konflikt in Europa mehr gegeben hatte. Man war ein wenig kriegsentwöhnt und hatte keine wirklichen Vorstellungen, wie sich der technische Fortschritt im Kriegsfall auswirken würde.

Alfred von Schlieffen

Als Nachfolger Moltkes erarbeitete Schlieffen (1833–1913) 1905 einen strategisch-operativen Plan, der von einem als sehr wahrscheinlich angesehenen Zweifrontenkrieg, den das Deutsche Reich zu bestehen habe, ausging. Schlieffen wollte das Gros der deutschen Armeen vorerst gegen Frankreich ins Feld führen, ehe man sich gegen Russland wenden würde. Der rechte Flügel der Deutschen Streitkräfte sollte dabei die französischen Verteidigungssysteme nördlich umgehen und dann dem Gegner in den

Rücken fallen. Der Generalfeldmarschall nahm an, dass man durch diese Strategie die Franzosen in wenigen Wochen niederringen könne. Danach könne man gegen Russland, dem man keine so schnelle Mobilisierung zutraute, vorgehen. Der deutsche Zweifrontenkrieg solle sich also in zwei aufeinanderfolgende Kampagnen unterteilen.

Man war vonseiten des deutschen Großen Generalstabs überaus angetan vom Schlieffen-Plan, der immer weiter ausgebaut und verfeinert wurde. Allerdings wurden dabei die Verletzung der belgischen Neutralität und ein möglicher Kriegsbeitritt Großbritanniens weitgehend ausgeklammert. Man beachtete auch nicht, dass der verstorbene Helmuth von Moltke ausdrücklich vor solchen Planungen gewarnt hatte. Er hatte die Armee je zur Hälfte nach Osten und Westen schicken und vorerst defensiv bleiben wollen. Moltke hatte auch aufgrund seiner Erfahrungen aus dem Deutsch-Französischen Krieg stark daran gezweifelt, dass man durch einen Vorstoß auf Paris wirklich einen raschen Sieg im Westen erreichen könne. Der kurzzeitige Nachfolger des »alten Moltke«, Alfred von Waldersee (1832–1904), war ebenfalls weitgehend dessen Meinung, auch wenn er einige Änderungen vornahm. Doch als Alfred von Schlieffen als Favorit Kaisers Wilhelms II. 1891 Generalstabschef wurde, änderten sich die herrschenden Ansichten. Es sollte allerdings bis 1913 dauern, bis man auf alternative Planungen für einen Aufmarsch gegen Russland völlig verzichtete.

Schlieffen setzte bei seinen Planungen auf eine möglichst schnelle Mobilmachung Deutschlands, um damit den Gegner zu überrumpeln. Einen frontalen Angriff gegen die starken französischen Verteidigungswerke hielt er nicht für erfolgversprechend. Stattdessen verhalf er mit seiner Umfassungsstrategie dem von ihm verehrten antiken Strategen Hannibal zu neuen Ehren. Schlieffen wollte den Franzosen ein gigantisches »zweites Cannae« bereiten, indem er die Flanke und den Rücken angriff. Seine Strategie orientierte sich auch an der Taktik der beiden »Großen«, Alexander und Friedrich, indem er den rechten Flügel auf Kosten des linken möglichst stark machen wollte. Dieser besonders starke rechte Flügel sollte die starken französischen Festungen im Norden umgehen und durch Luxemburg und Belgien nach Nordfrankreich vorstoßen. Danach sollten die deutschen Armeen sich nach Süden wenden und nach dem Übergang über die Seine nach Osten schwenken. Damit würde sich dann das »Cannae« Schlieffens vollenden und das Gros der französischen Truppen mit der Hauptstadt Paris wäre faktisch eingekesselt. Mit den deutschen Armeen im Rücken würde wohl auch der französische Widerstand rasch zusammenbrechen.

Um diesen tollkühnen strategischen Plan zu ermöglichen, bauten die Deutschen in der Folge einige Bahnlinien, deren Hauptzweck der Truppentransport im Kriegsfalls sein sollte. Schlieffen entwickelte nach und nach mehrere Variante seiner Planungen, aber fast immer blieb der Osten im Verhältnis zur Westfront weitgehend von Truppen entblößt. Als sich Russland im Krieg gegen Japan als schwächer als erwartet zeigte, wurden Schlieffens Planungen scheinbar bestätigt. Doch der sonst recht großspurige Wilhelm II. hatte vorerst gar kein Interesse an einem echten Krieg. Kurz vor seinem Abschied in den Ruhestand formulierte Schlieffen im Dezember 1905 eine Denkschrift. Es war dies nun der Schlieffen-Plan. 7/8 der verfügbaren Truppen sollten nördlich der Mosel vorrücken, die Verletzung der Neutralität Luxemburgs, Belgiens und der Niederlande wurden als notwendiges Übel in Kauf genommen. Die Umfassung der Franzosen sollte wenn möglich bis zur Schweizer Grenze fortgesetzt werden. Das militärische Gewicht der Briten bei einem solchen Feldzug schätzte Schlieffen nur gering ein.

Interessanterweise äußerte Schlieffen in seiner Denkschrift dann doch einige Male Zweifel daran, ob die deutschen Streitkräfte wirklich in der Lage wären, den Plan umzusetzen. Dennoch hoffte er, dass es ihnen durch »günstige Umstände« gelingen werde. Angeblich soll Schlieffen noch im Sterben gerufen haben: »Macht mir den rechten Flügel stark!«

Über die Planungen Schlieffens wurde später unendlich viel geschrieben und spekuliert. Im Rückblick hat der alte Generalstäbler in seiner aufs Militärische fixierten Denkweise wohl einiges missachtet, was einem Clausewitz oder einem Moltke dem Älteren nicht entgangen wäre. So hatte er kaum realistische Vorstellungen von der Reaktion der Briten auf die Verletzung der Neutralität Belgiens, unterschätzte die militärische Schlagkraft der Russen und ging von einer zahlenmäßigen Stärke der deutschen Armee aus, welche diese nicht hatte. Als es soweit war, standen statt der von Schlieffen geforderten 96 Divisionen nur 80 den etwa gleich starken Franzosen gegenüber. Darüberhinaus hatte Schlieffen auch kaum eine Vorstellung vom Einfluss des Maschinengewehres auf die neue Kriegsführung, womit er sich aber mit fast allen anderen Verantwortlichen in bester Gesellschaft befand. Dafür war Schlieffen nachweislich sehr arrogant, wenn er – ganz im Gegensatz zum alten Moltke – das Primat des Generalstabs über die Politik und Diplomatie betonte. Und tatsächlich scheint kein verantwortlicher Politiker wirklich Einwand gegen eine Planung erhoben zu haben, in der internationales Recht ganz ungeniert gebrochen wurde.

Schlieffens Nachfolger Helmuth Moltke »der Jüngere« (1848–1916) war aus einem anderen Holz – einem schwächeren – geschnitzt als sein Onkel. Moltke »der Jüngere« modifizierte die Planungen seines Vorgängers, indem er den bis dahin vernachlässigten linken Flügel um einiges stärker machte. Nach Kriegsausbruch sollte er bei der Umsetzung des Schlieffen-Planes noch weitere Veränderungen vornehmen, indem er Truppen für langwierige Belagerungen von Festungen einsetzte – was Schlieffen ausdrücklich untersagt hatte – und zudem ohne wirklichen Bedarf zwei Korps an die Ostfront schickte. Außerdem vermied er es, auch die Niederlande anzugreifen, da er – vergeblich – hoffte, die Briten würden dann nicht in den Krieg eingreifen. Als sich erwies, dass die Russen schneller mobilisiert hatten als erwartet und der deutsche Vormarsch auch nicht den Erwartungen entsprechen konnte, gab Moltke schließlich den von ihm verwässerten Schlieffen-Plan nach der Schlacht an der Marne als verloren auf. Bis heute wird darüber diskutiert, ob der Plan Schlieffens vielleicht nur deshalb scheiterte, weil Moltke die Nerven verlor.

Anerkannte Strategieexperten wie Basil Liddell Hart (1895–1970) und Bernard Montgomery (1887–1976) sahen Schlieffens entscheidenden Fehler in der Nichtbeachtung des modernen Transportwesens. Sie argumentierten, dass dieser Plan vielleicht in der Zeit Napoleons erfolgversprechend gewesen wäre, aber die französischen Verteidiger 1914 zu große Vorteile durch ihr intaktes Transportwesen gehabt hätten, während der deutsche Vormarsch sich auf das Tempo der marschierenden Infanterie und der mit Pferden bespannten Artillerie stützen musste. Die Franzosen waren über die deutsche Stoßrichtung wohl nicht im Unklaren, aber sie setzten dennoch unter ihrem Generalstabschef Joffre (1852–1931) weniger auf Defensive als zuvor, sondern auf den uneingeschränkten Angriff. Das war für die Deutschen eher überraschend, verursachte aber auch aufseiten der Franzosen große Verluste. Letztlich konnten sie sich aber – knapp – behaupten. Im Zweiten Weltkrieg dachte man im Krieg gegen Frankreich von deutscher Seite über eine Art von modernisiertem Schlieffen-Plan nach, entschied sich dann aber für die »Sichelschnitt«-Strategie Erich von Mansteins.

Franz Conrad von Hötzendorf

Im Gegensatz zu Schlieffen war der maßgebliche österreichische Planer und »Chefstratege« Conrad von Hötzendorf (1852–1925) ein sehr politischer General. Er propagierte den »Aktivismus«, der für ihn unbeugsamen Willen, zielbewussten Tatendrang und angriffsfreudige Entschlusskraft bedeutete. Conrad war aufgrund seiner eigenen Maxime ein Anhänger von »Präventivkriegen«, um potenzielle Feinde rechtzeitig »niederzuwerfen«. Er überschätzte dabei freilich regelmäßig die Möglichkeiten Österreich-Ungarns und seine eigenen Fähigkeiten.

Feinde sah Conrad zur Genüge: Einerseits wollte er an der Zerschlagung des Türkischen Reiches einen möglichst großen Anteil haben, andererseits war er ein erbitterter Gegner der italienischen und russischen »Konkurrenten« und fürchtete den Nationalismus der Slawen. Zudem wollte er die Machtstellung der Ungarn in der Doppelmonarchie beseitigen und sah die Rettung fast aller innenpolitischen Probleme im aggressiven Vorgehen nach außen. Ein Lieblingsfeind Conrads war das Königreich Serbien, das er als Zentrum allen Unheils am Balkan identifizierte. Er forderte deshalb auch insgesamt 25 Mal einen Angriffskrieg gegen Serbien. Doch als es schließlich 1914 so weit war, gab es keine funktionierende Strategie. Zuvor hatte Conrad während all der Jahre, die er Generalstabschef der k. u. k. Monarchie war, eine Vielzahl von genauen Operationsplänen gegen alle vermuteten Feinde Österreich-Ungarns erstellt, die sich bei Beginn des Ersten Weltkriegs als Makulatur erwiesen. Bezeichnenderweise stieß Conrad in der ersten Phase des Kriegs die meisten seiner eigenen Pläne selbst um, und benötigte dann in dem Chaos, das er weitgehend selbst verschuldet hatte, Unterstützung durch den deutschen Verbündeten. Die k. u. k. Armee wurde fortan von den Deutschen nur mehr als »schwächerer Bruder« angesehen, und es gab laufend Konflikte untereinander. Erst als nach dem Tod des greisen Franz Joseph der junge Kaiser Karl den Oberbefehl übernahm, waren Conrads Tage als Architekt der verfehlten österreichischen Kriegsplanung gezählt.

Es ist müßig darüber zu spekulieren, wie der Erste Weltkrieg für das Habsburgerreich verlaufen wäre, wenn anstelle Conrads ein Mann vom Kaliber des längst verstorbenen Radetzky das Sagen gehabt hätte. Gewiss ist jedenfalls, dass der Keim der Niederlage für Österreich-Ungarn durch Conrad gelegt wurde, genauso wie Moltke »der Jüngere« und der unselige Schlieffen-Plan dies für Deutschland taten.

Genauso wie Schlieffen fand auch Conrad später seine Verteidiger, die in ihm das große strategische Genie sahen, das Opfer der Umstände wurde. Der bedingungslose Offensivgeist, den Conrad vertrat, fand sich tatsächlich bei einer Reihe erfolgreicher Strategen der Geschichte, wie etwa Alexander dem Großen, Prinz Eugen und Friedrich II., doch sie ignorierten nicht den Fortschritt in der Kriegstechnologie (Maschinengewehr und Artillerie), wie Conrad es tat, der auch in seinen »genialen« Planungen kaum Rücksicht auf die Versorgung, das Terrain und die Witterung nahm.

Falkenhayn, Hindenburg und Ludendorff

»Wenn wir den Krieg nicht verlieren, haben wir ihn gewonnen.«
(Erich von Falkenhayn)

Der Nachfolger Moltkes des Jüngeren als Chef des deutschen Generalstabes Erich von Falkenhayn (1861–1922) setzte auf eine neue Strategie, welche nach dem Scheitern des Schlieffen-Plans für Deutschland noch einen Siegfrieden erreichen sollte. Sein anfänglicher Plan eines »Wettlaufs zum Meer« gelang nicht und es kam nach der Ypern-Schlacht zum zermürbenden Stellungskrieg an der deutschen Westfront. Falkenhayn erkannte, dass ein deutscher Sieg dadurch kaum mehr möglich war und forderte – erfolglos – eine Beendigung des Krieges durch Verhandlungen. Er war auch skeptisch, was die Erfolgsaussichten im Osten betraf und geriet zunehmend unter Druck von Hindenburg und Ludendorff, die nach der Schlacht von Tannenberg als Deutschlands große Helden galten. Falkenhayns Verhältnis zum österreichischen Generalstabschef Conrad von Hötzendorf war ebenfalls sehr gespannt und von gegenseitiger Ablehnung geprägt. Er verweigerte einigen von Conrads Plänen seine Unterstützung und entwickelte eine »Ermattungsstrategie«, bei der es um die Defensive im Westen und vorsichtige Offensiven an der Ostfront ging. Als er 1916 die stärkste französische Festung – Verdun – angriff, um die Franzosen dort »verbluten« zu lassen, geriet der Krieg im Westen in ein neues Stadium. In der »Blutpumpe« von Verdun sollten die Franzosen Verluste erleiden, die es ihnen unmöglich machen sollten, den Krieg weiterzuführen. Doch der Franzose General Pétain (1856–1951) konnte einen Abwehrsieg erringen, und die deutschen Verluste waren fast ebenso hoch wie jene ihrer Gegner. Falkenhayns Ermattungsstrategie scheiterte spätestens nach den Angriffen der Entente an der Somme. Kaiser Wilhelm II. sah sich schließlich gezwungen, seinen Favoriten Falkenhayn zu entlassen und das von ihm wenig geliebte Duo Hindenburg/Ludendorff mit der Führung des Heeres zu betrauen. Falkenhayn wurde in der Folge zum Oberbefehlshaber der 9. Armee ernannt und errang in der Folge Siege gegen Rumänien und bewährte sich im Dienst der Osmanen in Palästina.

Letztlich blieb Falkenhayn allerdings als menschenverachtender preußischer General in Erinnerung, der im Zuge seiner »Ermattungsstrategie« an der Westfront bereit war, Hunderttausende zu opfern, nur um dem Gegner noch größere Menschenverluste beizubringen. Er trat gleichwohl recht früh für Verhandlungen mit den Kriegsgegnern ein, da er schon bald nach Kriegsbeginn nicht mehr an einen überlegenen militärischen Sieg glaubte.

Paul von Hindenburg (1847–1934) und Erich von Ludendorff (1865–1937) sind zwei deutsche Strategen, die – ziemlich einzigartig in der Kriegsgeschichte – fast immer als Paar gesehen wurden, da sie für einige Jahre erfolgreich gemeinsam agierten. Später wurde die zweite Hälfte des Ersten Weltkrieges im Deutschen Reich als Militärdiktatur Ludendorffs gesehen, für die Hindenburg das Aushängeschild abgeben musste. Sowohl Hindenburg als auch Ludendorff hatten einen preußisch-militärischen Karriere-Background und sahen stets das Primat des Militärs über die Politik im Vordergrund ihres Denkens. Im Gegensatz zu Paul von Hindenburg, der bei Ausbruch des Ersten Weltkrieges bereits 67 Jahre alt war und extra aus dem Ruhestand militärisch reaktiviert werden musste, war der jüngere Ludendorff, der gleich zu Kriegsbeginn zum »Helden von Lüttich« avancierte, noch mitten im militärischen Betrieb, als der Krieg ausbrach. Ludendorff wurde jedenfalls Hindenburgs Stabschef und der eigentliche Schöpfer der Siege von Tannenberg und der Masurenschlacht. Der Nimbus, den sich das Duo Hindenburg / Ludendorff damit erwarb, stand ganz im Gegensatz zu den erfolglosen Aktivitäten an der Westfront, die nach dem Scheitern des Schlieffen-Plans erstarrt war.

Hindenburg und Ludendorff als Chefs der »Dritten Obersten Heeresleitung« schienen Garanten für einen Sieg auf dem Schlachtfeld zu sein und erhielten deshalb eine bis dahin nicht gekannte Machtfülle. Man sprach deshalb von einer »Militärdiktatur«, deren eigentliches Haupt Ludendorff gewesen sei. Dieser war dem alten Hindenburg rhetorisch und intellektuell sicher überlegen. Sie traten jedenfalls gemeinsam an, doch am Ende stand bloß die Niederlage. Zunächst konnten Hindenburg und Ludendorff den uneingeschränkten U-Boot-Krieg durchsetzen, der zum Eintritt der USA in den Krieg führte. Die deutschen Politiker wurden immer mehr zu Erfüllungsgehilfen der beiden »Diktatoren der OHL« und selbst der Kaiser verlor immer mehr seiner tatsächlichen Macht. Ludendorff dachte deutlich politischer als Hindenburg, der das meiste abnickte, was ihm sein offizieller Adlatus vorlegte. Doch Ludendorff konnte trotz aller Bemühungen den Siegfrieden, nach dem sich alle sehnten, nicht liefern. Dabei schreckte er auch nicht davor zurück, den Kommunisten Lenin und seine Anhänger nach Sankt Petersburg zu transferieren, um Russland zu destabilisieren. Außerdem setzte er mehr als seine Vorgänger auf Propaganda und bediente sich dabei der damals modernsten Mittel.

So musste der Krieg letztlich auf dem Schlachtfeld entschieden werden und dieses war seit langer Zeit faktisch »eingefroren«. Neue Taktiken wie die »Infiltrationstaktik« oder andere Verfahren sollten die feindliche tief gestaffelte Front durchbrechen. Doch die Frühjahrsoffensive von 1918 brachte trotz gewisser Einbrüche nicht den gewünschten Erfolg. Hindenburg und Ludendorff hatten dabei bewusst auf das Motto »Alles oder nichts« gesetzt und wertvolle Reserven eingesetzt und damit vergeudet, die einen weiteren längeren Abwehrkrieg ermöglicht hätten. Die Entwicklung arbeitete nun entschieden gegen die Deutschen, die immer mehr durch allgemeinen Mangel, Hunger, Kriegsmüdigkeit und auch die Spanische Grippe geschwächt wurden.

Es waren schließlich die beiden Führer der Streitkräfte, die angesichts des Ausfalls des bulgarischen Verbündeten und des gelungenen Durchbruchs durch die deutsche Siegfriedstellung den Krieg endgültig für verloren erachteten. Ludendorff forderte den Kaiser am 29. September 1918 dazu auf, Waffenstillstandsverhandlungen mit den Amerikanern aufzunehmen und zugunsten eines parlamentarischen Regierungssystems zurückzutreten. Nun sollten die Zivilisten die Verantwortung für den Frieden nach dem verpfuschten Krieg übernehmen. Ludendorff war nicht der erste und letzte militärische Befehlshaber, der sein Scheitern auf die Politiker und Zivilisten abwälzte, aber einer der unverfrorensten. Die weitere Entwicklung ist bekannt. Innerhalb kurzer Zeit war das Deutsche Reich ohne Kaiser, der Krieg durch einen »Schandfrieden« beendet und Ludendorff schloss sich der extremen Rechten an, die fortan von einem »Dolchstoß« gegen die angeblich im Felde unbesiegte Armee sprach.

»Nichts ist so sehr für die gute alte Zeit verantwortlich wie das schlechte Gedächtnis.« (Anatole France)

Bürgerkriege

»Jede Revolution war zuerst ein Gedanke im Kopf eines Menschen.« (Ralph Waldo Emerson)

Die sogenannte Zwischenkriegszeit, also der Zeitraum von 1918 bis 1939, wurde unter anderem durch mehrere Bürgerkriege geprägt, von denen in Europa besonders der Spanische Bürgerkrieg von großer Bedeutung war. Hier kündigte sich vieles an, was im Zweiten Weltkrieg das Kriegsgeschehen prägen sollte. Der Spanische Bürgerkrieg zeigte exemplarisch die meisten Phänomene, die fast alle derartigen Konflikte künftig »auszeichnen« sollten.

Bürgerkriege sind gewöhnlich mehr als Staatskriege durch exzessive Gewalt und Grausamkeiten geprägt. Der Hauptgrund ist vor allem die Tatsache, dass beide feindlichen Parteien im selben Staat leben und Anspruch auf dasselbe Gebiet erheben. Bürgerkriege werden fast immer dadurch ausgelöst, dass eine Gruppe, die sich benachteiligt oder unterdrückt fühlt, gegen die Staatsmacht rebelliert. Letztere muss alles unternehmen, um die Erhebung möglichst nachhaltig zu unterdrücken, schon für die Zukunft weitere Rebellionen zu verhindern. Beide Seiten sind in der Regel in Bezug auf die eingesetzten Mittel nicht wählerisch, was zur Eskalation der Gewalt führt.

Wenn wir einige Bürgerkriege Revue passieren lassen, so kommen uns unter anderem jene aus der Zeit der Römer in den Sinn; etliche römische Heerführer und Strategen verdanken ja einen großen Teil ihrer militärischen Reputation gerade den Kämpfen in Bürgerkriegen. Unter die Bürgerkriege fallen auch die Religionskriege im Frankreich des 16. Jahrhunderts, der englische Bürgerkrieg unter Cromwell im 17. Jahrhundert, der Amerikanische Bürgerkrieg von 1861–1865, der Taiping-Aufstand in China, der Mahdi-Aufstand im Sudan, der Bürgerkrieg in Russland nach der Oktoberrevolution, der Bürgerkrieg in China und noch viele weitere.

Ein spezielles Phänomen sind jene Bürgerkriege, die sozusagen als Nebenkriege von zwischenstaatlichen Konflikten stattfinden. So fanden mehrere dieser Konflikte im Zusammenhang mit dem Zweiten Weltkrieg statt. Inwieweit der Koreakrieg ein Bürgerkrieg war, mag umstritten sein. Aber auch der Amerikanische Bürgerkrieg weist einige Faktoren auf, die ihn fast schon in die Reihe der Kriege zwischen Staaten drängen (wie z. B. der Umstand, dass beide Konfliktparteien eigentlich mehr oder weniger demokratische Staaten waren und über scheinbar reguläre Armeen verfügten). Wie man sieht, sind die Grenzen also durchaus fließend.

Kaum ein Militärstratege richtete sein Hauptaugenmerk auf den Bürgerkrieg, ehe marxistische Intellektuelle sich dieses Themas annahmen. Immerhin kam der Kommunismus in den meisten seiner Herrschaftsgebiete durch einen Bürgerkrieg an die Macht – siehe Russland, China, Kuba und verschiedene ostasiatische Staaten. Manche Bürgerkriege neigen dazu, durch die erklärte Eigenstaatlichkeit eines Landesteils mit eigenen Strukturen »konventionellen« zwischenstaatlichen Konflikten zu ähneln. Als bedeutendes Beispiel dafür kann der Amerikanische Bürgerkrieg dienen.

Der Amerikanische Bürgerkrieg und seine Strategen

»3 hundred thousand Yankees
Is stiff in southern dust.
We got 3 hundred thousand
Before they conquered us.«
(Lied der Konföderierten)

Der auch »Sezessionskrieg« genannte Konflikt brach 1861 zwischen dem Norden und dem Süden der Vereinigten Staaten aus. Beide Gesellschaften hatten sich auseinandergelebt: Der agrarisch dominierte Süden mit seiner Sklavenhaltergesellschaft stand dem zunehmend industrialisierten Norden gegenüber – Plantagenbesitzer auf der einen Seite und große Unternehmer und kleine Gewerbetreibende auf der anderen Seite hatten das Sagen. Die Wahl von Abraham Lincoln (1809–1865) zum Präsidenten der USA wollte der Süden nicht hinnehmen. Nach der Sezession der Südstaaten und den ersten Feindseligkeiten schien es anfangs so, als würde der viel bevölkerungsärmere und kaum industrialisierte Süden die Oberhand gewinnen. Die konföderierten Truppen erzielten Erfolge bei Bull Run, Fredericksburg sowie Chancellorsville und bedrohten die nördliche Hauptstadt Washington. Doch da die Verantwortlichen des Südens nicht konsequent gegen Washington vorrückten, konnte der Norden seine höhere wirtschaftliche und militärische Kraft mobilisieren. Um die anfangs vorhandene Unterstützung des Südens durch die Europäer zu unterbinden, proklamierte Lincoln die Abschaffung der Sklaverei als eigentliches Kriegsziel. Damit verlor der Süden viele Unterstützer in Europa.

Die militärischen Kommandeure auf beiden Seiten kannten sich zumeist persönlich: Sie hatten ihre Ausbildung auf der Militärakademie von West Point absolviert. Nur wenige hatten Kriegserfahrung, sei es durch den Krieg gegen Mexiko von 1846–48 oder durch Kämpfe mit den Indianern. Kaum ein General war darin geübt, die riesigen Armeen, die nun entstanden, zu führen. Das Chaos, das anfänglich besonders im Norden entstand, sorgte für hämische Belustigung seitens der »Experten« in Europa. Doch sollte ihnen bei genauerer Betrachtung das Lachen bald vergehen, denn der Sezessionskrieg wurde eine Art von Versuchslabor des modernen Krieges der Zukunft. War man anfangs noch in der Taktik im Stil der Napoleonischen Kriege unterwegs, so zeigte sich bald, dass dies der fortgeschritteneren Waffentechnik nicht mehr entsprach und zu extremen Verlusten führte. Dann kamen immer mehr technische Neuerungen zum Einsatz: Eisenbahn, Telegrafie, Ballone, Panzerschiffe, erste U-Boote, Torpedos, Hinterlader- und Repetiergewehre, immer mehr Schützengräben, Handgranaten und der Stacheldraht.

Die beiden größten Strategen dieses Krieges waren Robert E. Lee (1807–1870), der bedeutendste General der Konföderierten, und Ulysses S. Grant (1822–1885), sein Gegenspieler und letztendlicher Kriegssieger. Lee war ein Südstaaten-Gentleman mit guten Umgangsformen, der viel Charisma hatte und überzeugend Truppenmassen führen konnte. Er bewährte sich sowohl in der Offensive als auch der Defensive und verstand es, seine meistens zahlen- und ausrüstungsmäßig schwächeren Armeen immer wieder zum Sieg über stärkere Gegner zu führen. Lee ließ den Gegner festlaufen und ausbluten, ehe er zur Gegenoffensive überging. Seine Soldaten verehrten ihn, wobei man generell sagen muss, dass die »Rebellen« in der Regel eine höhere Kampfmoral als ihre nördlichen Gegner hatten, da sie meinten, sie würden ihre Heimat gegen feindliche Invasoren verteidigen. Der typische Südstaatler Lee schien ihnen die ideale Führerfigur. Doch Lee war nur zu bewusst, dass die Zeit durch die Überlegenheit des Nordens gegen die Konföderation arbeitete. Deshalb versuchte er im Jahre 1863 durch eine Invasion des Nordens einen Siegfrieden zu erzwingen, da an den anderen Fronten die Entwicklung sehr stark gegen den Süden arbeitete. Das Unternehmen endete Anfang Juli 1863 bei Gettysburg mit einer schweren Niederlage, bei der der Norden zwar mehr Männer verlor als Lees Armee, aber das Schlachtfeld behauptete. Von da an war Lee nur mehr in der Defensive, aber er bewährte sich und konnte weitere zwei Jahre bei zunehmend schwindenden Ressourcen Widerstand leisten. Er setzte auf gut ausgebaute Stellungen und Schützengräben und nutzte das Gelände deutlich besser als seine Gegner. Doch konnte er in der Endphase des Krieges keine großen strategischen Pläne mehr umsetzen, da dem Süden Menschen und Material fehlten.

Der Norden hatte anfangs mit seinen Kommandeuren wenig Glück gehabt, was sich änderte, als Ulysses S. Grant das Spielfeld betrat. Er war ein schlechter Schüler in West Point gewesen, stammte im Gegensatz zu Lee aus einfachen Verhältnissen und war Alkoholiker. Im Gegensatz zu Lee konnte er keine bewegenden Reden halten und war überhaupt recht wortkarg. Aber er hatte den Ehrgeiz zu siegen und auch entsprechende Pläne. Und er hatte die Mittel des überlegenen Nordens zur Verfügung. Es ging darum, den »Anakonda-Plan«, der schon zu Kriegsbeginn entstanden war, gegen den Süden umzusetzen – die totale Abschnürung. Dazu gehörte die lückenlose Seeblockade, die Eroberung von Eisenbahnknotenpunkten und des Mississippi-Tales. Letzteres war nach der Eroberung von New Orleans zum Greifen nah und endete mit der Einnahme der wichtigen Stadt Vicksburg durch Grant. Damit waren die Südstaaten in zwei Teile geteilt. In der Folge drang Grant trotz großer eigener Verluste konsequent Richtung Richmond vor, um die feindliche Hauptstadt zu erobern. Als Geheimwaffe wurde schließlich General Sherman (1820–1891) eingesetzt, ein jähzorniger Mann von recht kantigem Charakter, der auf eine spezielle Strategie setzte: jene der »verbrannten Erde«. Sherman marschierte in der Folge mit seinen Divisionen in einem langen Marsch quer durch die Südstaaten. Er kam daher wie ein Racheengel oder wie einer der Plünderungsgeneräle des unseligen Dreißigjährigen Krieges. Es war eine Strafexpedition gegen die Zivilbevölkerung. Atlanta wurde belagert und niedergebrannt; beim weiteren Vormarsch wurde auf einer Breite von etwa 100 Kilometer alles in Schutt und Asche gelegt. Bald fielen weitere bedeutende Städte des Südens, und als Sherman Anfang April 1865 vor Richmond stand, konnte ihm Lee zu wenig entgegensetzen und zog sich zurück. Nach dem Fall von Richmond und dessen Zerstörung kam es noch zum Gefecht bei Appomatox Court House, dann kapitulierte Lee, was den Krieg offiziell beendete. Ein industrialisierter Teil eines Staates hatte sich gegen einen agrarischen durchgesetzt und dabei wurde vieles vorweggenommen, was im künftigen Kriegswesen von Bedeutung sein sollte. Das fiel aber zeitgenössischen Beobachtern kaum auf und so musste man inbesondere in Europa gewisse Erfahrungen schließlich leidvoll selbst machen.

Der Spanische Bürgerkrieg

»Viva la Muerte!« (José Millán-Astray)

Dieser überaus blutige und brutale Bürgerkrieg (1936–1939) fußte in den kulturellen und sozialen Bruchlinien der spanischen Gesellschaft zusammen mit den Autonomiebestrebungen der Katalanen und Basken. Ihm ging eine Reihe von gewalttätigen Konflikten voraus, wozu noch der Verlust der Kolonien und der allgemeine Niedergang Spaniens kam. Der Einfluss totalitärer Ideologien verschärfte die Situation nur noch. Noch die Erinnerungen an den Spanischen Bürgerkrieg sind ideologisch und emotional aufgeladen. Es geht im Folgenden nur darum, die strategischen Konzepte der Kontrahenten zu erörtern, und nicht darum, welche Seite im Recht war.

Die Regierung der 1931 gegründeten Zweiten Spanischen Republik schaffte es innerhalb kürzester Zeit, sich in fast allen politischen Lagern Feinde zu machen. Ein Militärputsch scheiterte 1932 und wurde gefolgt von Umsturzversuchen extremer linker Gruppen. Als im Februar 1936 die linke Volksfront die Wahlen mit knappem Vorsprung gewann und massive Wahlfälschungen aufgedeckt wurden, eskalierte die Situation. Viele der Regierung kritisch gegenüberstehende Offiziere waren nach Marokko und auf die spanischen Inseln versetzt worden, wo sie nun einen Umsturz planten. Später sollten die »Kolonialtruppen« die gefürchtetsten Gegner der Regierungsarmee werden.

Als es schließlich am 17. Juli 1936 zum Putsch kam, konnte sich die Regierung mithilfe verschiedener linker Gruppen wie den Anarchisten halten, was dann jedoch zum Bürgerkrieg führte. Bald stellte sich heraus, dass aufgrund der ideologischen Bruchlinien Deutschland und Italien die Putschisten, andererseits die Sowjetunion die spanische Regierung unterstützte. Durch den Einfluss der Sowjets wurden auch die spanischen Kommunisten einflussreicher. Wichtig für beide Parteien waren die Waffenlieferungen, die sie durch ihre ausländischen Sympathisanten erhielten. Deutsche Transportflugzeuge unterstützten die Putschisten unter General Franco, was deren Mobilität massiv erhöhte. Auch Truppentransporte zur See wurden von deutschen Kriegsschiffen geschützt. Ab November 1936 griffen deutsche Truppen der Legion Condor direkt in Spanien ein. Francos Truppen konnten sich dadurch in der Folge bedeutender Luftunterstützung erfreuen. Aufseiten der Regierung bzw. der Linken nahm die Sowjetunion massiven Einfluss. Stalin gewährte Unterstützung verschiedener Art durch Tausende sowjetische »Fachleute«, durch Waffen, Flugzeuge, Panzer und schließlich »Politkommissare«, welche die republikanische Armee unterwanderten. Es kam in der Folge im Regierungslager zu Auseinandersetzungen orthodoxer Kommunisten mit verschiedenen anderen linken Gruppierungen und damit zu einem »Bürgerkrieg im Bürgerkrieg«. Demgegenüber war das Lager der rechten Putschisten relativ geschlossen. Nachdem ihr nomineller Anführer General José Sanjurjo (1872–1936) bei einem Flugzeugabsturz ums Leben gekommen war, übernahmen die Generäle Francisco Franco (1892–1975), Emilio Mola (1887–1937) und Gonzalo Queipo de Llano (1875–1951) als Triumvirat die Führung. Bevor sich Franco im September 1936 endgültig durchsetzen konnte, kam es noch zu verschiedenen »Regierungsgründungen« durch Putschgeneräle.

Anfangs war die Situation noch recht chaotisch, da unklar war, wer sich dem Putsch anschließen würde und wer zur Regierung stand. Es kam dabei auch zu einer Reihe von Fehleinschätzungen. Innerhalb weniger Tage musste sich jeder Soldat entscheidenen, auf welcher Seite er stehen wollte. Interessanterweise entschied sich der Großteil der Unteroffiziere und 80 % der Offiziere, aber nur vier Divisionsgeneräle für die Seite der Aufständischen. In vielen Orten wurden führende Militärs und Beamte der jeweiligen Gegenseite verhaftet und oft gleich liquidiert, Kasernen wurden von linken Milizen belagert und alte Rechnungen blutig beglichen. Innerhalb einiger Wochen konnten die Putschisten große Gebiete in Nordspanien und im Süden sowie einige Enklaven wie Sevilla, Córdoba und Granada behaupten. Dazu kamen die meisten Inseln. In Gebieten mit starker Industrialisierung blieben sie vorerst eher erfolglos.

Da die meisten Offiziere und Unteroffiziere zu den Nationalisten übergegangen waren, blieb die Regierungsarmee stark geschwächt, auch wenn sie über große Teile der Marine und Luftwaffe verfügte. Es gab verschiedene Milizen der linken Parteien und die Guardia Civil, die an der Seite der Regierung kämpften, wozu immer mehr internationale Freiwillige kamen. Für die Nationalisten war die Hauptstadt von großer Bedeutung. Nach mehreren siegreichen Gefechten standen sie Anfang September 1936 schon 100 Kilometer vor Madrid. Doch Franco entschied sich plötzlich für einen Schwenk nach Toledo, wo seine Anhänger seit Juli im Alcázar belagert wurden. Es ging ihm dabei um einen propagandistischen Sieg, den er auch erzielen konnte. Doch dadurch kam es nicht zur Eroberung der Hauptstadt, was den Krieg wohl erheblich verlängerte. Franco erklärte sich jedenfalls nach dem Sieg von Toledo zum Generalísimo und Führer (»Caudillo«).

Ein erneuter Großangriff auf Madrid im Oktober 1936 scheiterte, genauso wie Vorstöße von Francos internem Konkurrenten General Mola. Im Dezember 1936 mündete die Offensive gegen Madrid in eine Dauerbelagerung, die den ganzen Krieg über anhalten sollte. Im Jahr 1937 konnten die Nationalisten vorerst keine wesentlichen Erfolge erzielen, und ein Angriff italienischer »Verbündeter« scheiterte bei Guadalajara. Franco entschloss sich, in anderen Gebieten aktiv zu werden. So führte er »Krieg im Norden« und eroberte die isolierten Nordprovinzen. Dabei kam es zu dem berüchtigten Angriff auf Guernica, bei dem am 26. April 1937 vor allem deutsche Kampfflugzeuge die baskische Stadt bombardierten. In Barcelona kam es zu Kämpfen zwischen der kommunistischen Regionalregierung und Anarchisten, welche die Kommunisten für sich entschieden. Die Regierung wurde nach einem gescheiterten Angriff auf die Balearen in Zentralspanien aktiv und startete zwei Offensiven bei Segovia und Huesca, die beide scheiterten. Francos Truppen eroberten nun auch Bilbao im Baskenland. Als die Regierung im Raum Madrid im Juli eine neue Offensive startete, konnte Franco diese mithilfe der Legion Condor zurückschlagen. Auch weitere Offensiven der Regierung an anderen Schauplätzen scheiterten. Es machte sich dramatisch bemerkbar, dass die Regierungsstreitkräfte zwar eine Vielzahl von Generälen aufbieten konnte, diese jedoch keine geschickten Strategen waren. So war z. B. General José Miaja Menant (1878–1958) zwar kein unfähiger Truppenführer und erwarb sich als Verteidiger Madrids seine Meriten, doch er stand unter dem Einfluss der Kommunisten und Sowjets, genauso wie seine Regierung, für die er kämpfte. Ähnliches gilt für die meisten anderen republikanischen Militärs.

Franco gebührt zwar kein Platz unter den großen Strategen der Weltgeschichte, aber als Bürgerkriegsgeneral war er ziemlich erfolgreich. Er konnte nach den gescheiterten republikanischen Offensiven nun selbst die Initiative ergreifen und er tat dies mittels militärischer Operationen, die zur Eliminierung der nördlichen Front führten. Vor allem erbeuteten die Nationalisten dadurch viele kriegswichtige Industrieanlagen. Spaniens Regierung floh Ende November 1937 nach Barcelona. Während Franco im Februar 1938 die wichtige Stadt Teruel einnehmen konnte, wurde seine Flotte im März im Seegefecht von Cabo de Palos geschlagen, was allerdings kaum Auswirkungen auf den Kriegsverlauf hatte. Bedeutender war Francos Durchbruch ans Mittelmeer im April 1938. Dadurch wurde das Territorium der Republikaner zweigeteilt, was militärisch zumiest den Anfang vom Ende einläutet. Von nun an verlangte Franco von der Regierung die bedingungslose Kapitulation, die jedoch noch abgelehnt wurde. Die letzte verzweifelte Großoffensive der Regierungstruppen war die Ebroschlacht von Juli bis November 1938, die wieder mit einem Sieg Francos endete. Ende des Jahres schritt der »Caudillo« zur Invasion von Katalonien. Innerhalb weniger Wochen wurde ganz Katalonien besetzt; fast eine halbe Million Menschen flohen nach Frankreich.

Zwar kontrollierte die Regierung nur mehr ein Drittel Spaniens, verfügte aber immer noch über 500 000 Soldaten. Während immer mehr Staaten die Regierung Francos anerkannten, kämpfte die hauptsächlich von Kommunisten und Sozialisten getragene spanische Regierung unter Ministerpräsident Negrín weiter, in der Hoffnung auf einen großen europäischen Krieg, der sich anzukündigen schien. Doch am 4. und 5. März 1939 kam es zu einem Putsch von Teilen der Armee. Wieder gab es einen »Bürgerkrieg im Bürgerkrieg«, der mit einer Niederlage der Kommunisten endete. Inzwischen hatte sich die republikanische Flotte abgesetzt, und nun brach auch die Armee zusammen. Soldaten desertierten oder ließen sich gefangen nehmen. Franco beobachtete das Chaos und wartete ab, ehe er am 27. März 1939 ziemlich ohne Widerstand die Hauptstadt einnahm. In einem Bulletin erklärte er den Bürgerkrieg per 1. April 1939 als beendet.

Der Spanische Bürgerkrieg war sicherlich das bedeutendste Kriegsereignis der Zwischenkriegszeit in Europa. Er nahm bereits einiges vom fast unmittelbar darauffolgenden Zweiten Weltkrieg vorweg, nur dass er mit dem Sieg der spanischen Faschisten und der Achsenmächte endete. Andere bürgerkriegsähnliche Ereignisse jener Epoche in Deutschland und Österreich verliefen im Vergleich dazu ziemlich harmlos. Niemand weiß freilich, wie dieser Krieg ausgegangen wäre, wenn die republikanische Seite einen fähigen strategischen Führer hätte aufbieten können, der sich erfolgreich der Dominanz der Kommunisten und anderer Gruppen hätte entziehen können.

Vom Blitzkrieg zur Atombombe

Die kurze Epoche zwischen den beiden großen Weltkriegen war alles andere als eine friedliche Zeit. Bürgerkriege, soziale Unruhen und politische Gewalt prägten die Situation in großen Teilen Europas; in anderen Teilen der Welt kam es zu größeren zwischenstaatliche Konflikte, wie den 1937 begonnenen Japanisch-Chinesischen Krieg, der viele Millionen Opfer forderte.

Basil Henry Liddel Hart

»Strategie ist die Kunst, militärische Mittel zum Zweck der Politik einzusetzen.« (Basil Liddell Hart)

Liddell Hart (1895–1970) war besonders von Sun Tzu beeinflusst, zitierte ihn immer wieder und betrachtete ihn als großes Vorbild. Allerdings war auch Clausewitz nicht spurlos an ihm vorübergegangen. Liddell Hart war eine Art von »zivilem Militärexperten«, den manche sogar mit Clausewitz verglichen. »Großbritanniens bedeutendster Militärschriftsteller der Gegenwart« (Montgomery) fand viele Bewunderer, wie beispielsweise John F. Kennedy und auch den deutschen »Panzergeneral« Heinz Guderian (1888–1954), den Liddell Hart für seinen »Schüler« hielt.

Gleichwohl war der Brite lediglich ein schriftstellernder »Schreibtischgeneral«, der nie selbst am Feldherrnhügel agieren konnte. Ohne selbst handeln zu können, interpretierte und kommentierte er wortgewaltig drauflos. Nur bei der Genfer Abrüstungskonferenz von 1932 durfte er öffentlich agieren und auch propagieren, dass es in erster Linie darum ginge, »den Armeen ihren Angriffscharakter zu nehmen«. Liddell Hart hatte es im Ersten Weltkrieg bis zum Hauptmann gebracht und seine wesentlichen Erfahrungen 1916 an der Somme gemacht. Diese vielleicht schlimmste Schlacht in der britischen Militärgeschichte hat ihn sicherlich geprägt.

Liddell Hart propagierte neue Formen der Offensive, wobei ihm die Kooperation von Panzern und der Luftwaffe am sinnvollsten erschien. Auch wenn er nach dem Ersten Weltkrieg nicht mehr Angehöriger der Armee war, so gewann Liddell Hart viel Einfluss. Er verfügte über viel profundere technische Kenntnisse als die meisten Offiziere der regulären Armee. Und er vertrat stets den Standpunkt, dass man die militärische Planung den wirklichen Möglichkeiten der Truppe anpassen müsse und sich nicht in unrealistische Szenarien hineinsteigern dürfe. Deshalb ging er auch mit dem Schlieffen-Plan hart ins Gericht.

Interessanterweise waren es die Deutschen, die sich zunächst Liddell Harts Erkenntnisse zu Herzen nahmen und im »Blitzkrieg« seine Vorstellungen umsetzten. Die Briten mussten in der Folge viel Lehrgeld bezahlen, weil sie nicht ausreichend auf ihren eigenen Propheten gehört hatten. Aus Liddell Harts Memoiren lassen sich viele Erkenntnisse über die strategische und taktische Entwicklung der Kriegsführung des 20. Jahrhunderts ableiten.

Erich von Manstein

»Ein Krieg ist nur verloren, wenn man ihn verloren gibt!«
(Erich von Manstein)

Der Zweite Weltkrieg als bisher größtes militärisches Ringen der Weltgeschichte brachte eine Vielzahl von strategischen Praktikern, aber verhältnismäßig wenig große strategische Denker und Planer hervor. Einer der bedeutendsten war sicherlich Fritz Erich von Lewinski, besser bekannt als Erich von Manstein (1887–1973). Er war mehr als 50 Jahre lang in verschiedenen deutschen Armeen aktiv und schlug somit eine Brücke von seiner Zeit als junger Offizier im Kaiserreich Wilhelms II. zur Bundesrepublik Deutschland der Adenauerzeit.

Nach Besuch der Kriegsakademie in Berlin war Manstein zu Beginn des Ersten Weltkriegs als Oberleutnant an der Front, wurde im November 1914 schwer verwundet und kam nach seiner Genesung als Generalstabsoffizier zum Einsatz. In dieser Funktion kam er sowohl an der Ostfront als auch an der Westfront zum Einsatz. Manstein diente nach Kriegsende in der Reichswehr als Kompaniechef und Stabsoffizier und machte Karriere. Ab 1933 Oberst, wurde er im Juli 1935 Chef der Operationsabteilung des Generalstabs des Heeres. In dieser Funktion erdachte er die Sturmartillerie, eine Begleitartillerie zur Infanterieunterstützung, die auf Selbstfahrlafetten unterwegs sein sollte. Die Sturmartillerie wurde schließlich der Panzertruppe zugeteilt und sollte einer der größten Erfolgsfaktoren der Wehrmacht werden. Wichtig war dabei die unmittelbare Unterstützung der angreifenden Infanterie mittels direktem Feuer. Manstein hatte im Ersten Weltkrieg selbst erfahren müssen, wie schwer und verlustreich die Eroberung befestigter feindlicher Stellungen allein durch die Infanterie war. Dabei konnte eine Artillerie, die aus größerer Entfernung wirkte, kaum ausreichende Unterstützung bieten. Die mobile Artillerie nach dem Modell Mansteins brachte nun die ersehnte Unterstützung vor Ort. Aus den beweglichen Geschützen entwickelten sich die gepanzerten Sturmgeschütze, die im Zweiten Weltkrieg eine wesentliche Rolle spielen sollten.

Manstein wurde im Oktober 1936 Generalmajor und Oberquartiermeister I, womit er zum Vertreter und designierten Nachfolger des Generalstabschefs Beck wurde. Doch aus der nächsten Beförderung wurde vorerst nichts, da er nach dem Sturz Becks als Divisionskommandeur nach Schlesien versetzt wurde. Nach dem Münchener Abkommen führte er seine Division schließlich in das Sudetenland. Zuvor hatte er jedoch an der Vorbereitung des Einmarsches in Österreich mitgewirkt. Manstein nahm 1939 als Generalstabschef der Heeresgruppe Süd am Feldzug in Polen teil.

Danach beschäftigte er sich mit einem alternativen Plan für einen Angriff im Westen, der später als »Sichelschnittplan« in die Geschichte einging. Zuvor hatte man einen Angriffsplan erarbeitet, der an den fatal gescheiterten Schlieffen-Plan erinnerte. Hitler sah dabei schon einen weiteren Stellungskrieg voraus und rechnete damit, dass der Krieg gegen Frankreich wieder Jahre dauern würde. Doch Manstein und andere Mitglieder des Generalstabs wollten genau das verhindern und in Anbetracht der schwachen Ressourcen des Dritten Reiches eine rasche strategische Entscheidung erreichen. Dabei sollte das Gros der deutschen Panzerverbände dem nach Belgien vorrückenden Gegner in den Ardennen in die Flanke fallen und ihn dann einkesseln. Mansteins Plan war riskant, da er auf der Annahme beruhte, dass die Franzosen und Engländer in Richtung Belgien vorrücken würden. Außerdem konnte sich der Vormarsch der Deutschen in den Ardennen nur auf wenige Straßen stützen, was lange Kolonnen bedeutete, die nach einer zu frühen Entdeckung hätten leicht bekämpft und vernichtet werden können.

Manstein beharrte auf seinem Operationsplan und ging damit Generalstabschef Franz Halder (1884–1972), der davon nichts wissen wollte, »auf die Nerven«. Dieser entfernte den lästigen General schließlich aus seiner Position und gab ihm das Kommando über ein Armeekorps. Doch der bisherige Feldzugsplan war den Alliierten inzwischen bekannt geworden und Hitler sah sich nach einer Alternative um. Dabei kamen ihm Mansteins Vorstellungen gerade recht und er ordnete an, dessen Sichelschnittplan für den Westfeldzug auszuarbeiten. Wie bekannt ist, erwiesen sich Mansteins Vorstellungen als richtig und erfolgreicher, als von den meisten erwartet. Manstein nahm selbst an diesem Feldzug als Korpskommandant teil, erhielt nach dem Erfolg höchste Auszeichnungen und erfreute sich des Wohlwollens Hitlers. Er hatte gezeigt, dass die neue Panzerwaffe in der Lage war, selbst im unwegsamen Gelände einen Überraschungsangriff durchzuführen, und wie sehr der moderne mobile Krieg auf dem Faktor Geschwindigkeit aufgebaut war. Der Begriff »Sichelschnitt« geht übrigens auf Winston Churchill zurück.

Anfang 1941 erhielt Manstein das Kommando über ein Panzerkorps. In die Planungen des Krieges gegen die Sowjetunion war er vorerst nicht eingebunden. Mansteins Korps war jedoch beim Überfall auf das Reich Stalins von Anfang an dabei und kam in den ersten fünf Tagen immerhin 240 Kilometer voran. Am 12. September erhielt er das Kommando über die 11. Armee und schlug kurz darauf in der Schlacht am Asowschen Meer die Südfront des Gegners. Danach kam es zum Angriff auf die Krim, wo Manstein sich an der der Stadt Sewastopol beinahe die Zähne ausbiss. Nachdem es den Deutschen nach achtmonatiger Belagerung am 30. Juni 1942 gelungen war, die Festung einzunehmen, wurde Manstein am folgenden Tag von Hitler zum Generalfeldmarschall befördert.

Einige Wochen später wurde seine 11. Armee in Richtung Leningrad befohlen, um auch diese lange belagerte Stadt zu erobern, was jedoch misslang. Durch die Einkesselung von Stalingrad erhielt Manstein aber eine ganz andere Aufgabe, denn er wurde am 24. November 1942 zum Befehlshaber der Heeresgruppe Don gemacht. Dazu gehörten neben zwei rumänischen Armeen die 6. Armee und die 4. Panzerarmee. Deren Kommandeur sollte sich mit einem Teil seiner Truppen dem Kessel auf bis zu 30 Kilometer nähern. Dort sollte er sich dann mit den aus dem Kessel ausgebrochenen Resten der 6. Armee vereinigen, um einen Korridor zu erzeugen. Mansteins an sich gute Idee wurde aber von Hitler nicht genehmigt, sosehr er auch drängte. Letztlich blieben die Verbände der 4. Panzerarmee 48 Kilometer vor dem Stalingrad-Kessel stecken. Die 6. Armee war nun nicht mehr zu retten. Manstein konnte allerdings in der Folge verhindern, dass der gesamte Südflügel der Wehrmacht zusammenbrach.

Manstein und Hitler hatten unterschiedliche Konzepte für den weiteren Krieg im Osten. Während Hitler meistens auf das Halten um jeden Preis bestand, befürwortete Manstein eine flexible und bewegliche Kriegsführung.

Als im Sommer 1943 das Unternehmen Zitadelle, bei dem Mansteins Heeresgruppe Süd und Günther von Kluges (1882–1944) Heeresgruppe Mitte zusammenwirken sollten, in Angriff genommen wurde, hatte sich die Überlegenheit der Roten Armee bereits stark manifestiert. Die Schlacht bei Kursk sollte dann die letzte große Offensive der Deutschen im Osten werden. Manstein wollte losschlagen, ehe die Sowjets ihre Verbände aufgefrischt hatten, aber Hitler lehnte dies ab, da er auf die neuen Panzer wartete, von denen er sich Wunder erhoffte. Beide ahnten nicht, dass die Sowjets durch entschlüsselten Funkverkehr ohnehin im Bilde waren. Deshalb errichteten sie ein effizientes, tief gestaffeltes System zur Verteidigung und füllten ihre Verbände rascher auf. Letztlich kam es nach dem verspäteten Beginn der Offensive zu dem, was Manstein befürchtet hatte: Das Unternehmen Zitadelle wurde trotz enormer Verluste der Roten Armee für die Deutschen ein Fehlschlag.

Bei aller Kritik an Hitler war Manstein nicht bereit, sich an einem Umsturz zu beteiligen, von Attentaten hielt er sowieso nichts. »Preußische Feldmarschälle meutern nicht!«, soll er angeblich gesagt haben. Manstein befehligte nach dem Misserfolg von Kursk weiterhin seine Heeresgruppe Süd und kämpfte verbissen weiter. Doch als er im Februar 1944 ohne Anordnung Hitlers sechs Divisionen aus einem drohenden Kessel herausbeorderte, zog er sich noch mehr den Unwillen des Diktators zu. Im März 1944 kam es schließlich zur Eskalation. Als die 1. Panzerarmee bei Kamenez-Podolski fast völlig eingeschlossen wurde, teilte Manstein Hitler am 24. März mit Nachdruck mit, dass er der Armee befehlen würde, sich zurückzuziehen, falls ihm der Diktator bis 15 Uhr nichts mitteile. Hitler antwortete erst um 16 Uhr und ordnete an, dass die Truppen ihre Position auf jeden Fall zu halten hätten. Manstein erkannte, dass sich damit ein zweites Stalingrad ereignen würde. Er reiste am nächsten Tag nach Lemberg, um an einer Besprechung teilzunehmen, gab aber schon vorher der 1. Panzerarmee den Befehl, sich für den Rückzug bereitzumachen. Bei der emotionalen Besprechung in Lemberg drohte Manstein mit seinem Rücktritt und konnte schließlich erreichen, dass Hitler dem Rückzug zustimmte. Manstein ließ die Panzerarmee dann nach Westen ausbrechen, da er wusste, dass die Sowjets einen Ausbruch nach Süden erwarteten. So konnte eine Armee von 220 000 Soldaten gerettet werden.

Nachdem das US-Magazin Time Manstein im Januar 1944 auf der Titelseite abbildete und ihm einen Leitartikel gönnte, rechneten wohl viele mit seiner baldigen Ablösung. Das einflussreiche Magazin würdigte Mansteins Qualitäten als besten deutschen Heerführer und empfahl ihm indirekt den Verrat an Hitler. Manstein tat in der Folge dann auch einiges, was ihn in den Augen Hitlers zunehmend suspekt machte. Die Vorstellungen der beiden über Strategie waren ohnehin unvereinbar. Hitler entließ Manstein am 30. März 1944 und versetzte ihn bei gleichzeitiger Verleihung weiterer Orden in die sogenannte »Führerreserve«.

Somit konnte der nach Meinung vieler Beobachter und Historiker beste General Hitlers dem weiteren Geschehen weitgehend nur zusehen – und sich wohl in vielem bestätigt fühlen. Nachdem er im August 1945 von den Briten verhaftet worden war, arbeitete Manstein in Nürnberg gemeinsam mit einigen anderen hochrangigen Generälen an der Verteidigung des Generalstabs des Heeres und des Oberkommandos der Wehrmacht (OKW), die als verbrecherische Organisationen angeklagt worden waren. Im Nürnberger Hauptkriegsverbrecher-Prozess trat er schließlich als Zeuge auf. Als Manstein 1948 aus der Kriegsgefangenschaft entlassen wurde, nahm man ihn gleich danach wieder fest. 1949 wurde er zu 18 Jahren Gefängnis verurteilt, von denen er nach einer Vielzahl von Interventionen und »Haftverschonungen« nur etwa vier absaß.

Manstein konnte später als einziger ehemaliger Marschall der Wehrmacht den Aufbau der Deutschen Bundeswehr beraten und beeinflussen. Er erfreute sich international und beim deutschen Militär großer Wertschätzung. Manstein veröffentlichte 1955 das autobiografische Buch »Verlorene Siege«, das rasch zum Bestseller wurde und in verschiedene Sprachen übersetzt wurde. Darin brach er eine Lanze für die deutschen Generäle und gab die Schuld an der deutschen Niederlage in erster Linie Hitlers militärischer Inkompetenz. In seinem zweiten Werk »Aus einem Soldatenleben«, das 1958 erschien, führte Manstein aus, die meisten Misserfolge wären dem mangelnden Spielraum der deutschen Kommandeure geschuldet gewesen. Diese Sichtweise wurde vielfach kritisiert.

Bereits 1948 war Basil Liddell Harts Buch »On the other side of the hill« erschienen. Es zeugte von der großen Bewunderung des Briten für Manstein. Auch Reginald Paget (1909–1990), der Manstein verteidigte, schloss sich Liddell Hart in seinem 1951 erschienen Buch an.

Spätere Biografen wie der britische Militär Mungo Melvin sahen Manstein als den besten deutschen bzw. überhaupt besten Heerführer des Zweiten Weltkriegs an. Mansteins große strategische Begabung steht in seiner historischen Würdigung bleibend gegenüber seiner fehlenden moralischen und ethischen Weit- und Einsicht; in den sympathisierenden Worten seines Biografen Mungo Melvin: »Sein Missgeschick zusammen mit vielen Millionen Deutschen war es, blind einem kriminellen Regime zu dienen, dessen immanente fehlerhafte Strategie und schrecklichen Verbrechen er erst im Nachhinein erkannte.« (S. 509)

GEORGI SCHUKOW

»Der Krieg ist ein Akt der Gewalt, und es gibt in der Anwendung derselben keine Grenzen.« (Clausewitz)

Mansteins fähigster Gegenspieler war sicherlich der sowjetische General Georgi Konstantinowitsch Schukow (1896–1974). Der Sieger von Stalingrad und der Schlacht um Berlin, der die deutsche Kapitulation in Berlin-Karlshorst entgegennahm, war sicherlich der bedeutendste sowjetische Stratege des Zweiten Weltkriegs. Der aus einem streng religiösen Elternhaus stammende Schukow kam 1915 zur Kavallerie. Nach einer Verwundung schloss er sich 1918 den Bolschewiki an. Er avancierte im Kampf gegen die »Weißen« rasch zum Kompaniechef und wurde 1919 erneut verwundet. Bei Berichten über Schukow wird stets seine Brutalität und Rücksichtslosigkeit erwähnt, mit der er bereits im Bürgerkrieg kämpfte.

Schukow bewährte sich bei der Bekämpfung von Bauernaufständen und erhielt 1929 ein eigenes Kavallerieregiment. 1933 befehligte er bereits eine Kavalleriedivision, die er zur besten der Sowjetunion machen wollte. Er stieg immer weiter in der Hierarchie empor. Da er geschickt und linientreu agierte, wurde Schukow kein Opfer der stalinistischen Säuberungen, auch nicht derjenigen im Jahr 1938, bei der ein Großteil der Generalität und der höheren Offiziere der sowjetischen Armee umgebracht wurde. Außerdem sollte Schukow im Laufe seiner militärischen Karriere viele lebensgefährliche Situationen überleben, mehr als alle anderen Generäle der Sowjetunion. Er erhielt 1939 das Kommando über örtlichen sowjetischen Streitkräfte und die Mongolische Volksarmee an der mandschurisch-mongolischen Grenze. Dort sollte er der japanischen Kwantung-Armee entgegentreten. Schukow erfüllte seine Aufgabe erfolgreich und besiegte die Japaner am 20. August 1939 in der Schlacht am Chalchin Gol. Dafür wurde er erstmals als »Held der Sowjetunion« ausgezeichnet. Dabei hatte Schukow allerdings durch seine rücksichtslose Kriegsführung viel höhere Verluste erlitten als der zahlenmäßig weit unterlegene japanische Gegner. Diese Bereitschaft zur Inkaufnahme hoher Verluste sollte Schukows gesamte militärische Karriere begleiten. Stalin, der ihn wegen der hohen Verluste kritisierte, zeigte sich dennoch zufrieden mit dem General und gab ihm 1940 den Befehl über den größten Militärbezirk des Landes in Kiew. Schukows Truppen besetzten in der Folge Bessarabien und die Nordbukowina für die Sowjetunion.

Nachdem Stalin Schukow im Februar 1941 zum Generalstabschef und stellvertretenden Verteidigungsminister gemacht hatte, arbeitete er sowjetische Aufmarschpläne aus. Dabei wurden auch präventive Angriffe auf deutsche Truppen bzw. offensive Pläne für einen Krieg gegen Deutschland konzipiert, die Stalin allerdings ablehnte. Angesichts durchgesickerter deutscher Angriffspläne drängten Schukow und Verteidigungsminister Semjon Timoschenko (1895–1970) Stalin zu erhöhter Gefechtsbereitschaft, doch dieser wollte die Deutschen möglichst wenig provozieren.

Nachdem Schukow gleich zu Kriegsbeginn die große Panzerschlacht bei Dubno-Luzk-Riwne trotz zahlenmäßiger Überlegenheit verloren hatte, wurde er als Generalstabschef abgesetzt und erhielt den Befehl über die Reservefront, was einer Degradierung gleichkam. Als Schukow eine Gegenoffensive vorschlug, wurde er von Stalin angeblich mit den Worten gemaßregelt: »Was reden Sie für Unsinn, unsere Truppen können sich nicht einmal verteidigen.« Zur sowjetischen Offensive bei Jelnja kam es dann doch und sie wurde der erste erfolgreiche Gegenschlag der Roten Armee.

Doch die Kriegslage konnte damit nicht gewendet werden und Schukow wurde kurz vor dem Ende der Kesselschlacht von Smolensk, die mit der Vernichtung seiner Verbände endete, von Stalin abberufen. Im September 1941 übernahm er die Front bei Leningrad und stablisierte die Verteidigung der Stadt mit teils drakonischen Maßnahmen. Auch dabei handelte er einige Male gegen den erklärten Willen Stalins.

Nach einer desaströsen Niederlage in der Doppelschlacht bei Wjasma und Brjansk, die Schukow trotz großen Engagements nicht verhindern konnte, wurde er mit der Organisation der Verteidigung Moskaus betraut. Hier agierte er sehr erfolgreich, wobei ihm natürlich der Winter, auf den die Deutschen nicht hinreichend vorbereitet waren, zu Hilfe kam. Schukow führte dann auch die Gegenoffensive im Dezember 1941, die seinen militärischen Ruhm im wesentlichen begründete. Im Frühling und Sommer 1942 befehligte Schukow die sowjetische Westfront, die über zehn Armeen verfügte. Er griff die Deutschen immer wieder an, erzielte aber trotz riesiger Verluste kaum Geländegewinne. Im August 1942 wurde Schukow der Stellvertreter des Obersten Befehlshabers. Er war nun maßgeblich daran beteiligt, dass die Bewaffnung der Roten Armee nachdrücklich verbessert wurde und neue strategische Reserven eingerichtet wurden. Damit verbesserte sich die Kampfqualität der Sowjets zunehmend, während die Wehrmacht ihren Zenit bereits überschritten hatte.

Nachdem er die deutsche 6. Armee nicht hatte aufhalten können, bevor sie Stalingrad erreichten, erarbeitete Schukow mit dem Chef des Generalstabs Pläne für die Umfassung der Deutschen. Auch wenn Schukow später als Sieger von Stalingrad proklamiert wurde, so war er doch kaum vor Ort, sondern kommandierte an anderen Fronten weniger erfolgreiche Angriffe gegen die Deutschen, bei denen er schwere Verluste erlitt. Zumindest aber konnte er damit das deutsche Oberkommando daran hindern, ausreichende Verstärkungen zur 6. Armee zu schicken. Nachdem das Ausmaß des sowjetischen Sieges in Stalingrad bekannt geworden war, hätte Schukow mit einem Schlag den gesamten deutschen Südflügel, der in den Kaukasus vorgestoßen war, abschneiden und einkesseln können. Er tat es nicht.

Das erfolgreiche Zurückdrängen der Deutschen nach der Niederlage von Stalingrad hatte als Hauptursache wohl die Überlegenheit der Roten Armee bezüglich Menschen und Material, auch wenn die sowjetische Propaganda die strategischen Verdienste Schukows hervorkehrte. Als die Deutschen zum letzten Mal mit einiger Erfolgserwartung versuchten, das Kriegsgeschehen im Osten zu wenden, kam es zur Schlacht bei Kursk. Dort waren über 10 000 Panzer, ca. 8 000 Flugzeuge und mehr als drei Millionen Soldaten im Einsatz. Diese Schlacht ist damit die wohl größte militärische Konfrontation der Menschheitsgeschichte.

In den ersten zwei Tagen seiner Offensive opferte Schukow Hunderttausende von Soldaten. Trotz der gigantischen Verluste gab der Erfolg am Ende den Sowjets recht. Die Deutschen verloren zwar weniger Soldaten und Material, aber sie verloren im Osten endgültig die Initiative. In den darauffolgenden Monaten koordinierte Schukow das weitere Vorrücken der Roten Armee. Zu Beginn des Jahres 1944 übernahm Schukow die Führung der 1. Ukrainischen Front und erreichte mit seinen Armeen im April die Karpaten. Stalin ließ Schukow am 10. April 1944 den »Siegesorden« als höchste sowjetische Auszeichnung zukommen. Er war der erste Träger dieses Ordens.

Mit der 1. Weißrussischen Front, deren Kommando er im November 1944 übernommen hatte, unternahm Schukow Anfang 1945 die Weichsel-Oder-Operation, die zur Eroberung Warschaus und zur Zerschlagung der Heeresgruppe A der Deutschen führte. Damit kündigte sich bereits das Vordringen nach Berlin an. Letztlich entwickelte sich der Marsch nach Berlin zu einem Wettlauf zwischen den Truppen von Schukow und seines Konkurrenten Marschall Iwan Konew (1897–1973). Stalin zog eine Trennlinie zwischen den beiden Heeresgruppen und förderte die Konkurrenz der beiden Befehlshaber bewusst. Schukow wollte dieses Spiel auf jeden Fall gewinnen und derjenige sein, dem Berlin zufiel.

Vorerst musste sich Schukow in der Schlacht um die Seelower Höhen vom 16. bis 19. April 1945 den Weg freikämpfen. Dabei standen den etwa 100 000 deutschen Verteidigern ca. eine Million Rotarmisten gegenüber, die über eine erdrückende Übermacht an Geschützen und Panzern verfügten. Dennoch brauchte Schukow vier Tage, um diesen letzten Widerstand vor den Toren Berlins zu überwinden. Und erneut kostete es ihm eine hohe Zahl von Opfern und den Verlust von viel Kriegsmaterial, ehe er den Sieg davontrug. Wenn man die Siege Schukows historisch einordnet, dann kommt einem manchmal der Gedanke an den antiken König Pyrrhus (318 bis 272 v. Chr.), der äußerst verlustreichen Siegen ihren Namen gab. Der Unterschied zwischen dem antiken Feldherrn und Schukow bestand allerdings darin, dass die Reserven von Pyrrhus im Kampf gegen die Römer beschränkt waren und ihn jeder Sieg näher an den Untergang brachte, während Schukow über quasi unerschöpfliche Mengen an Menschen und Gerät verfügte.

Schukow glaubte an seinen Sieg im Rennen nach Berlin und erreichte am 21. April die Stadtgrenze. Er musste allerdings feststellen, dass Konew nach einem schnelleren Vormarsch von Süden bereits seit dem 17. April Stalins Erlaubnis zum Angriff auf die Stadt hatte. Auch die folgende Eroberung der Stadt war von der Konkurrenz zwischen Schukow und Konew geprägt. Man ist sich heute weitgehend einig, dass das gleichzeitige Vorgehen der beiden Marschälle den Fall Berlins beschleunigt hat.

Am 8./9. Mai konnte Schukow die endgültige Kapitulation der Wehrmacht, der Kriegsmarine und der Luftwaffe in Berlin-Karlshorst entgegennehmen. Er hatte für sich und die Sowjetunion das Ziel erreicht.

Als es am 24. Juni 1945 zur großen Siegesparade in Moskau kam, war Schukow die Hauptfigur und stahl seinem Diktator Stalin die Show. Schukow saß auf einem Schimmel und gab den großen Triumphator. Von Juni 1945 bis März 1946 war er Chef der Sowjetischen Besatzungszone in Deutschland. Später agierte er als stellvertretender Verteidigungsminister und Oberbefehlshaber der Landstreitkräfte. Doch Schukow neigte zunehmend dazu, den Bogen zu überspannen, und rief so den Unmut Stalins hervor. Jener ließ 1946 sieben Waggons mit Raubgut Schukows aus Deutschland beschlagnahmen. Weitere große Mengen von Raubgut wurden 1948 in Schukows Wohnung und seinem Landsitz beschlagnahmt. Er verlor seine Funktionen und wurde in der Folge in den Ural versetzt. Doch Schukow kam nach Stalins Tod zurück in Ämter und Würden. Beim Machtkampf im Kreml entschied sich Schukow für Nikita Chruschtschow (1894–1971) und setzte dabei auf das richtige Pferd. Als Verteidigungsminister griff er mit der Roten Armee 1956 in den Ungarischen Volksaufstand ein.

Schukows gute Beziehung zu Chruschtschow ging 1957 in die Brüche, als jener Armee und Flotte verkleinerte. Schukow leistete dagegen Widerstand, stellte sich offen gegen Chruschtschow und fiel in Ungnade. Bei Stalin hätte ihn das sicher den Kopf gekostet, aber nun wurde er nur als Minister abgesetzt und später in den Ruhestand versetzt. Er erfreute sich weiterhin einer gewissen Verehrung und Popularität und starb im Juni 1974 im Alter von 77 Jahren. Seine Urne erhielt einen Platz in der Moskauer Kremlmauer.

Ein russischer Biograf meint, der höchstausgezeichnete General der Sowjetunion sei weder ein großer Held noch ein großer Stratege gewesen und sei der einzige General der Weltgeschichte, der für den Verlust von mehr als fünf Millionen Soldaten ausgezeichnet worden sei. Suwurow weist auf die Skrupellosigkeit und Rohheit sowie auf die Inkompetenz Schukows hin, der ohne Gewissensbisse Millionen Menschen verheizte. Er sei ein »großmäuliger Despot« gewesen, meint Suworow, der kein gutes Haar an dem »großen Krieger« lassen will. Interessanterweise genoss Schukow wenig Achtung bei den meisten anderen Marschällen der Roten Armee. Dabei wurden laut Suworow Begriffe wie »angeberisch, brutal, sadistisch, narzißtisch und anmaßend« verwendet. Manche bezeichneten ihn als »Trunkenbold, Schlachter, Karrieremacher und Prahlhans«. Auch Stalin und später Chruschtschow sollen sich mehrmals anfällig über den Charakter Schukows geäußert haben. Dennoch war Stalin bereit, Schukow vieles zu verzeihen, während andere Generäle oft wegen Kleinigkeiten seinen Zorn zu spüren bekamen. Letztlich profitierte Schukow sogar von den großen Säuberungen Stalins; sie erleichterten seinen Aufstieg, obwohl er ein erklärter Bewunderer des später verfemten Marschalls Michail Tuchatschewski (1893–1937) war. Letztlich bleibt von Schukow ein zwiespältiges Bild, denn einerseits hatte er einen wesentlichen Anteil am militärisch gesehen bedeutendsten Sieg der Geschichte, andererseits hat niemals ein Feldherr so viele Menschen für seine Siege »verbraucht«.

George S. Patton

»Ein guter Plan, der sofort kraftvoll umgesetzt wird, ist besser als ein perfekter Plan, der nächste Woche umgesetzt wird.« (George S. Patton)

Amerikas fähigster General im Zweiten Weltkrieg war auch sein umstrittenster. George S. Patton (1885–1945) entstammte einer prominenten Familie, die viele Offiziere und Politiker hervorgebracht hatte. Er wurde nach dem Besuch der Militärakademie in West Point 1909 Kavallerieoffizier. 1912 nahm er an den Olympischen Spielen im Fünfkampf teil und kämpfte 1916 im Mexikanischen

Bürgerkrieg. Danach war er in Europa, in dem der Erste Weltkrieg tobte, im Einsatz. Patton erkannte den Wert des Panzers als neue Waffe und wurde Ausbildner für die ersten 500 US-Panzerfahrer. Danach zeichnete er sich mit seinen Panzern mehrfach in der Endphase des Krieges aus.

Im Zweiten Weltkrieg nahm Generalmajor Patton im November 1942 an der Landung der Alliierten in Nordafrika teil. Er zeichnete sich in der Folge beim Feldzug in Tunesien und bei der Landung in Sizilien aus. Dort bewies er als Kommandeur der 7. US-Armee seinen militärischen Ehrgeiz, indem er dem Briten Montgomery die Show stahl und wesentlich größere Erfolge als dieser erzielte. Pattons Erfolgsrezept war hier wie schon bei seinen früheren Unternehmen das kompromisslose schnelle Vordringen, was den viel bedächtigeren Briten Montgomery überforderte. Er avancierte damit zum Star der amerikanischen Streitkräfte. Als Patton in Lazaretten jedoch psychisch kranke Soldaten schlug und mit der Waffe bedrohte, fiel er zum ersten Mal bei seinen Vorgesetzten in Ungnade und spielte bei der Landung der Alliierten in der Normandie vorerst keine aktive Rolle. Doch wollte sein Vorgesetzter Eisenhower (1890–1969) nicht auf ihn verzichten und setzte ihn bald wieder ein. Patton revanchierte sich mit dem Durchstoßen der deutschen Linien bei Avranches durch eine für ihn typische schnelle und konsequente Aktion, bei der er seine Panzer geschickt einsetzte. Die Deutschen wurden überrumpelt, und Patton konnte an der Brücke von Pontaubault innerhalb von drei Tagen sieben Divisionen übersetzen und rasch bis zur Seine vordringen. Durch diese Aktion war der Ausbruch aus dem alliierten Landekopf gelungen und der Rückeroberung von Frankreich stand kaum mehr etwas im Wege. Patton erlangte damit bei der Truppe und in der Öffentlichkeit große Anerkennung, auch bei anderen alliierten Kommandeuren, die wegen seiner Feindseligkeit gegenüber den Franzosen und Briten einige Vorbehalte gegen ihn hatten. So wollte er angeblich den Briten am liebsten ein zweites Dünkirchen bereiten und äußerte über den französischen Bündnispartner: »Ich würde lieber eine deutsche Division vor mir haben als eine französische hinter mir.« Man beklagte auch seinen Zynismus und sein gänzlich undiplomatisches Auftreten.

Doch Patton erzielte weiterhin Siege. So war er wesentlich an der Eroberung der Festung Metz beteiligt, griff erfolgreich in die anfangs für die Amerikaner bedrohliche Ardennenoffensive ein und schaffte »fast lautlos« den Rheinübergang ab dem 22. März 1945 bei Nierstein und Oppenheim. Bei seinem extrem schnellen Vormarsch durch den Süden Deutschlands konnte er Städte wie Ulm und Memmingen kampflos in Besitz nehmen. Danach marschierte er ins westliche Böhmen, wo er Pilsen einnehmen konnte. Danach wurde sein weiteres Vordringen mit Rücksicht auf die Sowjets gestoppt.

Patton, der wie Erwin Rommel (1891–1944) am liebsten seine Soldaten vom Panzer aus befehligte, eroberte letztlich mit der 3. US-Armee in nur wenigen Monaten große Teile von Frankreich, Belgien, Deutschland und Österreich. Schon seine Zeitgenossen sahen in ihm den überragendsten US-Strategen seiner Zeit. Da er seine Meinung immer frei von der Leber weg und ohne Rücksicht auf Verluste äußerte, eckte er ständig an und fiel kurz vor seinem Tod zum zweiten Mal in Ungnade.

Pattons Wahrzeichen waren versilberte Pistolen, die an seinem Gürtel trug. Er hatte ein ambivalentes Verhältnis zum deutschen Feind. Einerseits schrieb er Meldungen wie »Lovely weather to kill the Germans!«, doch oft ließ er sich zu ganz anderen Äußerungen hinreißen. So nannte er die Waffen-SS »eine verdammt gutaussehende Bande von sehr disziplinierten Hurensöhnen«. Da er den Kommunismus hasste, war es auch sein Traum, gemeinsam mit den Deutschen in Richtung Moskau zu marschieren.

Als ehemaliger Kavallerist war Patton ein großer Pferdeliebhaber. Deshalb rettete er auch die berühmten Lipizzaner aus Piber vor dem Zugriff der Sowjets. Am 15. April 1945 ließ er 1000 Bewohner aus Weimar durch das KZ Buchenwald führen, um ihnen die Grausamkeit der Nazis zu zeigen. Allerdings gab Patton auch oft antisemitische Äußerungen von sich. Von März bis September 1945 war er Militärgouverneur von Bayern, hielt von der Entnazifizierung aber nicht sonderlich viel.

Eisenhower löste Patton nach einem verhängnisvollen Interview am 22. September 1945 als Kommandeur der 3. US-Armee ab und trug ihm auf, Material zur Geschichte des eben beendeten Krieges zu sammeln. Der alte Haudegen, der immer davon geträumt hatte, in seiner letzten Schlacht von einer Kugel getötet zu werden, fühlte sich gedemütigt und degradiert. Ehe er in die USA zurückkehren konnte, wurde Patton im Dezember 1945 Opfer eines Autounfalls in Mannheim, an dessen Folgen er einige Tage später starb.

Patton war immer der Meinung gewesen, der Krieg gehöre zur menschlichen Natur. Er war stets dazu bereit, den Kampf mit aller Härte zu führen, was auch einer seiner Aussprüche bestätigt: »Möge Gott Gnade mit meinen Feinden haben, denn ich habe sie nicht.« Zugleich war er fähig, Bewunderung für seine Gegner, wie die Deutschen, zu empfinden. Genauso sehr setzte er auf die Eigeninitiative seiner Soldaten: »Man soll den Menschen nie sagen, wie sie etwas tun sollen, sondern nur, was sie tun sollen. Dann wird ihr Einfallsreichtum einen verblüffen.« Durch seinen Führungsstil, bei dem er große Furchtlosigkeit und einen engen Kontakt zur Truppe bewies, konnte er seine Soldaten gut motivieren. Patton hatte bereits im Ersten Weltkrieg die wesentliche Rolle der Panzerwaffe erkannt und benutzte sie im Zweiten Weltkrieg in virtuoser Weise. Dabei glich er in vielerlei Hinsicht Männern wie Manstein und Guderian. Patton hatte auch ein Gespür für die Schwachstellen des Gegners und nutzte diese bei seinen schnellen Vorstößen geschickt aus. Bei einigen Flussübergängen konnte er innerhalb kurzer Zeit große Truppenmassen übersetzen, was eine große logistische Leistung bedeutete und den Gegner völlig überraschte. Letztlich war Patton ein Mann, der für die Kriegsführung des 20. Jahrhunderts wie geschaffen schien, doch wurden ihm seine undiplomatische Offenheit und Direktheit schließlich zum Verhängnis.

Die Strategien des Kalten Krieges

»Von Stettin an der Ostsee bis hinunter nach Triest an der Adria ist ein Eiserner Vorhang quer durch den Kontinent niedergegangen.«
(Winston Churchill)

Das Jahr 1945 hinterließ klare Sieger und klar Besiegte. Zwei Machtblöcke hatten gemeinsam die »Achsenmächte« besiegt, obwohl beide außer ihrer Gegnerschaft zum Nationalsozialismus und zum japanischen Expansionsstreben kaum Gemeinsamkeiten hatten: die USA und ihre westlichen Verbündeten sowie die Sowjetunion unter Stalin. Gab es schon während der Endphase des Zweiten Weltkriegs westliche Generäle, die gerne gegen die Sowjets gekämpft hätten (siehe Patton), so wurde es nach der Kapitulation Deutschlands 1945 in Europa klar, dass damit jede Gemeinsamkeit zwischen den Westalliierten und den Sowjets erloschen war. Es ging um die Aufteilung der Beute, bei der Stalin weitgehend erfolgreich hervorging, und das Bestreben vor allem der USA, eine westliche Wohlstandssphäre im nicht kommunistisch besetzten Teil Europas zu schaffen – natürlich unter ihrer Kontrolle. Als der »Eiserne Vorhang« (Winston Churchill) niederging, standen sich mit einem Male Kapitalismus und Kommunismus, West und Ost diametral gegenüber.

Nach gängiger Einschätzung dauerte der »Kalte Krieg« zwischen den Westmächten und dem Ostblock von 1947 bis 1989. Dabei sollte es zu keiner direkten militärischen Auseinandersetzung zwischen den beiden bald »Supermächte« genannten Staaten kommen, aber es gab eine Reihe von Stellvertreterkriegen, von dem in Korea bis zu jenem in Afghanistan. Beide Seiten unternahmen große Anstrengungen, die Macht und den Einfluss der Gegenseite zu untergraben und einzuschränken. Man sprach auch vom »Ost-West-Konflikt«, der manchmal auch sehr bedrohlich wurde. Es gab gewisse Punkte der Eskalation wie die Berlin-Blockade, die Kubakrise und die Streitigkeiten wegen der Mittelstreckenraketen. Dazwischen lagen Phasen der relativen Ruhe, wobei der Konflikt immer bestehen blieb.

Die Konfrontationen spielten sich vielfach zwischen den Geheimdiensten ab oder man organisierte Militärputsche wie im Iran und Chile. Im »Ostblock« wurden alle Bestrebungen niedergeschlagen, welche die strenge Ordnung im »Warschauer Pakt« gefährden konnten – wie bei der Besetzung Ungarns 1956 und der Niederschlagung des »Prager Frühlings« 1968. Neben ideologischer Propaganda setzten beide Mächte auch ihre Raumfahrtprogramme als Waffe ein. Das Ende des Kalten Krieges wurde durch den immer größer werdenden technologischen und ökonomischen Rückstand des kommunistischen Blocks eingeleitet und nach dem Fall der Berliner Mauer besiegelt. Die Welt wurde dadurch aber weder friedlicher noch berechenbarer.

Nuklearstrategie

»Wer zuerst schießt, stirbt als Zweiter.« Sprichwort

Seit dem erstmaligen Einsatz von Kernwaffen gegen die japanischen Städte Hiroshima und Nagasaki war es klar, dass die Welt mit einem neuen Waffensystem zurande kommen musste, das alles Bisherige in den Schatten stellte. Die USA konnten ihren Vorsprung bezüglich des alleinigen Besitzes von atomaren Waffen nicht lange aufrechterhalten. Wenige Jahre später hatte auch die Sowjetunion ihre »Bombe«. Binnen kurzem wurde die sogenannte Nuklearstrategie entwickelt, ein strategisches Konzept, bei dem es um den tatsächlichen oder nur angedrohten Einsatz von Kernwaffen ging. Es war bald klar, dass auf einen Einsatz von Nuklearwaffen eine massive Vergeltung folgen würde. In der Folge kam es zum massiven Wettrüsten zwischen den beiden Blöcken. Strategische Studien aller Art beschäftigten sich jahrzehntelang mit dem Dilemma einer atomaren Auseinandersetzung, wobei den meisten Experten klar war, dass dabei kaum etwas zu gewinnen war, aber man den Untergang der gesamten Menschheit heraufbeschwor.

Dachte schon der US-Präsident Harry S. Truman (1884–1972) 1945 über einen atomaren Schlag gegen die Sowjetunion nach, bei dem 30 Atombomben auf die 20 wichtigsten sowjetischen Städte abgeworfen werden sollten, so folgten ihm seine Nachfolger im größeren Maßstab. Man hatte auf westlicher Seite Angst vor der konventionellen Überlegenheit des kommunistischen Ostens, weshalb man das einzige wirkliche Hilfsmittel in der Drohung mit von Atomwaffen sah. Es gab im Laufe der Zeit eine Reihe von Konzepten der NATO, die immer auch um das Thema Atomwaffen kreisten. Wobei Deutschland das unmittelbare atomare Schlachtfeld geworden wäre. Letztlich war den überwiegend meisten Verantwortlichen klar, dass bei einem Atomkrieg nichts zu gewinnen und alles zu verlieren war.

Die Welt stand deswegen aber trotzdem nicht still, und es gab eine Vielzahl von militärischen Aktivitäten, die man zu einem großen Teil als »Stellvertreterkriege« bezeichnen kann. Nicht die Großmächte bekämpften sich direkt als solche, sondern sie schoben kleinere Staaten, die ihrem Herrschaftssystem nahestanden, vor bzw. unterstützten deren kriegerische Ambitionen. In den Jahrzehnten des Kalten Krieges erlebte die Welt eine Reihe von

Stellvertreterkriegen, von denen einige knapp am Rande eines »heißen Krieges« zwischen den Atommächten vorbeischrammten. Im Gegensatz zum Vietnamkrieg, der sich zu einer Art Nachfolgekonflikt des Zusammenbruchs von Französisch-Indochina in den 1960ern entwickelte, ist der Koreakrieg viel weniger im allgemeinen Bewusstsein geblieben, obwohl er eigentlich der gefährlichere Konflikt war und mit seinem Folgen bis heute ist.

Douglas MacArthur und der Koreakrieg

»Ich komme wieder …« (Douglas MacArthur)

Im Jahr 1910 annektierte das expansive Kaiserreich Japan die Halbinsel Korea. Das Land mit einer alten und traditionsreichen Kultur sollte danach viel Leid erfahren und bis heute zum Spielball anderer Mächte werden. Als die Japaner mit Ende des Zweiten Weltkriegs endgültig aus Korea vertrieben wurden, bildeten sich auf der Halbinsel zwei Staaten – im Norden das aus der sowjetischen Besatzungszone hervorgegangene Nordkorea und im Süden die Republik Korea, die aus der amerikanischen Besatzungszone hervorging. Hatte die Konferenz von Jalta noch beschlossen, dass man das Land unter einer gemeinsamen Regierung vereinen würde, so dachte man nach dem Ausbruch des Kalten Krieges nicht mehr daran. Beide Staaten nahmen für sich in Anspruch, der einzig legitime Nachfolger des 1910 untergegangenen koreanischen Kaiserreiches zu sein. Beide Koreas waren im eigentlichen Sinne nicht wirklich selbstständig und von ideologisch polaren Weltanschauungen beherrscht. Es war schließlich das aggressivere kommunistische Nordkorea, das im Juni 1950, nach vielen Grenzverletzungen zuvor, den eigentlichen Krieg eröffnete. Es wollte die Wiedervereinigung des Landes erzwingen und gleichzeitig der kommunistischen Ideologie zum Sieg verhelfen. Die Nordkoreaner griffen gleich von Beginn an auch US-Einrichtungen wie einen Flugplatz an.

General Douglas MacArthur (1880–1965) war die Zentralfigur im Widerstand gegen das kommunistische Nordkorea. Er war ein sattsam kriegserfahrener Kommandeur, hatte als Brigadegeneral im Ersten Weltkrieg gedient und im Zweiten Weltkrieg zusammen mit Admiral Chester W. Nimitz (1885–1966) den Oberbefehl am pazifischen Kriegsschauplatz innegehabt. Nachdem er nach Ende des Zweiten Weltkrieges die Besatzungstruppen im besiegten Japan kommandiert hatte, musste er sich nun einer neuen Herausforderung stellen.

Die US-Truppen unterstützten die schwache südkoreanische Armee und auch die UNO entsandte schließlich, auf Drängen der USA, militärische Einheiten und Sanitätspersonal aus 16 verschiedenen Nationen. Letztlich waren allerdings 90 % der unter UNO-Flagge in Korea kämpfenden Ausländer Amerikaner. Die Amerikaner bekämpften zunächst den Aggressor mit ihren überlegenen Flugzeugen aus der Luft, während Bodentruppen aus Japan herangeholt wurden. Am 28. Juni 1950 wurde Seoul von den Nordkoreanern erobert, woraufhin die Regierung Südkoreas weiter nach Süden floh. MacArthur setzte weiter auf Bombenangriffe und ließ auch Napalm einsetzen, um die Nordkoreaner zu stoppen. Die US-Luftwaffe griff dabei auch Ziele im Umkreis der nördlichen Hauptstadt Pjöngjang an. Ab dem 30. Juni befahl der US-Präsident die Seeblockade Nordkoreas und den offiziellen Einsatz von Bodentruppen. Die ersten dieser Truppen erlitten in der Folge unerwartet hohe Verluste. MacArthur setzte weiter massiv auf den Einsatz amerikanischer Bomber, um die Industrie Nordkoreas zu schwächen. Dabei dominierten weiterhin alte strategische Konzepte wie seinerzeit gegen Japan . In der Schlacht von Daejeon, die eine Woche lang, vom 14. bis 21. Juli, dauerte, konnten die Nordkoreaner sogar einen US-Generalmajor gefangen nehmen. Die Amerikaner unternahmen nun einiges, um die südkoreanische Armee neu zu organisieren. Man lieferte große Mengen an Ausrüstung und Nachschub, und es wurden laufend neue Rekruten eingezogen, um die schweren Verluste zu ergänzen. Man dachte bereits über Gegenoffensiven nach.

Zunächst jedoch erschien das Vordringen der Nordkoreaner unaufhaltsam, und die vereinigten Truppen wurden in den Süden Koreas gedrängt, wo sie nur einen Brückenkopf im Südosten von Busan halten konnten. Das relativ kleine Gebiet konnte stabil gehalten werden, da die Versorgung jeden Tag besser wurde und die Amerikaner ihren Luftkrieg immer weiter intensivierten. Die Angriffe der Nordkoreaner liefen sich nun fest. Im September 1950 landeten die Amerikaner bei Incheon und konnten Seoul zurückerobern. Der Nachschub der Nordkoreaner wurde damit auch weitgehend unterbrochen. Von Busan aus startete schließlich die große Gegenoffensive. Die bislang siegesgewissen Truppen Nordkoreas gerieten nun in verlustreiche Kesselschlachten, die an den Zweiten Weltkrieg erinnerten.

Die Offensive der von Amerikanern angeführten UNO-Truppen gemeinsam mit der südkoreanischen Armee entwickelte eine derartige Dynamik, dass sie bis Pjöngjang weitergetrieben werden konnte. Allerdings erfolgte der Vormarsch so rasch, dass viele nordkoreanische Soldaten hinter die Front gerieten und dort als Partisanen weiterkämpften. Gerade der dadurch folgende Guerillakrieg forderte viele Opfer.

In China betrachtete man die Entwicklung im Nachbarland mit großem Missfallen und man warnte die Amerikaner vor dem Überschreiten des 38. Breitengrades. MacArthur war allerdings davon überzeugt, dass die Chinesen so kurz nach Ende ihres eigenen blutigen Bürgerkrieges weder in der Lage noch Willens sein würden, in den Konflikt einzugreifen. Er konnte nach langem Drängen schließlich auch US-Präsident Truman von seiner Ansicht überzeugen. Deshalb überschritten die Südkoreaner am 30. September 1950 und die Amerikaner am 7. Oktober die ehemalige Demarkationslinie. Dies war allerdings nun nicht mehr durch das UNO-Mandat gedeckt. Ziel war nun ganz offen die Wiedervereinigung Koreas unter einer dem Westen nahestehenden Regierung.

Überraschend schnell wurde fast ganz Nordkorea erobert und die siegreichen Verbündeten näherten sich der chinesischen Grenze. Mao Zedong wollte, genauso wie Stalin, keinen offenen Krieg gegen die Amerikaner. Deshalb schickte der chinesische Partei- und Staatschef eine »Volksfreiwilligenarmee« los, die etwa 200 000 Mann umfasste. Diese Truppe griff nun mit großer Dynamik in das Kriegsgeschehen ein und überrannte die Amerikaner und Südkoreaner, wobei die US-Armee wieder schwere Verluste erlitt. Die 8. US-Armee musste sich rasch und weit zurückziehen, wobei ihre Linien mehrmals durchbrochen wurden. Doch auch die »Freiwilligen« Maos hatten gravierende Verluste erlitten und stellten vorläufig ihren Siegeszug ein. Stalin sah sich unter Zugzwang, dem »sozialistischen Bruder« unter die Arme zu greifen, und schickte Jagdflieger, deren Piloten in chinesischen Uniformen gegen die Amerikaner kämpften. MacArthur zeigte sich von dem Eingreifen der chinesischen »Freiwilligen« bewusst nicht besonders beeindruckt und unterschätzte ihre Zahl und Kampfkraft auch erheblich. Er startete schließlich am 24. November 1950 eine neue Offensive, wobei er versprach, der Krieg werde bis Weihnachten beendet sein. Zusätzlich zu den fast 200 000 Chinesen, die sich bereits in Nordkorea aufhielten, konnten diese noch weitere etwa 500 000 Mann über den Grenzfluss Yalu bringen, ohne dass die den Amerikanern hinreichend bewusst wurde. Statt der erwarteten siegreichen Offensive wurde MacArthur von einem überwältigenden Angriff der Chinesen überrascht. Als die »Freiwilligen« nach mehr als zweiwöchigen heftigen Kämpfen am Changjin-Stausee einen bedeutenden Sieg errangen, brach die Ordnung der Amerikaner zusammen und aus einem chaotischen Rückzug wurde eine regelrechte Flucht.

Diese Ereignisse gelten als eines der schlimmsten Debakel in der US-Militärgeschichte. Alleine durch den strengen Winter, bei dem die Temperaturen bis – 34 °C erreichten, verloren die Amerikaner Hunderte Soldaten durch Erfrieren. Teile amerikanischer Einheiten konnten über das Meer evakuiert werden. Präsident Truman rief am 16. Dezember 1950 zum ersten Mal in der amerikanischen Geschichte den nationalen Notstand aus. Sicherheitshalber gab er Stalin die Schuld an der Entwicklung, ohne näher auf Mao einzugehen. In der Folge zogen sich die noch intakten Truppen der Amerikaner auf den 38. Breitengrad zurück.

Anfang Januar 1951 begann erneut ein großer Angriff von 100 000 Nordkoreanern und 400 000 »freiwilligen« Chinesen. Die UN-Streitkräfte konnten dem nur 200 000 Soldaten entgegenstellen. Die Front brach zusammen und Amerikaner, Südkoreaner und sonstige Truppen flohen mit Millionen Zivilisten nach Süden. Bereits am 3. Januar ging Seoul erneut verloren und es gelang erst nach massiven Verlusten, eine Verteidigungslinie zu bilden.

MacArthur drängte nun auf den Einsatz der nationalchinesischen Armee von Taiwan aus und wollte über ganz China eine Seeblockade verhängen. Außerdem verlangte er allen Ernstes, auf 34 chinesische Städte Atombomben abzuwerfen. Truman dachte allerdings nicht daran, wäre dies doch wohl gleichbedeutend mit einem verheerenden Dritten Weltkrieg gewesen, diesmal atomar. Im Frühling gingen Amerikaner und Südkoreaner wieder zur Gegenoffensive über und konnten Seoul erneut einnehmen. Dort war es inzwischen zu schlimmen Massakern und zu einer groß angelegten Verschleppung der verbliebenen Bevölkerung gekommen. Anschließend rückten die Verbündeten wieder bis zum 38. Breitengrad vor. Obwohl es keine wirkliche militärische Erklärung dafür gibt, stabilisierte sich hier die Front und es kam zu einem Stellungskrieg, der in manchem an den Ersten Weltkrieg erinnerte.

Truman hatte nun genug von MacArthur, da dieser seiner Meinung nach den »falschen Krieg am falschen Ort zur falschen Zeit und mit dem falschen Gegner« führe. Er entließ ihm am 11. April 1951 und berief den deutlich weniger illustren General Matthew B. Ridgway (1895–1993) auf seinen Posten. Für Truman war immer nur die Sowjetunion unter Stalin der eigentliche Gegner, Chinesen und Nordkoreaner betrachtete er als »Marionetten«. Als bereits Verhandlungen geführt wurden, unternahmen die UNO-Truppen im Sommer 1951 noch eine Offensive in den Norden, um ihre Position zu verbessern. Dabei kam es zur »Schlacht von Heartbreak Ridge«, die vom 13. September bis 15. Oktober dauerte und als grausamste und schlimmste Schlacht dieses Krieges in die Geschichte einging. Die schlimmen Verluste auf beiden Seiten hatten keinerlei wirkliche Veränderung der gesamten Lage zur Folge, intensivierten aber den Wunsch, einen Waffenstillstand abzuschließen. In der darauffolgenden Zeit setzten die USA vor allem auf heftige Bombenangriffe auf nordkoreanisches Territorium. Bei diesen Angriffen wurden zwischen einer halben und einer Million Zivilisten durch Bomben aller Art und Napalm getötet. Dazu kamen noch hohe Verluste in der Bevölkerung durch Hunger, Krankheiten und die Witterung. Man nimmt an, dass mehr als 10 Prozent der nordkoreanischen Einwohner starben.

Die Waffenstillstands-Verhandlungen gestalteten sich überaus schwierig, wobei auch die Frage der vielen Kriegsgefangenen eine große Rolle spielte. Der Tod Stalins gab schließlich neue Impulse, und am 27. Juli 1953 konnte ein Abkommen geschlossen werden. Der Krieg forderte nach vorsichtigen Schätzungen das Leben von knapp einer Million Soldaten und drei Millionen Zivilisten. Es gab groß angelegte Massaker auf beiden Seiten und auch die US-Armee beging lange vor Vietnam einige Kriegsverbrechen. Außerdem war fast die gesamte Infrastruktur und Industrie Koreas zerstört worden. Der Waffenstillstand blieb ohne den Abschluss eines Friedensvertrages über viele Jahrzehnte bis heute bestehen. In Europa hatte der Koreakrieg bei vielen die Angst vor dem Ausbruch eines Dritten Weltkrieges geweckt, so wie das auch bei späteren Stellvertreterkriegen der Fall sein würde. Interessanterweise hatte auch Stalin Angst vor einer solchen Entwicklung und hielt sich mit der Unterstützung Nordkoreas durch die Sowjetunion deshalb zurück.

Douglas MacArthur, der in der ersten »heißen« Phase des Koreakrieges hauptverantwortlich war, hinterlässt in der Kriegsgeschichte ein durchwachsenes Bild. Durch seinen langjährigen Dienst auf den Philippinen hatte er offenbar gute Kenntnis dortiger Verhältnisse und setzte sich auf vielen Gebieten für Reformen ein. Bei der Vertreibung der sogenannten »Bonus Army«, demonstrierende ehemalige US-Kriegsteilnehmer, aus der Bundeshauptstadt Washington im Jahr 1932 jedoch setzte er unverhältnismäßig brutale Mittel ein, darunter Panzer, Kavallerie und aufgepflanzte Bajonette und forderte seine Truppen zu Gewalttaten auf. MacArthur baute anschließend die philippinische Armee auf, unterschätzte aber vor und nach Ausbruch des Krieges völlig die expansiven Ambiotionen der Japaner. Nach einer Reihe von Rückzügen musste er schließlich im März 1942 von den Philippinen abziehen, erhielt aber gleich darauf das Kommando über die Alliierten im Südwestpazifik. In seiner neuen Funktion erarbeitete er mit seinem Stab Pläne für die Gegenstöße der alliierten Truppen zur Vertreibung der Japaner. Dabei setzte er auf die Eroberung japanischer Flugplätze und das Kappen der feindlichen Nachschubwege. Dann sollte der Sprung auf die Philippinen erfolgen. MacArthurs Planungen erwiesen sich als erfolgreich, vor allem weil die Japaner auf vielen Schauplätzen präsent waren und so ihre Kräfte nicht bündeln konnten. Als Belohnung für seinen Erfolg durfte MacArthur am 2. September 1945 die Kapitulation der Japaner entgegennehmen. Danach war er für das besetzte Japan zuständig und vollzog die Demokratisierung unter amerikanischen Vorgaben.

Nach seiner Abberufung im Laufe des Koreakrieges erfreute sich der alte General und Hardliner bei breiten Teilen der US-Bevölkerung großer Popularität, wobei bei einer Parade für ihn in New York angeblich sieben Millionen Menschen auf der Straße waren. MacArthur profitierte von der Unbeliebtheit Präsident Trumans und seinem eigenen Nimbus als großer Kriegsheld. Später wurde MacArthur mit Julius Cäsar verglichen; mancher meinte, er habe 1951 nur nach der Krone greifen brauchen. Er kritisierte zwar Truman öffentlich, wagte aber den offenen Konflikt nicht. Somit blieb die amerikanische Republik in ihren alten Bahnen bestehen. Nach 1952 verzichtete er auf weitere politische Ambitionen und war vor allem publizistisch aktiv.

Die Strategie der Guerilla

»Die Toten sind nützlich, sie düngen den Boden.« (Mao Zedong)

Der Begriff Guerilla bezeichnet eine Art der Kriegsführung, die so alt ist wie das Kriegswesen selbst. Der Begriff selbst kam erst Anfang des 19. Jahrhunderts auf, als spanische Aufständische im »Spanischen Unabhängigkeitskrieg« von 1807 bis 1814 Spähtrupps gegen die Truppen Napoleons einsetzten, die sie als »partida de guerilla« bezeichneten. Im unter der Herrschaft Napoleons leidenden Deutschland wurde die Bezeichnung aufgegriffen, da man nach spanischem Vorbild eine »Guerilla« gegen die Franzosen führen wollte. Der im Spanischen »guerra« genannte »Große Krieg«, gebar also den »Keinen Krieg« in Form der Guerilla – zumindest als Begriff, denn Kleinkriege aller Art, geführt von Aufständischen, Bürgern besetzter Territorien oder auch sogenannten »Partisanen«, gab es seit der Antike. Und auch reguläre Armeen setzten immer wieder spezielle Truppen im »kleinen Krieg« ein – sogar in klassischen Kabinettskriegen wie dem Österreichischen Erbfolgekrieg, wobei sich besonders die wilden Reiter der Panduren hervortaten. Manchmal wurden auch reguläre Truppen zur Unterstützung von Aufständischen eingesetzt, wie zum Beispiel beim Tiroler Volksaufstand unter Andreas Hofer, der viele Merkmale eines Guerillakrieges aufwies.

Die Taktiken der Guerilla sind vielseitig, weisen aber gewisse Grundmuster auf. Die Wahl der jeweiligen Taktik hängt fast immer vom Kräfteverhältnis zu den regulären Streitkräften ab, mit denen man sich im Kampf befindet. Oft greifen auch reguläre Armeen zu den Methoden der Guerilla, um diese wirkungsvoll bekämpfen zu können. Das bedeutet dann meistens den möglichst verdeckten Einsatz kleinerer Verbände hinter den Linien des Gegners. Viele der großen Theoretiker der Strategie und Taktik beschäftigten sich auch mit dem kleinen Krieg bzw. der Guerilla. Und es gibt Autoren, welche diese Art der Kriegsführung selbst anwandten, wie z. B. Mao Zedong (1893–1976). Das 20. Jahrhundert sollte auch eine Art von Popikone der Guerilla hervorbringen: Che Guevara (1928–1967), der zwar als Guerillero nicht sonderlich erfolgreich war, aber gut in den damaligen Zeitgeist passte. Im 20. Jahrhundert wurde Guerilla oft mit »revolutionären« Bewegungen gleichgesetzt, auch wenn es bei genauerer Betrachtung sehr viele »reaktionäre« Partisanen gab. Im 20. Jahrhundert kam es auch zum Entstehen vieler Guerilla-Bewegungen, die sich nicht gegen eine fremde Macht, sondern gegen den eigenen Staat richteten. Natürlich hatten auch diese Bewegungen Vorläufer in früheren Epochen.

Besonders in Lateinamerika kämpften in vielen Staaten Guerilleros und Guerilleras gegen das jeweils herrschende Regime, oft eine Militärdiktatur. Dabei waren viele Kämpfer und Kämpferinnen von einem Geist beseelt, den Che Guevara so darstellte: »Es macht mir nichts aus, wenn ich falle; solange jemand anderes mein Gewehr aufhebt und weiterschießt.«

Ein anderer Aspekt, der besonders in der Zeit nach dem Zweiten Weltkrieg zahlreiche Guerilla-Bewegungen hervorbrachte, waren die Kämpfe gegen die Kolonialmächte, die besonders in Afrika und Teilen Asiens entbrannten. Oft kämpften die Guerillatruppen nach dem Abzug der ehemaligen Kolonialherren fortan untereinander um die Macht, was in Afrika Auswirkungen bis heute hat.

In Mitteleuropa wiesen die Befreiungskriege gegen die Herrschaft Napoleons, die man auch als »Volkskriege« bezeichnete, zumindest in ihren Anfängen Elemente der Guerilla auf. Der preußische Heeresreformer Gneisenau beschäftigte sich in einigen seiner Schriften auch damit.

Carl von Clausewitz beschrieb den »kleinen Krieg« als Kampf leichter, meistens berittener Verbände hinter dem Rücken der feindlichen Armee. Dabei verwies er auf die Husaren, Bosniaken und Kroaten, die mit dem Kleinkrieg durch ihre Jahrhunderte dauernden Auseinandersetzungen mit den Türken mehr als vertraut waren. Auch die Türken hatten immer wieder als »Akindschi« bezeichnete leichte Verbände neben der regulären Armee eingesetzt. Diese erhielten während der Türkenkriege in Mitteleuropa dann auch die wenig schmeichelhafte Bezeichnung »Senger und Brenner«, da sich ihr Kampf im Wesentlichen gegen die Zivilbevölkerung richtete.

Während der Zeit der Linientaktik, als alle Armeen gut gedrillt und möglichst auf große Schlachten ausgerichtet waren, konnten auch unkonventionell kämpfende Milizen große Erfolge erzielen. Das wohl wichtigste Beispiel dafür ist der Amerikanische Unabhängigkeitskrieg von 1776 bis 1783, bei dem kaum ausgebildete Aufgebote von individuell kämpfenden Milizionären den in klassischen Formationen kämpfenden Briten schwere Verluste beibrachten. Es zeigte sich, dass mit den gedrillten und eher wie Marionetten kämpfenden Liniensoldaten gegen Hinterhalte, Überfälle und die Angriffe auf die Versorgung wenig auszurichten war. Somit war man gezwungen, mit speziell ausgebildeten Truppen, die oft als »Jäger« bezeichnet wurden, die Gefechtsweise der Milizen nachzuahmen, was schließlich immer besser gelingen sollte.

Ein wesentlicher Aspekt beim Guerillakampf ist der Rückhalt in der Bevölkerung. Falls nicht zumindest ein großer Teil der Bevölkerung mit den Guerillas sympathisiert und diesen auch Unterstützung gewährt, ist der Kampf aussichtslos. Beim Tiroler Aufstand unter Andreas Hofer (1767–1810) war der große Rückhalt bei den Tirolern der Grund dafür, dass die Aufgebote lange Zeit so erfolgreich agieren konnten. Auch bei anderen Auseinandersetzungen, die mit der Taktik der Guerilla geführt wurden, wie beim Polnischen Aufstand 1863 oder dem Burenkrieg 1901, konnten sich die Kämpfer der Sympathie eines Großteils der Bevölkerung erfreuen. Andererseits begaben sich die Sympathisanten in der Bevölkerung dadurch in große Gefahr, da sie oft Opfer von Racheaktionen und Repressionen durch die regulären Truppen wurden. Besonders der Zweite Weltkrieg bietet dafür eine erschreckend hohe Anzahl von Beispielen, wobei die Zahl der Opfer kaum abzuschätzen ist.

Auch der Guerillakrieg hat seine Theoretiker, die sich primär als »Spezialisten« oder im Rahmen allgemeiner taktischer und strategischer Schriften damit befassen. Wenn es auch schon im 18. Jahrhundert Abhandlungen über diese Art der Kriegsführung gab (z. B. von Johann von Ewald 1785) und sich Carl von Clausewitz damit auseinandersetzte, so enstanden die meisten theoretischen Werke über den Guerillakrieg im 20. Jahrhundert. So erreichte T. E. Lawrence (1888–1935) mit seinem Buch »Die sieben Säulen der Weisheit« viele Leser. Lawrence war eine entscheidende Figur des Aufstands der Araber gegen die türkische Herrschaft während des Ersten Weltkriegs. Dabei setzte er besonders auf die Zerstörung von Eisenbahnlinien, überraschende Überfälle auf osmanische Stützpunkte, die Unterbrechung der Wasserversorgung und ähnliche Anschläge gegen die Infrastruktur des Gegners. Die größten Unternehmungen im Kleinkrieg der Araber waren die Eroberung der Städte al-Wadschh und Akaba sowie am 1. Oktober 1918 die Einnahme von Damaskus, wobei dabei bereits britische

Truppen beteiligt waren. »Lawrence von Arabien« war am Ende des Ersten Weltkrieges ein bedeutender Experte für erfolgreiche Guerillakriegsführung in Wüstengebieten und noch heute ist es interessant, seine diesbezüglichen Ausführungen zu lesen.

Der kommunistische Revolutionär und vietnamesische Staatsgründer Ho Chi Minh (1890–1969) verfasste gemeinsam mit einigen seiner Gesinnungsgenossen 1928 in Moskau eine Anleitung für Aufstände unter kommunistischer Führung (»Der bewaffnete Aufstand. Versuch einer theoretischen Darstellung«). Später wandte er seine theoretischen Erkenntnisse praktisch im Kampf gegen die Japaner und die französischen Kolonialherren an. Während des Vietnamkrieges musste sich die Großmacht USA überaus mühsam und am Ende erfolglos mit dem »Kleinkrieg« ihrer kommunistischen Gegner befassen, griff gleichwohl selbst mehr oder weniger erfolgreich auf gewisse Formen des Guerillakrieges zurück.

Der deutsche Staatsrechtler und Philosoph Carl Schmitt (1888–1985) veröffentlichte 1963 seine Schrift »Theorie des Partisanen«, die großes Aufsehen erregte. Laut Schmitt ist der Partisan ein neuer und eigenständiger Typus, der vier charakteristische Eigenschaften hat. Es ist dies erstens die »Irregularität«, da er gegen völkerrechtliche Konventionen verstößt und nicht die Legitimation eines konventionellen Soldaten hat. Zweitens kommt die »gesteigerte Mobilität« des Partisanen hinzu, da er taktische Bewegungsfreiheit hat, was wesentlich seinen militärtechnischen Wert ausmacht. Punkt drei ist die »Intensität«, worin sich der Partisan durch sein starkes politisches Engagement von normalen Soldaten unterscheidet. Das führt zu einer stärkeren Kampfmoral und Einsatzbereitschaft. Punkt vier, der »tellurische Charakter« des Partisanen, weist auf dessen Heimat- und Erdverbundenheit hin. Das ist auch das Fundament seiner im Wesentlichen defensiven Haltung. Schmitt wies auf die Vereinnahmung des Partisanen durch die Kommunisten seit Lenin hin, was schließlich erfolgreich im »Großen Vaterländischen Krieg« nach der Konzeption Stalins weitergeführt wurde. Der Philosoph wies darauf hin, dass es damit gelang, »... die wesentlich defensive, tellurische Kraft der patriotischen Selbstverteidigung ... mit der Aggressivität der internationalen Kommunistischen Weltrevolution zu verbinden. Die Verbindung dieser beiden heterogenen Größen beherrscht den heutigen Partisanenkampf auf der ganzen Erde.«

Heute wird der Begriff der Guerilla in der Regel mit linken politischen Bewegungen verbunden. Mao Zedong (1893–1976) kämpfte lange Zeit für sein Ziel eines kommunistischen Chinas mit den Mitteln der Guerilla. Er sah in den Kämpfern der Guerilla Fische, die im Wasser, welches das Volk darstelle, erfolgreich schwimmen würden, während die Feinde des Volkes darin ertrinken sollten. Fidel Castros (1926–2016) Gefährte Che Guevara entwickelte die Fokustheorie, die besagte, dass die kämpfende Guerilla der »Brandherd« sein solle, durch den die Revolution sich wie ein Flächenbrand über die Bevölkerung ausbreiten würde.

Internationale Übereinkünfte zur Einhegung des Krieges taten sich mit der Guerilla naturgemäß schwer, da deren Art zu kämpfen in der Genfer Konvention und der Haager Landkriegsordnung als »unkonventionelle Kriegführung« eingestuft wurde. Damit passte sie schwer in das vereinbarte System. Die Haager Landkriegsordnung ordnete die Guerilla dann eher unter der Bezeichnung »Volkskrieg« ein. Die Legitimität von Guerillatruppen und deren Behandlung als Kriegsgefangene stellte immer schon und stellt noch heute noch ein erhebliches rechtliches Problem dar. Die Haager Landkriegsordnung sieht die wirkliche Legitimität der Guerilla erst gegeben, wenn diese den endgültigen Schritt zu einer »Befreiungsarmee« vollzogen hat. Bis dahin gelten die Kämpfer der Guerilla aber als Nichtkombattanten, womit sie Aufständische sind, die man beliebig dem kriminellen Spektrum zuordnen kann. Mit den entsprechenden Folgen für allfällige Gefangene. Gerade in unseren Tagen gibt es eine Vielzahl von bewaffneten Truppen, die man schwerlich als konventionelle Armeen bezeichnen kann. Es fehlen die strikte militärische Hierarchie, funktionierende Auslandsvertretungen und fixe Strukturen. Wenn sich allerdings ein »konventioneller« Gegner gezwungen sieht, mit einer Guerillatruppe in offizieller Weise zu verhandeln, gilt dies als Anerkennung dieser als Krieg führende Partei. Sobald sie von international bedeutenden Staaten und als Verhandlungspartner anerkannt sind, können die Kämpfer der Guerilla auf den Status als Kriegsgefangene hoffen.

Während die Strategie der Guerilla durchaus vielseitig sein kann, geht es in der Taktik immer darum, den Feind durch »Nadelstiche« kleinerer bewaffneter Gruppen zu zermürben. Wichtig dabei ist fast immer das »Hit and Run«-System, bei denen schnell und hart zugeschlagen und dann rasch der Rückzug angetreten wird. Wenn die Guerillatruppen nicht im Kampfeinsatz sind, sollen sie möglichst unsichtbar und gar nicht als Kämpfer erkennbar sein. Generell braucht die Guerilla keine jahrelang ausgebildeten Truppen, und es kann so gut wie jeder mitmachen, wenn es darum geht, den Gegner zu schädigen. Es sind dabei auch fast alle Aktionen möglich, die Schaden verursachen. Der reguläre Gegner ist dadurch gezwungen, viele seiner Ressourcen für das Aufspüren und Bekämpfen der Guerillas und die Bewachung wichtiger Objekte zu verwenden. Da sich die Guerillakämpfer in der Bevölkerung verstecken, schreitet ihr Gegner so gut wie immer dazu, die Bevölkerung zu drangsalieren und an ihr Exempel zu statuieren. Dadurch steigt der Unmut der Menschen, was in der Regel wieder dazu führt, dass sich immer mehr den Guerillatruppen anschließen. In manchen Fällen jedoch gelingt es den regulären Truppen durch immer stärkeren Terror gegen die Zivilbevölkerung den Guerilleros den Rückhalt zu entziehen. Organisation und Desorganisation der Guerilla haben Vor- und Nachteile. Bei straffer Organisation kann die Verhaftung eines Mitglieds zum Aufrollen des Netzwerks führen, während bei zu wenig Organisation die Guerillatruppe meist zu wenig effektiv ist. Auf jeden Fall neigen Guerillakriege dazu, sich oft über sehr lange Zeiträume hinzuziehen – mit entsprechenden Opfern auf allen Seiten.

Viele konventionelle Armeeführer haben sich über den Kampf mit Guerillas den Kopf zerbrochen. Man kann den Gegner schwer identifizieren, und eigentlich kann jeder Bewohner eines besetzten Landes der Guerilla angehören oder diese unterstützen. Da es keine klare Front gibt, unterscheidet man zwischen Gebieten, die eher von regulären Truppen, und jenen, die von den Guerillas »kontrolliert« werden. Manchmal wechseln die jeweiligen Machtverhältnisse auch zwischen Tag und Nacht. Sogenannte Kontraguerilla-Truppen sollten sich der Kampfführung der Guerilla anpassen. Bekannt sind die diesbezüglichen Bestrebungen der US-Armee im Vietnamkrieg. Wenn eine reguläre Armee zu lange mit Guerillas kämpft und immer wieder Verluste erleidet, neigen ihre Kommandeure und Angehörigen oft dazu, die Normen der konventionellen Kriegführung außer Acht zu lassen und brutaler und willkürlicher gegen die Zivilbevölkerung und Gefangene vorzugehen. Besonders bekannt dafür ist das Beispiel der Franzosen im Algerienkrieg, wo sich Folter und Massenexekutionen zur Routine entwickelten.

Ein weiterer eventuell »erfolgversprechender« Faktor war und ist heute ganz besonders die gezielte Tötung von Führern der Guerilla, etwa in heutiger Zeit durch Drohnen. Die Trennung der Bevölkerung von den aufständischen Kämpfern wird auch oft durch Massenumsiedlungen, Vertreibungen und die Einrichtung von Konzentrationslagern für bestimmte Gebiete herbeigeführt. Das hat sich zumindest im Burenkrieg der Briten als erfolgreich herausgestellt. Maßnahmen dieser Art führen in der Regel zu willkürlicher Gewalt, Not, Hunger und Krankheiten und können in gewissen Fällen sogar den Widerstandswillen der Betroffenen steigern.

Aber auch Guerillabewegungen neigen dazu, Druck gegen die Zivilbevölkerung auszuüben, falls diese sich nicht hinreichend kooperativ verhält. Dabei kommen Maßnahmen zum Einsatz, die sich kaum von jenen ihrer Gegner unterscheiden. Menschen werden gezwungen, ihr Hab und Gut an die Guerilla zu übergeben; Zwangsrekrutierungen, Erschießungen von Nichtsympathisanten und Folter kommen immer wieder vor. Oft gerät die Zivilbevölkerung unter massiven Druck beider Seiten und die Menschen werden förmlich gezwungen, sich für eine Seite – oft als das geringere Übel – zu entscheiden.

Als erfolgreich zur Bekämpfung von Guerillabewegungen haben sich zumeist politische Maßnahmen erwiesen, oft verbunden mit Maßnahmen zur Verbesserung der ökonomischen Lage der Bevölkerung. Oft genug gibt es mehrere uneinige Guerillaorganisationen bzw. verfeindete Gruppen innerhalb einer Organisationen. Hier kann das Regime einhaken und Spaltungstendenzen fördern. Das führt manchmal dazu, dass sich verschiedene Guerillatruppen untereinander härter bekämpfen als die Armee des herrschenden Regimes.

Vonseiten extrem linker Gruppierungen versuchte man besonders im Europa der 1960er- und 1970er-Jahre Terrorismus als Guerilla bzw. »Stadtguerilla« zu verkaufen. Dabei verwendete man bedenkenlos die Terminologie meist südafrikanischer Guerillagruppen. Manchmal versuchten diese urbanen Terroristen auch, Beziehungen zu »wirklichen« Guerillabewegungen, wie zur Palästinensischen Befreiungsorganisation (PLO), herzustellen. Terroristen wollen in der Regel keine Gebiete erobern, sondern die ihnen verhasste Gesellschaft zerstören, weil sie sich dadurch eine Form von »Revolution« erhoffen. Es geht Terroristen also um die

Herrschaft über das Denken, während Guerilleros letztlich das Territorium beherrschen wollen. Letztere finden ihre Stützpunkte in der Regel auch im ländlichen Raum, von wo sie gegen urbane Zentren vorgehen können, während sich Terroristen meistens im städtischen Bereich – dem sie auch fast immer selbst entstammen – verstecken, um dann zumeist Wehrlose zu massakrieren.

»Den stärksten Anlaß zum Handeln bekommt der Mensch immer durch Gefühle.« (Carl von Clausewitz)

Krieg und Technik

»Die Gewalt rüstet sich mit den Erfindungen der Künste und Wissenschaften aus, um der Gewalt zu begegnen.« (Carl von Clausewitz)

Auch wenn heute kaum noch behauptet wird, Krieg sei der Vater aller Dinge, so förderte er doch in außerordentlichem Maße die technische Entwicklung und beflügelte den Erfindergeist vieler Menschen. Unser heutiges Kriegswesen ist mehr durch die Technik bestimmt als je zuvor.

Der Einfluss der Technik auf den Kampf – um noch nicht von Krieg zu sprechen – begann wohl mit der Erfindung des Faustkeils. Wahrscheinlich wurde er lange nur zur Jagd auf Beutetiere und zur Verteidigung gegen Raubtiere verwendet. Aber er ist sicher irgendwann auch gegen Artgenossen eingesetzt worden. Im Laufe von Jahrhunderttausenden kamen Waffen in Form von Speeren und Lanzen aus Holz ohne und mit Steinspitzen dazu, während explizite Fernwaffen wie die Speerschleuder oder Pfeil und Bogen verhältnismäßig jüngeren Datums sind. Es ist nicht klar, wann sich die Trennung zwischen Jagd- und Kriegswaffen vollzog. Allerdings hat man festgestellt, dass indigene Völker bis in unsere Tage organisierte Kämpfe bzw. Vorformen von Kriegen mit Stein-, Holz- bzw. Hornwaffen austrugen. Wohl in der Jungsteinzeit kam es zur Gabelung zwischen eigentlichen Jagdwaffen und Kriegswaffen. Das Kupferbeil des noch weitgehend steinzeitlichen Ötzi scheint bereits eher als Waffe im Kampf von Mann gegen Mann gedacht gewesen zu sein. Spätestens mit den Schwertern und Kampfäxten der Bronzezeit haben wir eindeutig reine Kriegswaffen vor uns. Auch das Aufkommen der Schilde und Rüstungen datieren endgültig in diese Zeit.

Zunächst ergab sich der wehrtechnische Fortschritt durch die immer besseren Methoden der Metallurgie vom Kupfer über die Bronze bis hin zum Eisen. Es wurde immer einfacher, hochwertige Angriffs- und Schutzwaffen herzustellen. Auch die Fernwaffen entwickelten sich von speziellen Wurfspießen über verschiedene Arten von Bögen (z. B. Kompositbogen, Langbogen) weiter zur Armbrust. In der Antike wurden große Fernwaffen als Vorform der Artillerie benutzt, um riesige Pfeile oder Wurfgeschosse möglichst weit zu schießen. Dabei kamen bei den Römern auch schon Metallfedern zum Einsatz. Während die europäische Antike und das frühe Mittelalter ohne Explosivstoffe auskamen, war man diesbezüglich im fernen China schon weiter. Das Schießpulver wurde dort zunächst eher in Form von Raketen eingesetzt, doch die ersten Schießrohre ließen nicht lange auf sich warten. In Europa entwickelten die Byzantiner als Sonderweg das bis heute nicht genau bestimmbare »Griechische Feuer«, das ihrem Staat eine lange Zeit das Überleben ermöglichte. Es ist nicht ganz klar, ob es auch schon in der Antike ähnliche Formen gab, da an Flammenwerfer erinnernde Gerätschaften dokumentiert sind.

Im Hochmittelalter tauchte das Schießpulver dann auch in Europa auf und führte zu einer zunächst schleichenden Umwälzung in der Kriegskunst, die allerdings im Laufe der Zeit immer rasanter wurde. Zuvor hatte es in Europa noch einige militärtechnische Umwälzungen gegeben, die auch maßgeblichen kriegspolitischen Einfluss hatten. War dies zunächst der Steigbügel, der dem berittenen Krieger mehr Stabilität gab; so bildete die Verbesserung der Panzerung der Ritter die eigentliche Basis für ihre jahrhundertelange Dominanz im Kriegswesen. Doch im 14. Jahrhundert kam dann der Langbogen auf, der alle bisherigen Fernwaffen in den Schatten stellte. Die Ausrüstung der Infanterie mit langen Spießen in festen Formationen läutete das Ende der eigentlichen Ritterzeit ein. Die sich daraus über den Umweg der Landsknechte entwickelnden Pikeniere mit ihren sehr langen Spießen lange Zeit schlachtentscheidend, wenn sie richtig geführt wurden, erhielten aber immer mehr Konkurrenz durch die Feuerwaffen. Deren Entwicklung führte von den Luntenschloss- über die Radschloss- zu den Steinschlossgewehren. Am Ende des 17. Jahrhunderts verschwand dann der Pikenier und wurde durch den Mann mit dem

»Feuergewehr« und dem Bajonett ersetzt. Die Artillerie wurde laufend verbessert, blieb aber lange bei der glatten Kanone, die allerdings weniger schwerfällig wurde. Während das 18. Jahrhundert genauso wie die napoleonischen Kriege mit erstaunlich wenigen kriegstechnischen Neuerungen aufwarten konnten, kam es im 19. Jahrhundert zu einem Quantensprung. Die Infanteriewaffen wurden auf gezogene Läufe und Perkussionsschlösser umgestellt, neue Geschosse wie jenes von Minié tauchten auf. Die Artillerie erhielt ebenfalls zunehmend gezogene Läufe und der Hinterlader, den es eigentlich schon seit dem Mittelalter gab, wurde dank neuer Verschlüsse zur Kanone der neuen Zeit.

Es ging weiter Schlag auf Schlag: Nach den Hinterladergewehren wurden Repetierer zu Militärwaffen und man experimentierte bereits mit automatischen Gewehren. Von der Gatling bis zum Maxim-Maschinengewehr verging dann nur mehr eine relativ kurze Zeit. Torpedo, Panzerschiffe und der allgemeine Dampfantrieb veränderten den Seekrieg radikal und schon bald kamen auch die ersten Unterseeboote zum Einsatz. Der Erste Weltkrieg schließlich setzte das in die Realität um, was sich vorausdenkende Köpfe schon zuvor vorgestellt hatten – die kriegsentscheidende Wirkung von Automobilen, Motorflugzeugen und Panzern. Letztlich wurde zur wichtigsten Waffe des Ersten Weltkriegs das Maschinengewehr, das gegen Ende des Krieges auch den Anstoß zur Entwicklung von Maschinenpistolen und tragbaren automatische Waffen gab.

Die Nachrichtentechnik hatte schon seit der Erfindung des ersten elektrischen Telegrafen eine große Rolle im Krieg zu spielen begonnen, sie wurde durch das Feldtelefon ergänzt, und gerade rechtzeitig vor dem Ersten Weltkrieg war der Funk entdeckt worden. Die Zwischenkriegszeit brachte allgemeine Verbesserungen am Sektor Panzer und Flugzeug sowie erste Forschungen in Richtung Radar, Elektronik und Atomwaffen. Der Zweite Weltkrieg brachte dann die erfolgreiche Umsetzung des Radars, die ersten Einsätze von Strahltriebwerken und die Atombombe. Gemeinsam mit der Entwicklung von Computern und anderen technischen Hochleistungsgeräten brachte die Atombombe ein massives Umdenken in der Kriegstechnik. Die Nachkriegszeit, in der wir in Europa noch gewissermaßen leben, brachte die Raketentechnik, deren Grundlagen auch schon im Zweiten Weltkrieg gelegt wurden, satellitengestützte Navigation und Steuerung, Lenkwaffen, Drohnen und viele andere Neuerungen bis hin zum noch in der Entwicklung befindlichen Cyberwar.

Die Artillerie erlebte seit ihrem Aufkommen im späteren Mittelalter viele Veränderungen und beeinflusste nicht nur den Bau von Befestigungen, sondern auch das gesamte Kriegsgeschehen. Kanonen entwickelten sich von plumpen Belagerungswaffen immer mehr zu mobilen Feldgeschützen, wobei der Dreißigjährige Krieg dabei einen wesentlichen Impuls darstellte. Die Geschützrohre wurden standardisiert, die Produktion wurde zunehmend industrialisiert und die Zunft der Kanoniere wich immer mehr den militärischen Berufsartilleristen. Man erkannte, dass Massivkugeln zwar in der Belagerung von Festungen eine wesentliche Rolle spielten, aber Kartätschen gegen die Infanterie mehr ausrichteten. Einige Zeit schien es so, als würden die Artilleristen durch die Entwicklung der gezogenen Perkussionsgewehre in Bezug auf die Reichweite ins Hintertreffen geraten, aber die Einführung der gezogenen Kanonen und später der Hinterlader machten dies wieder wett. Die Geschützlafetten wurden besser und spezialisierter, und bald setzte sich in den meisten Ländern der Stahl gegen die Bronze durch, mit der Ausnahme der österreichischen Stahlbronze, die bis in den Ersten Weltkrieg eine Rolle spielte.

Es wurde auch immer wichtiger, die technischen Errungenschaften der Kriegsindustrie zu transportieren, was lange Zeit ohne die Eisenbahn nicht möglich war. Deshalb war ein funktionsfähiges Eisenbahnnetz für jede europäische Großmacht lebenswichtig. Die dominante Rolle der Bahn wurde erst im Zweiten Weltkrieg durch den stärkeren Einsatz von Lkw reduziert.

Der Fortschritt in der Kriegstechnik basierte neben innovativen Erfindungen in hohem Maß auf den industriellen Kapazitäten der Kriegsteilnehmer. Das gilt heute mehr denn je.

Praktische Strategen und Autoren, die über Strategie und Taktik schreiben, müssen sich stets mit dem Stand der immer komplexe werdenden Militärtechnik vertraut machen. Der Wandel schreitet voran, er tat dies auch früher, nur jetzt geht alles rascher. Strategische Konzepte, welche die Möglichkeiten des Drohnenkrieges und eines sicherlich bald real werdenden Roboterkrieges außer Acht lassen, können getrost als Makulatur betrachtet werden. Auch alle Varianten der Cyberkriege sind eine neue Herausforderung, der sich Strategen der Vergangenheit noch nicht stellen mussten.

Die Militärwissenschaft und die Ausbildung künftiger Strategen

»Kriegswissenschaften, Militärwissenschaften: Alles, was sich auf die Kunst, Wissenschaft und Geschichte des Krieges bezieht.« (Meyers Konversations-Lexikon 1888)

Die Geschichte stehender Heere der Neuzeit ist auch mit verschiedenen Ausprägungen von Militärschulen verbunden. Dabei gab es Formen der militärisch organisierten Ausbildung vom Kindesalter an, wie Kadettenanstalten oder Ritterakademien, während Militärakademien Offiziersanwärter in einer Art von militärischem Studium möglichst umfassend ausbildeten. Wie die Armeen, so bildeten auch die Kriegsmarinen ihren Offiziersnachwuchs in Marineakademien aus. Für bereits aktive Offiziere gab es auch noch verschiedene Lehrgänge für das Erlangen höherer Ränge bzw. Generalstabskurse und Kriegsakademien.

Die Theresianische Militärakademie in Wiener Neustadt und die Pariser École Militaire bestehen bereits seit 1751. Die US-Militärakademie in West Point wurde 1802 gegründet. Auf eine lange Tradition blicken auch die britische Militärakademie Sandhurst und die italienische Militärakademie in Modena zurück. Auch wenn die Lehrpläne an den verschiedenen Militärakademien variieren, so geht es doch immer darum, dass der künftige Offizier in Theorie und Praxis so gut wie möglich auf seine künftigen Aufgaben vorbereitet werden soll.

Dabei spielen natürlich auch die Strategie und die Kriegswissenschaft eine große Rolle. Sah man bis ins 18. Jahrhundert hinein die militärische Führung und das gesamte Militärwesen eher als Kunst bzw. Handwerk an, so trat danach eine »Verwissenschaftlichung« des Kriegswesens ein. Noch im 17. Jahrhundert war es üblich, dass angehende Offiziere bei der Truppe im praktischen Dienst ihre Ausbildung erhielten. »Wissenschaft« bezog sich nur auf die Militärgeschichte, den Festungsbau und das Belagerungswesen. Es war dann besonders in Frankreich die Artillerie, die gegen Ende des 17. Jahrhunderts damit begann, ihr Führungspersonal in Militärschulen auszubilden. Es dauerte dann einige Jahrzehnte, bis sich diese Tendenz auch in den anderen militärischen Bereichen durchsetzte. So meinte 1751 der eigentliche Gründer der österreichischen

Militärakademie, Feldmarschall Leopold Joseph von Daun (1705–1766): »Generals und Officiers müssen begreiflich gemacht werden, daß die Kriegskunst kein zunftmäßiges Handwerk, sondern eine weitreichende Wissenschaft seye.«

Spätestens die Napoleonischen Kriege zeigten, dass die Zeiten der rein praktischen Ausbildung für Offiziere vorbei waren. Die Kriegswissenschaft hatte inzwischen auch die Universitäten erobert. In Preußen war es besonders der Reformer Scharnhorst, der mit seiner »Militärischen Gesellschaft« die militärwissenschaftliche Ausbildung vorantrieb. Offiziere wurden in Kriegsschulen ausgebildet und Generalstabsoffiziere sollten ein universitäres Niveau nachweisen. Mathematik und Naturwissenschaften sollten nunmehr nicht nur bei der Artillerie auf dem Lehrplan stehen. In vielen Militärakademien nahm lange Zeit der Festungsbau eine zentrale Rolle ein, während der praktische Teil der Truppenführung keine große Rolle spielte. Es waren wiederum die Preußen, die hier eigene Wege gingen und sich mehr aufs praktische Militärfachliche verlegten. Schließlich konnte Moltke ab 1857 auch hier durch die Etablierung einer militärwissenschaftlichen Abteilung im Generalstab eine größere Verwissenschaftlichung einführen. In vielen Ländern war es schon lange üblich, dass man für Offiziersanwärter eine wissenschaftliche Ausbildung an Hochschulen voraussetzte.

Bis 1945 waren kriegswissenschaftliche Lehrstühle an den Universitäten gängige Praxis. Deutschland hatte dabei sogar eine Art Vorreiterrolle. Doch nach dem Zweiten Weltkrieg kam es zur Verbannung der Militärwissenschaft von den Hochschulen. »Friedensforschung« war das Gebot der Zeit, und besonders die deutsche Kriegswissenschaft verlor damit den internationalen Anschluss. In den letzten Jahren kam es zu vorsichtigen Anfängen einer gewissen notwendigen Normalisierung.

In den USA und anderen Staaten mit ungebrochener militärgeschichtlicher Tradition wird »Military Science« an den Universitäten gelehrt. Dabei wird oft gezielt auf die Ausbildung von künftigen Offizieren hingearbeitet. An den »War Colleges« der US-Streitkräfte können auch akademische Grade erworben werden. Diese Institutionen beschäftigen sich mit der Grundlagenforschung in unterschiedlichen Bereichen der militärischen Wissenschaften. Seit 2008 betreibt auch die NATO den Zusammenschluss verschiedener militärischer Ausbildungsstätten im Rahmen der »International Society of Military Sciences«.

Der Begriff »Militärwissenschaft«, der den älteren Begriff »Kriegswissenschaft« weitgehend abgelöst hat, umfasst alles, was der Gewinnung von Erkenntnissen über die Gesetze und den Charakter von Kriegen dient. Dabei geht es im Besonderen um den bewaffneten Kampf im Krieg, die Vorbereitung des Landes und der Streitkräfte auf den Krieg sowie die Methoden der Kriegsführung. Dabei fließen aber auch Bereiche aus den Disziplinen der Natur-, Gesellschafts- und technischen Wissenschaften in sie ein. Es gibt große Überschneidungen zur Politikwissenschaft und anderen speziellen Fächern, wie zum Beispiel der Medizin in Form der Wehrmedizin oder der Geografie als wesentliche Grundlage strategischer Planung.

»Der Soldat muß seine Kenntnisse in die Ausführung übertragen. Dies ist ein besonderes Studium, denn zur Exekution wird oft mehr Geschicklichkeit erfordert als zum Entwurf.« (Carl von Clausewitz)

Die »asymmetrischen Kriege« und die Privatisierung des Krieges

»Seit 1945 wurden, zumindest relativ betrachtet, immer weniger Kriege zwischenstaatlich ausgetragen, eine wachsende Zahl von Konflikten hingegen ist ›irregulärer‹ Natur. Das heißt, staatliche Verbände kämpfen gegen Partisanen, an manchen Kriegen sind gar nur noch irreguläre Akteure – konkurrierende Warlords, Kriegsunternehmer etc. – beteiligt.« (Raul Zelik)

Kennzeichnend für die neuen Kriege des späten 20. und beginnenden 21. Jahrhunderts sind der oftmalige Verfall der Staatlichkeit und das dramatische Zunehmen privatisierter Gewalt. Dabei treten Waffenträger auf, die man längst der Vergangenheit zuordnete, wie Warlords, Söldner und Kindersoldaten. Auch Konflikte um Identität, grundlegende Ressourcen wie Wasser und Kämpfe um die Bodenschätze prägen nun die Entwicklung. Exzessive und scheinbar irrationale Gewalt in Form von gewaltigen Terroranschlägen und Selbstmordattentaten, verbunden mit Massakern aller Art, zeigen uns ein weitgehend unerwartetes Bild moderner Kriegsführung. Bei ethnisch begründeten Konflikten schlagen scheinbar gute nachbarschaftliche Beziehungen in erbitterten, hasserfüllten Kampf gegen die jeweils »Anderen« um.

Wenn sich Parteien militärisch auseinandersetzen, welche politisch, waffentechnisch und strategisch starke Unterschiede aufweisen, spricht man von »asymmetrischen Kriegen«. Die heutige kriegspolitische Landkarte der Welt zeigt fast ausschließlich solche »asymmetrischen Kriege«. Das hängt einerseits mit der überragenden militärischen Rolle einer einzigen Macht – der USA – und andererseits mit der Gemengelage vieler Konflikte außerhalb der Gebiete der ehemaligen und noch bestehenden großen Militärbündnisse zusammen.

Über viele Jahrhunderte wurden Kriege in Europa und anderen Teilen der Welt auch unter Beteiligung von oder gar unter Federführung von »Privatunternehmern« geführt. Man denke nur an die Schweizer Reisläufer, die Landsknechte und die Kriegsherren des Dreißigjährigen Krieges. Ein Mann wie Wallenstein war genauso Unternehmer und Investor, wie er Stratege und Heerführer war. Die Zeit der »Kriegsunternehmer« wurde durch die Verstaatlichung des Krieges und die allgemeine Wehrpflicht im 19. Jahrhundert überwunden und schien nur mehr ein Schattendasein in einigen entfernten Winkeln der Erde zu führen. Doch mit dem Rückgang der Wehrpflicht in den meisten Staaten der »Ersten Welt«, der Zunahme »asymmetrischer Kriege« und der immer größeren Macht weltumspannender Konzerne nimmt auch das »Kriegsunternehmertum« wieder zu. Dabei spannt sich der Bogen von den »Armeen« der mexikanischen Drogenbarone bis hin zu Firmen wie »Blackwater« (heute: »Academi«), die den Söldnerverleih im großen Stil betreiben. Mit derartigen Erscheinungen muss müssen sich Militärstrategen in der heutigen Zeit befassen.

»Blackwater« – eine seltsame Erfolgsgeschichte

Dieser bekannteste und größte »Militärdienstleister« wurde 1997 von einem ehemaligen Mitglied der US-Navy SEALs gegründet. Seitdem erfolgten mehrere Namensänderungen. Seit 2011 heißt das Unternehmen offiziell »Academi« und gehört einer Gruppe von Investoren. Die leitenden Personen sind fast allesamt ehemalige »Navy SEALs«-Angehörige. Das Unternehmen hat im Laufe der Zeit mehrere kleinere Konkurrenten geschluckt und ist auch so immer weiter gewachsen. Nach der Selbstdarstellung von Blackwater/Academi bietet man militärische Dienstleistungen für Regierungen, die Justiz und auch normale Bürger an. Außerdem wird auch die Durchführung von punktuellen und strategischen Operationen offeriert. Ist das Unternehmen als solches also auch ein »großer Stratege«?

Das Unternehmen betreibt die größte private Schießtrainingsanlage in den USA und bietet Ausbildungen in verschiedenen Kampftechniken, dem Nahkampf und als Scharfschütze an. Wenn Rekruten (= Söldner) angeworben werden, dürfen diese nur exklusiv für das Unternehmen arbeiten und werden entsprechend ausgebildet. Derzeit sind bei Blackwater ca. 40 000 Menschen beschäftigt. Von solchen Zahlen hätten Landsknechtsführer wie Jörg von Frundsberg wohl nur träumen können. Blackwater ist in vielen Teilen der Welt tätig, besonders dort, wo es ein gewalttätiges Umfeld gibt. Der breiten Öffentlichkeit wurde die heute mächtigste Privatarmee der Welt erstmals bekannt, als 2004 im Irak einige ihrer Söldner getötet und die Leichen geschändet wurden. 2007 erklärte ein US-Untersuchungsausschuss, dass Blackwater-Leute auch deshalb ums Leben kamen, weil die Firma bei der Ausrüstung sparte. Die hohe Sterberate von Blackwater im Irak war aber offensichtlich kein großes Hindernis bei der Anwerbung neuer »Rekruten«. Die Firma agierte auch in anderen Krisenherden wie Somalia, im Kampf gegen Piraten am Golf von Aden, in Pakistan, Afghanistan etc.

Es stellte sich heraus, dass Blackwater im Irak ohne Genehmigung der dortigen Regierung agierte, irakische Bürger tötete und sowohl im Irak wie auch in den USA vor Strafverfolgung quasi geschützt war. All das wurde von der amerikanischen Besatzungsmacht gedeckt. Blackwater rüstete im Laufe der Zeit immer mehr auf, kaufte Schiffe, Helikopter und sogar Kampfflugzeuge. Die Firma war auch im Waffenhandel tätig und belieferte unter anderem die kurdische PKK. Die Führung von Blackwater soll auch gezielt Morde in Auftrag gegeben und bewaffnete Kampfdrohnen eingesetzt haben. Eine Reihe von Videos offenbarte, dass sich Söldner von Blackwater gegenüber der lokalen Bevölkerung, z. B. im Irak, schlimmer als eine Besatzungsmacht verhielten und ungestraft Zivilisten töteten. Besonders erwähnt wird immer wieder, dass Blackwater für große internationale Konzerne tätig ist und dabei oft im rechtsfreien Raum agiert. Dabei werden sogar geheimdienstliche Methoden gegen Kritiker und Konkurrenten angewendet. Offensichtlich ist dabei im Laufe der Zeit ein privater Geheimdienst ohne staatliche Kontrolle entstanden, der auch in Europa aktiv ist.

Die Firma ist ein Symptom für grundsätzliche Entwicklungen hin zu einer Reprivatisierung des militärischen Sektors und für den Verlust des Gewaltmonopols durch viele Staaten – auch in der westlichen Welt. Diese Entwicklung wird sich weiter steigern, denn zur zunehmenden Macht globaler Konzerne gehört auch deren privates Militär. Vielleicht wird irgendwann einmal auch ein einflussreicher Stratege in einer solchen Privatarmee dienen.

»Selten ist in Europa überall Frieden, und nie geht der Krieg in den anderen Weltteilen aus.« (Carl von Clausewitz)

Die Zukunft des Krieges und ihre fehlenden Vordenker

»Krieg ist eine zu ernste Angelegenheit, als dass man ihn dem Militär anvertrauen könnte.« (Georges Clemenceau)

Es wird heute oft behauptet, Strategien von Unternehmen und Armeen würden sich zunehmend ähneln. Militärischer und finanzieller Profit wird dabei gleichgesetzt und suggeriert, Militär- und Geschäftsstrategien seien im Wesentlichen kaum zu unterscheiden. Entschiedenheit in der Umsetzung von Offensiv- und Defensivstrategien wird gefordert, da mangelnde Konsequenz schlimme Folgen haben könnte. Doch ist dabei zu bedenken, dass es in der kommerziellen Geschäftswelt nicht primär um die Vernichtung des Gegners geht, auch wenn dies mitunter den Anschein hat. Engültiger Sieg, also Monopolisierung des Marktes, ist jedoch heute, auch wenn es so scheint, kein nachhaltiges Geschäftsziel mehr.

Was in Zeiten der »informationsintensiven Gesellschaften« sicherlich eine große Rolle spielt und in Zukunft eine noch größere spielen wird, ist der sogenannte »Info War«, der auch zu einer Militarisierung des Cyberspace geführt hat. Es wird vom »postmodernen Krieg« gesprochen, da eine konventionelle Kriegführung zwischen den großen Mächten durch die Möglichkeit des Einsatzes von Nuklearsprengköpfen zu einer Apokalypse führen könnte. Stattdessen würden sich, so heißt es, Konflikte in Richtung eines Informations- und Manipulationskrieges entwickeln, bei dem

Entscheidungen und Machtverschiebungen auf dem Gebiet der Informationstechnologie erfochten werden. Militär-Strategie sollte also dem »Info War« angepasst werden. In diesem Sinne könnte man auch versuchen, die Erkenntnisse strategischer Autoren wie Sun Tzu den neuen Gegebenheiten anzupassen.

Heute übertreffen die weltweiten Militärarusgaben – mit der Ausnahme Europas – alles Bisherige, wobei Finanz- und Wirtschaftskrisen offensichtlich wenig Einfluss darauf haben. Mächte wie China rücken an die USA heran, die allerdings ihre führende Stellung noch längere Zeit behaupten werden. Allen Beteiligten scheint bewusst zu sein, dass das 21. Jahrhundert ein sehr unruhiges werden wird, weil Konflikte zwischen definierten Staaten durch neue Formen der bewaffneten Auseinandersetzung ergänzt werden. Einer Welt ohne eindeutige »Weltordnung« zieht herauf, vor allem weil die »Pax Americana« nach und nach an Bedeutung verlieren wird. Während sie in Europa und im Nahen Osten ihren Rang bereits erheblich eingebüßt hat, bleibt sie einstweilen im pazifischen Raum noch der Stabilitätsfaktor Nummer eins.

Ein »Wettrüsten der Gehirne« ist derweil im Gange, das die Rüstungsdynamik weitertreibt. Wissenschaftler arbeiten weltweit an neuen Möglichkeiten der Waffentechnologie. Dabei ist es unerheblich, ob der Feind real existiert oder nur ein Konstrukt der Fantasie ist. Zur Erprobung neuer Waffen werden, so steht zu befürchten, irgendwann die nötigen Schlachtfelder gefunden. Für viele »Militärtechniker« ist, das ist allerdings keine neue Entwicklung, nur das reale Schlachtfeld ein taugliches Experimentierfeld. Die Distanz zwischen Aggressoren und Opfern wird dabei im Drohnenkrieg und anderen Formen der indirekten Kriegsführung immer größer. Kampfroboter und Killermikroben sind in der Entwicklung; die Expansion des Krieges in den erdnahen Weltraum steht bevor. Gleichzeitig strebt man danach, den »inner space«, die Gesellschaft als solches, zum Angriffsziel zu machen. Doch es fehlt derzeit offenkundig an Strategen, die aus dem Chaos Sinnvolles formen. Die Welt schein gelähmt vom technisch Machbaren. Unserer Zeit fehlt ein neuer Sun Tzu oder Clausewitz, der eine umfassende neue Strategie entwickelt, welche alle heutigen technischen Möglichkeiten und Gefahren in ein überzeugendes Gesamtkonzept einbindet.

»The essence of strategy is choosing what not to do.« (Michael Porter)

Literatur und Quellen

Afheldt, Horst: Verteidigung und Frieden: Politik mit militärischen Mitteln. München 1976.

Aron, Raymond: Clausewitz. Den Krieg denken. Frankfurt am Main 1980.

Assmann, Kurt: Wandlungen in der Seekriegführung. Berlin 1943.

Beike, Manfred: Kriegsflotten und Seekriege der Antike. Berlin 1990.

Bernhardi, Friedrich von: Deutschland und der nächste Krieg. Stuttgart 1912.

Black, Jeremy (Hg.): The Origins of War in Early Modern Europe. Edinburgh 1987.

Blumentritt, Günther: Strategie und Taktik. Konstanz 1960.

Clausewitz, Carl von: Vom Kriege. Frankfurt am Main 1980.

Craig, Gordon A.: Krieg, Politik und Diplomatie. Wien 2001.

Creveld, Martin van: Gesichter des Krieges. München 2009.

Delbrück, Hans: Historische und politische Aufsätze. Berlin 1887.

Delbrück, Hans: Geschichte der Kriegskunst. 4 Bände, Berlin 2000.

De Vries, Kelly: Die großen Schlachten der Antike. Stuttgart 2008.

Dixon, Cecil Aubrey u. a.: Partisanen: Strategie und Taktik des Guerillakrieges. Frankfurt am Main 1956.

Eich, Armin: Die Söhne des Mars. Eine Geschichte des Krieges. München 2015.

Ensslin, Felix u. a.: Wörterbuch des Krieges. Berlin 2008.

Fiedler, Siegfried: Taktik und Strategie der Millionenheere 1871–1914. Augsburg 2002.

Fiedler, Siegfried: Taktik und Strategie der Revolutionskriege 1792–1848. Augsburg 2002.

Fiedler, Siegfried: Taktik und Strategie der Kabinettskriege 1650–1792. Augsburg 2002.

Friedman, Norman: Seapower as Strategy. Annapolis 2001.

Friedrich II. von Preußen: Die Generalprinzipien des Krieges und ihre Anwendung auf Taktik und Disziplin der preußischen Truppen. Darmstadt 1960.

Friedrich II. von Preußen: Anschauungen vom Kriege. Bad Honnef 1982.

Frontinus, Iulius Sextus: Kriegslisten. Berlin 1978.

Fuller, John F. C.: On Future Warfare. London 1928.

Fuller, John F. C.: Der Zweite Weltkrieg. Eine Darstellung seiner Strategie und Taktik. Wien 1950.
Goltz, Colmar Freiherr von der: Krieg und Heerführung. Berlin 1901.
Gray, Colin: Modern Strategy. Oxford 1999.
Hahlweg, Werner: Carl von Clausewitz. Soldat, Politiker, Denker. Göttingen 1957.
Hahlweg, Werner (Hg.): Klassiker der Kriegskunst. Darmstadt 1960.
Hamilton, Richard F. (Hg.): War planning 1914. Cambridge 2010.
Herberg-Rothe, Andreas: Das Rätsel Clausewitz. Politische Theorie des Krieges im Widerstreit. München 2001.
Herberg-Rothe, Andreas: Der Krieg. Geschichte und Gegenwart. Frankfurt am Main 2003.
Herbig, Friedrich August (Hg.): Grundzüge der praktischen Strategie. Berlin 1828.
Hess, Heinrich von: Allgemeine praktische Grundsätze der Strategie und höheren Taktik. Wien 1867.
Heuser, Beatrice: Clausewitz lesen! Eine Einführung. Oldenburg 2010.
Heuser, Beatrice: Den Krieg denken: Die Entwicklung der Strategie seit der Antike. Paderborn 2010.
Hobson, Rolf: Maritimer Imperialismus: Seemachtsideologie, seestrategisches Denken und der Tirpitzplan 1875 bis 1914. München 2004.
Kaindel, Christoph (Hg.): Krieg im mittelalterlichen Abendland. Wien 2010.
Kaiser, Michael: Politik und Kriegführung: Maximilian von Bayern, Tilly und die Katholische Liga im Dreißigjährigen Krieg. Münster 1999.
Kaldor, Mary: Neue und alte Kriege. Frankfurt am Main 2007.
Karl, Erzherzog: Grundsätze der Strategie, erläutert durch die Darstellung des Feldzuges von 1796 in Deutschland. 3 Bände, Wien 1814.
Karl, Erzherzog: Grundsätze der höheren Kriegskunst für die Generäle der österreichischen Armee. Osnabrück 1974.
Kölnberger, Thomas (Hg.): Krieg in der europäischen Neuzeit. Wien 2010.
Kortüm, Hans-Henning: Kriege und Krieger 500–1500. Stuttgart 2010.

Le Tissier, Tony: Kampf um Berlin. Frankfurt 1997.
Ludendorff, Erich: Der Totale Krieg. München 1935.
Luttwak, Edward: Strategie. Die Logik von Krieg und Frieden. Lüneburg 2003.
Magenheimer, Heinz: Die Militärstrategie Deutschlands 1940–1945. München 2002.
Mao Zedong: Ausgewählte militärische Schriften. Peking 1969.
Martin, Claude: Franco, eine Biographie. Graz 1995.
Melvin, Mungo: Manstein: Hitler's Greatest General. London 2010.
Münkler, Herfried: Die neuen Kriege. Reinbek bei Hamburg 2004.
Münkler, Herfried: Über den Krieg. Weilerswist 2005.
Münkler, Herfried: Der Wandel des Krieges. Weilerswist 2010.
Nicholson, Helen: Medieval Warfare. Basingstoke 2004.
Oetinger, Bolko von: Clausewitz: Strategie denken. München 2003.
Page, Reginald: Manstein. Seine Feldzüge und sein Prozess. Wiesbaden 1952.
Pinkas, Klaus: Offensive und Defensive als Grundproblem der Kultur. Wien 1988.
Priesdorff, Kurt von: Soldatisches Führertum. 5 Bände, Hamburg o. J.
Rayner, Michael (Hg.): Schlachtfelder. Die wichtigsten Kriegsschauplätze 1805–1945. Wien 2008.
Rommel, Erwin: Infanterie greift an: Erlebnis und Erfahrung. Salzburg 1995.
Rothfels, Hans: Carl von Clausewitz: Politik und Krieg. Eine ideengeschichtliche Studie. Berlin 1920.
Schmidtchen, Volker: Kriegswegen im späten Mittelalter: Technik, Taktik, Theorie. Weinheim 1990.
Schnitter, Daniela und Helmut Schnitter: Feldherren und Kriegsgelehrte: Porträts aus drei Jahrhunderten. Berlin 1997.
Schössler, Dietmar: Carl von Clausewitz. Reinbek bei Hamburg 1991.
Schramm, Wilhelm von: Clausewitz. General und Philosoph. München 1982.
Senger, Harro von: Strategeme. Lebens- und Überlebensweisheiten aus drei Jahrtausenden. Bern 2000.
Showalter, Dennis: The Wars of Frederick the Great. London 1996.
Sperl, Karin u. a. (Hg.): Die Schlacht von Mogersdorf/St. Gotthard und der Friede von Eisenburg 1664. Eisenstadt 2016.
Sondhaus, Lawrence: Naval Warfare 1815–1914. New York 2001.

Souchon, Lennart: Carl von Clausewitz. Strategie im 21. Jahrhundert. Hamburg 2012.
Stadler, Christian: Krieg. Wien 2009.
Sun Tzu: Die Kunst des Krieges. Frankfurt 1988.
Suworow, Viktor: Marschall Schukow – Lebensweg über Leichen. Selent 2002.
Till, Geoffrey (Hg.): Maritime Strategy in the Nuclear Age. London 1982.
Veith, Georg u. Johannes Kromayer: Heerwesen und Kriegführung der Griechen und Römer. München 1928.
Wallach, Jehuda Lothar: Das Dogma der Vernichtungsschlacht. München 1970.
Williams, T. H.: Lincoln and his Generals. New York 1954.
Yuan Gao: Lock den Tiger aus den Bergen. München 1995.
Zawodny, Janusz (Hg.): Unconventional Warfare. Philadelphia 1962.

FSC
www.fsc.org
MIX
Papier aus verantwortungsvollen Quellen
FSC® C083411

Bibliografische Information der Deutschen Nationalbibliothek
Die Deutsche Nationalbibliothek verzeichnet diese Publikation in der Deutschen Nationalbibliografie; detaillierte bibliografische Daten sind im Internet über
http://dnb.d-nb.de abrufbar.

Originalausgabe

Projektbetreuung: Verlagsagentur Mag. Michael Hlatky, A – 8071 Vasoldsberg
Covergestaltung: Karina Bertagnolli, Wiesbaden
Coverabbildung: Maßstabgetreues Modell der Schlacht von Hastings 1066
© akg-images / Erich Lessing
Satz und Bearbeitung: SATZstudio Josef Pieper, Bedburg-Hau
Der Titel wurde in der Palatino Linotype gesetzt.
Gesamtherstellung: CPI books GmbH, Leck – Germany

ISBN: 978-3-7374-1093-9

www.verlagshaus-roemerweg.de

Mehr über Ideen, Autoren und Programm des Verlags finden Sie auf
www.verlagshausroemerweg.de und in Ihrer Buchhandlung.